BRIAN JOHNSON

布莱恩的
传奇人生

THE LIVES
OF BRIAN

[英]布莱恩·约翰逊 —— 著
王梓涵 —— 译

重庆出版集团 重庆出版社

图书在版编目（CIP）数据

布莱恩的传奇人生 / (英) 布莱恩·约翰逊著；王梓涵译. — 重庆：重庆出版社，2024.4
书名原文：The Lives of Brian
ISBN 978-7-229-18472-8

Ⅰ. ①布… Ⅱ. ①布… ②王… Ⅲ. ①布莱恩·约翰逊—自传 Ⅳ. ①K835.615.76

中国国家版本馆CIP数据核字（2024）第044165号

由北京华章同人文化传播有限公司与企鹅兰登（北京）文化发展有限公司
Penguin Random House (Beijing) Culture Development Co., Ltd. 合作出版
Copyright © Brian Johnson, 2022 First published as THE LIVES OF BRIAN in 2022 by Michael Joseph. Michael Joseph is part of the Penguin Random House group of companies.
ALL RIGHTS RESERVED.

"企鹅"及其相关标识是企鹅兰登已经注册或尚未注册的商标。
未经允许，不得擅用。
封底凡无企鹅防伪标识者均属未经授权之非法版本。

布莱恩的传奇人生
BULAIEN DE CHUANQI RENSHENG
[英] 布莱恩·约翰逊（Brian Johnson） 著 王梓涵 译

出　　品：	华章同人
出版监制：	徐宪江
责任编辑：	朱　姝
特约编辑：	陈　汐
营销编辑：	史青苗　刘晓艳　孟　闯
责任校对：	王晓芹
责任印制：	梁善池
装帧设计：	L&C Studio

重庆出版集团
重庆出版社 出版
（重庆市南岸区南滨路162号1幢）
北京盛通印刷股份有限公司　印刷
重庆出版集团图书发行有限公司　发行
邮购电话：010-85869375
全国新华书店经销

开本：880mm×1230mm　1/32　印张：11.625　字数：249千
2024年4月第1版　2024年4月第1次印刷
定价：62.80元

如有印装质量问题，请致电023-61520678

版权所有，侵权必究

致我这辈子永远见不到的曾曾曾孙子孙女们。
不过很高兴你们可以通过这本书认识和了解我。
希望你们生活永远顺遂幸福。

爱你们的曾曾曾祖父
布莱恩·约翰逊

目录

- III　作者的话
- V　前言

第一部分

- 002　1 艾伦（Alan）和埃丝特（Esther）
- 018　2 在户外的严寒中
- 034　3《水果锦囊》（*Tutti-Frutti*）
- 052　4 表演精华
- 063　5 王牌业务
- 081　6 学徒
- 097　7 小小摇滚乐
- 104　8 碰撞与燃烧

第二部分

- 112　9 哎呀
- 133　10 你这该死的废物
- 145　11 乔迪男孩
- 170　12 瓦杜尔街

192　13 未知之路
210　14 偷渡客
219　15 法院执行官
229　16 上天的启示

第三部分

238　17 罗比利山
258　18 华丽转身
272　19 全国赛马日
284　20 解散
296　21 欢迎来到天堂
304　22 雷霆之势
317　23 回到黑暗
327　24 结束之前

334　**终章**
350　**摇滚乐队谱系**
352　**致谢**

作者的话

经验就是，当你没有得到你心中所想时，所获得的那些东西。

本书记述的正是我没有得到我想要的东西时所发生的那些事情。然而，不论怎样，我从未灰心丧气，也从未放弃希望。当然，运气也很重要——但我始终坚信，如果你对梦想足够渴望，如果你不仅仅是坐等愿望成真，那你就可以实现任何目标。

对于我在这本书中所讲述的某些事情，其他人也许会有不同的印象和记忆。毕竟，制作《回到黑暗》（*Back in Black*）这张专辑已经是 40 年以前的事情了，而距离我的乐队——乔迪人[①]的辉煌时代已经过了半个世纪。我只是以自己的视角讲述这一切。

[①] 乔迪人（Geordie）是一支活跃于 20 世纪 70 年代的摇滚乐队。作者是这支乐队的主唱，也是乐队的创始成员之一。乐队名字直译为乔迪人，通常是指生活在英格兰东北部泰恩河畔纽卡斯尔的英国人。——译者注

最后，我想对安格斯①、马尔科姆②、克里夫③和菲尔④说一声谢谢。感谢你们冒着风险，在乐队最困难、最潦倒的情况下，给了我第二次机会，让我的职业音乐生涯得以继续。马尔科姆，如果有死后的世界，伙计，等我到了那儿，我会请你和邦⑤喝啤酒的。

Brian Johnson

布莱恩·约翰逊

2022年于伦敦

---

① 安格斯·扬（Angus Young）是澳洲摇滚乐队 AC/DC 的创始成员之一，曾被《滚石》（Rolling Stone）杂志评为史上最佳吉他手中的第 24 位。——译者注
② 马尔科姆·扬（Malcolm Young）是苏格兰裔澳大利亚音乐家及词曲作家，也是 AC/DC 的节奏吉他手、背景和声歌手、词曲作者及创始成员之一。虽然他的弟弟安格斯在两兄弟中表现更为突出，但马尔科姆常被描述为是 AC/DC 的动力之源和领导者。——译者注
③ 克里夫·威廉斯（Cliff Williams）于 1977 年替代马克·埃文斯（Mark Evans）成为 AC/DC 的贝斯手。——译者注
④ 菲尔·拉德（Phil Rudd）为 AC/DC 的鼓手，因为酗酒和吸毒于 1983 年被开除，他的继任者为西蒙·赖特（Simon Wright）。——译者注
⑤ 邦·斯科特（Bon Scott）原名罗纳德·贝尔福德·斯科特（Ronald Belford Scott），是 AC/DC 的主唱，于 1980 年 2 月 19 日不幸逝世，官方发布的死因为酒精中毒。AC/DC 险些因此解散，在邦父母的鼓励下，乐队成员们坚持了下来，并决定选择作者作为乐队的继任主唱。——译者注

前言

我以前也遭受过一些沉重的打击。但这次的感觉截然不同。

这一次，我恐怕再也难以恢复过来，除非奇迹出现。

第一次不祥之兆出现在加拿大的埃德蒙顿（Edmonton）。

当时是 2015 年的 9 月底，AC/DC 的"撼声雷动世界巡回演唱会"进行到了一半。我们在英联邦体育场演出，那是加拿大最大的户外场馆，可以容纳六万多人。当时天气寒冷，十分潮湿，舞台前大雨倾盆。

安格斯发高烧了，我感觉自己好像也开始出现同样的症状。

当地的加拿大人似乎根本不在乎这种天气。当然，他们一个个都裹着只有在美国与加拿大的边境以北才能买到的那种厚厚的衣服。它可以保护你，让你免受一切伤害——无论是暴风雪，还是被激怒的北极熊。

至于我们嘛，只是穿着平常的衣服。我穿着一件黑色 T 恤和一条牛仔裤，安格斯穿着一件薄薄的白色校服衬衫和一条短裤。不过，舞台上至少是干燥的，在灯光的照射下，还有一丝暖意。

安格斯和我总喜欢走到伸展台上和观众互动,所以演出过程中我们大部分时间都在那里演唱——我们在伸展台上不停地跑来跑去,唱了几首歌之后,已经汗流浃背。尽管在冰冷的天气里我们浑身都湿透了,但我们毫不在乎。

用两个小时的时间唱了 19 首歌并完成几次返场之后,我们终于结束了演出,走下舞台,感觉这场演出棒极了。我们在舞台上的表演堪称完美,歌迷们一直在尖叫、欢呼,跟我们一起合唱。安格斯的表演状态简直就像着了魔一样。但我们没有时间逗留,因为要赶着去参加下一场演出。于是,和歌迷告别之后,我们立刻坐上小巴,奔赴机场。

就在我们登上飞往温哥华(Vancouver)的飞机时,演出的兴奋和激情开始逐渐褪去,身体上的不适也开始显现。

我忍不住浑身发抖。

我突然意识到,对一个还有一周就要过 68 岁生日的人来说,也许在冰冷的大雨中淋了那么久并不是件好事情。

安格斯的情况也好不到哪儿去——他就是个 60 岁的老小孩。

我提醒自己,无论多大年纪,完成巡回演出都是极其耗费体力的,演出间隙偶尔患上流感也是在所难免的事情。

我要了满满一小杯威士忌,喝完才觉得舒服多了。安格斯则像往常一样喝了一杯热气腾腾的茶——不知不觉间,我们所乘坐的航班已经降落到温哥华。之后,我们坐上车前往酒店。

但事情有些不对劲儿。

我的耳朵出了问题,里面嗡嗡直响。

我试了各种办法——打哈欠、咽唾沫、捏鼻子、用力呼吸——但都不管用。于是我放弃了,想着也许睡一觉就好了。

第二天早上,等我起床之后……哦,该死,我觉得自己的耳朵上就像戴着个熊皮材质的巴拉克拉法帽①一样。

如果说和昨天有什么不同的话,那就是我的听力变得更差了。

吃早餐时我不敢跟任何人提起这件事。作为一个乐队的主唱,你是最关键的人物,无论发生什么事,你的乐队成员、工作人员、管理人员、演出助理、唱片公司,还有那更重要的成千上万的歌迷,都等着你站上舞台,完成演出。

我默默地对自己说,我的耳鸣会消失的。

因为以前也总是这样。

当晚,我们在另一个场地——卑诗体育馆演出,那里有屋顶。安格斯似乎不怎么发烧了,但我的耳鸣还没有消失。

随后灾难就降临了。

演唱会进行到大约 2/3 的时候,我的耳朵突然完全听不到吉他的声音了,我发现自己找不到歌曲的调子了。就像在大雾里开车一样——所有的参照物突然都消失了。这是我在歌手生涯中经历过的最糟糕的时刻,更可怕的是,后面还有好几首歌要唱呢……在成千上万花钱来看演出的歌迷面前,这可如何是好。但不知怎的,我竟然挺过来了,坚持唱到了最后——也许有人看出了我的不对劲,但他们太善良了,没有说出来。

---

① 巴拉克拉法帽是一种头套,戴在头上之后只会露出脸的一部分。——译者注

这次的巡回演唱会只剩下最后两场演出——一场在旧金山的 AT&T 公园举办，另一场在洛杉矶的道奇体育场举办。我说服自己坚持下去，安慰自己耳鸣会好的，但我心里清楚，这是不可能的。

在剩下的两场演出中，与之前相同的情形又发生了。演出进行到 2/3 的时候，我突然找不到调了。更严重的是，演出结束后来到更衣室里，我连队友们说的话都听不见，我们去餐厅吃饭的时候也是一样。我只好微笑着对大家点头，假装一切正常。

但我的心里，开始感到恐慌。

1973 年，安格斯和他的兄弟马尔科姆组建了 AC/DC 乐队，主唱先是戴夫·埃文斯（Dave Evans），之后是伟大的邦·斯科特，再然后便是我。从那时候开始，这支乐队就始终坚持追求极致的理念，要么做到最好，要么就不做，绝不妥协。

就拿我们在舞台上使用的那一大堆音箱来说吧。

许多乐队都使用假音箱或真音箱的空壳子，以达到和真实音响同样震撼的视觉效果。但 AC/DC 不是这样的。在 AC/DC 的舞台上，你看到的就是你听到的，货真价实，你听到的绝对是世界上声音最响亮的乐队演奏。

再来说说安格斯吧。

这个家伙在舞台上激情四射，在两个多小时的演出里，他会一直保持着旋风般的能量。这股旋风刮得停不下来。这太可怕了。完成演出之后，一回到更衣室，他立刻原形毕露——累得虚脱，连站都站不稳，大口喘着粗气。

平日里，舞台下的安格斯和蔼可亲，这个身高大约 1.52 米的小个子说话轻声细语，十分温和。但是到了舞台上，他就像完全变了个人。演出前，去洗手间时，他还是那个温和的安格斯，等回来站到舞台上，先前的那个安格斯就不见了。面对这样的安格斯，你不可能看着他的眼睛，彬彬有礼地和他打招呼："祝你过得愉快。"因为原来的那个他已经不存在了，就像《化身博士》①里善良的杰科医生变身成了邪恶的海德先生那样。

然后，他身穿校服，脖子上挂着吉普森（Gibson）吉他走上舞台，向人群举起拳头，五万、六万，甚至十万人都会瞬间失去理智，被他卷入疯狂的浪潮，此时的他甚至连一个音都还没弹呢。这就是气场。他连眼神里都带着咆哮的怒吼。除了他还有谁能做到这一点呢？恐怕只有当年的埃尔维斯·普雷斯利②或者佛莱迪·摩克瑞③吧。但现在能达到这种状态的只有安格斯一人。这家伙在舞台上的动作挥洒自如，与最出色的舞者不相上下。瞧他那扭动的臀部和双腿，还有那浑然天成的魅力，简直比查克·贝里④还查克·贝里。当你和他在舞台上近距离接触时，你会觉得他真是不可思议。

当然，在AC/DC的演出历史上，大部分时间里安格斯都和马尔科姆共同在舞台上演出。他们是两兄弟，出生在格拉斯哥（Glasgow），20世纪60年代初跟随父母移民到澳大利亚的悉

---

① 《化身博士》（Dr Jekyll and Mr Hyde）是19世纪英国作家罗伯特·路易斯·史蒂文森（Robert Louis Stevenson）创作的长篇小说。书中塑造了文学史上的首位双重人格形象，主人公在杰科（Jekyll）和海德（Hyde）两种人格间不停转变，最后在绝望与苦恼中自尽，终结了自己矛盾的一生。——译者注
② 埃尔维斯·普雷斯利（Elvis Presley），即"猫王"，美国摇滚乐歌手、音乐家和电影演员，被视为20世纪最重要的标志性文化人物之一。——译者注
③ 佛莱迪·摩克瑞（Freddie Mercury），印度裔英国歌手、词曲作者及唱片监制，其最为人所熟知的身份是皇后乐队（Queen）的主唱。——译者注
④ 查克·贝里（Chuck Berry），美国黑人音乐家、歌手、作曲家、吉他演奏家，是摇滚乐发展史上最有影响的艺人之一。——译者注

尼（Sydney）。他们的父母都是音乐爱好者。他们的另一个兄弟乔治·扬（George Young）则是澳大利亚最著名的流行歌手之一。乔治创建的轻松节拍乐队（The Easybeats）同样有名，他所创作的歌曲《盼着周末》（*Friday on My Mind*）则是历史上最伟大的歌曲之一。

马尔科姆不像他弟弟安格斯那样充满激情且耀眼夺目，他不想成为众人关注的焦点。他会跑到麦克风前，唱出他该唱的那几句歌词，然后走回扩音设备那里，远离中心。但你千万别误会——马尔科姆可是乐队的心脏。

多年以来，我和马尔科姆在音乐道路上并肩而行，我发现几乎每个伟大的吉他手都对他赞不绝口。有人问他是怎么用那把琴弦又粗又旧、没有拾音器的破格雷奇（Gretsch）吉他弹奏出那么美妙的乐曲的。

他只是耸了耸肩，回答道："大点儿劲儿弹就行了。"

马尔科姆也有超出常人的能力。他可以同时看到乐队里每个人的每个动作，听他们的演奏或演唱，并观察观众的反应。晚上，演出结束后，他会给乐队的每个人提供建议和反馈。也许你会觉得不可思议，但第二天晚上，当你按照他的建议进行调整后，演出效果就真的变得更好了。我从未见过哪位乐手像他那样能获得乐队成员和工作人员如此之大的尊重。

即便是像 AC/DC 这样追求极致的乐队，在面对一些挫折和不幸时，也不得不妥协。而当你的一生都走在音乐这条道路上时，这些挫折和不幸便是无法避免的。

在开始进行"撼声雷动世界巡回演唱会"的前一年，马尔科姆患上了早发性痴呆，不得不离开乐队接受治疗。自从举办"2010年黑冰风暴巡回演唱会"之后，他就出现了记忆力和注意力衰退的问题。于是他退出了乐队，他的侄子史蒂维①接替了他的位置。

这是自35年前邦·斯科特去世以来，乐队遭受的最大的一次打击。

但这并不是唯一的打击。贝斯大师克里夫·威廉斯——对于AC/DC来说，就是乔迪人乐队里的"埃塞克斯男孩"（Essex Boy）——自1978年开始就一直是乐队的成员，却突然宣布这次的"撼声雷动世界巡回演唱会"将是他的告别演出。与此同时，由于菲尔·拉德在新西兰牵涉到法律问题，不得不退出巡演②，于是，曾在《剃刀边缘》（*Razors Edge*）这张专辑里担任鼓手的克里斯·斯莱德（Chris Slade）接替菲尔担任此次巡演中的鼓手。

然后……就是我了。

我自己来评价自己在AC/DC中的表现感觉有些奇怪……但请不要介意，我说的都是自己的看法。你只有变成一只压抑又狂暴的野兽，才能唱出《回到黑暗》、《如遭雷击》（*Thunderstruck*）和《向摇滚致敬》（*For Those about to Rock*）这样的歌曲。在演出前，我感觉自己就像参加奥运会短跑比赛的运动员，即将向金牌发起冲刺，我双脚就站在起跑线上——我知道，我要使出浑身的力量，发出具有爆发力、穿透力并充满愤怒的嘶吼，还要

---

① 史蒂维·扬（Stevie Young），AC/DC乐队创始人马尔科姆·扬的侄子，自2014年起担任AC/DC乐队的节奏吉他手。——译者注
② 2014年11月6日，菲尔·拉德被澳大利亚警察逮捕，他因雇用杀手杀害两名人士、持有安非他命和大麻而被起诉。11月7日，地方法院撤销了他教唆杀人罪的指控，但其他罪名仍然存在。——译者注

一首歌接着一首歌地嘶吼下去。这感觉就像顶着刺枪上的尖刀在唱歌。

可在失去听力的情况下，我还能这样唱歌吗？

我无法逃避这种感觉，在乐队唱了 35 年的歌，也许我的音乐生涯已接近尾声。

接下来的连续三场演出中，我都完全听不到吉他的演奏声。到了 10 月份，乐队终于可以进行短暂的休整。我希望能有足够的时间让自己的身体和耳朵休息一下，让一切都好起来。

但回到位于佛罗里达州（Florida）萨拉索塔（Sarasota）的家中之后，我发现了一个比以往任何时候都更加明显且严重的问题——我的耳朵已经有六个星期听不到声音了。

我需要帮助。

这次巡回演出的下一站是澳大利亚的悉尼。正巧，我知道世界上最顶尖的耳鼻喉科医生之一——张医生也在悉尼。因此，在和乐队的巡演经理蒂姆·布罗克曼（Tim Brockman）商量之后，我们决定提前 10 天飞到悉尼，对我的耳朵进行一个全面的检查。另外，我知道马尔科姆正在那附近接受针对痴呆的治疗，所以也希望能去看看他。

我见到了张医生，终于能吐露心声了。说出实情之后我的心里轻松了很多，但这种轻松并没有持续多久。经过检查和一系列测试之后，张医生的神色变得十分严肃，他说我必须得做手术。

"巡演之后可以吗？"我问道。

"不行，必须马上做。"他回答。

张医生向我解释，我在埃德蒙顿发烧时，耳朵里就已经出现了积液，后来我坐飞机去温哥华，引发了耳朵的肿胀，那些积液都被堵在了耳朵里面，所以我失去了听力。由于我一直在进行巡回演出，没有及时接受治疗，现在我耳朵里的积液已经结晶——每拖延一分钟，对耳朵造成的损伤就会大一分，所以必须立即做手术将积液清除。

"做完手术我的耳朵就能彻底好了吗？"我问道。

"这不好说。"张医生回答，"但我们可以设法阻止情况进一步恶化。"

"可我 10 天以后还有演出呢……"

"我们会尽一切努力让你的病情好转。"

"还有一件事，张医生，"我心里十分紧张，"你要怎么取出我耳朵里那些结晶？"

"你真的想知道吗？"

"呃……是的。"

"我会用凿子把它们敲下来。"

他看起来并不像在开玩笑。

PART 1　　　　　　　　　　　　　　　第一部分

如果我在唱歌这一行干得更好——加入一支更好的乐队——今晚这种风流韵事大概夜夜都会发生吧……那我这辈子可就值了。

于是，从那一刻起，我作出了人生中最重要的职业决定。

艾伦（Alan）和埃丝特（Esther）

幼年时期，我的耳边总是萦绕着妈妈踩缝纫机发出的咔嗒咔嗒声，还有她每天晚上在楼下哭着入睡的呜咽声。

我妈妈是意大利人，她婚前的名字是埃丝特·玛丽亚·维多利亚·奥克塔维娅·德卢卡（Esther Maria Victoria Octavia DeLuca）。二战后，她跟随我爸爸搬到了英格兰东北部，当时，她完全没有意识到这里跟她的家乡——罗马（Rome）郊外的弗拉斯卡蒂（Frascati）——完全不同。

我只能想象，第一次看到邓斯顿（Dunston）时，这个可怜的姑娘心情有多么沉重。邓斯顿位于盖茨黑德（Gateshead），在泰恩河畔纽卡斯尔（Newcastle upon Tyne，下称纽卡斯尔）的南边，我爸爸就是在这里出生长大的。这里有很多工厂和煤矿转运码头。连成一排的房子背靠背伫立在斯克斯伍德路的陡峭斜坡上，满脸煤灰的男人们下班后步履艰难地走回家。这里风雨交加，雨水连绵不停，到处都是被炸毁的房屋，残垣断壁，满目疮痍。

当然，最重要问题的是定量配给[1]所带来的麻烦，在我们"赢得"战争之后，这种情况又持续了九年——英国人习惯把食物煮烂了再吃，要煮到每个颗粒和原子都分解了才行。在定量配给的情况下，食物就更难吃了，每顿饭的盘子里都盛着一摊黏糊糊的东西，看上去就像一盘灰色的淤泥。

我的意思是，我真的很佩服我的爸爸——他曾在驻扎北非的达勒姆轻步兵团（Durham Light Infantry）服役，后来又在意大利当兵，就是在那里，他遇到了我的母亲。他竟然能说服这么一位年轻漂亮且家境富裕的姑娘跟他一起回英国老家，可真是厉害。

更不可思议的是，当时，我母亲本来已经和一个高大英俊的意大利牙医订婚。她那位未婚夫的名字也很高贵优雅，好像叫亚历桑德罗（Alessandro）或是乔瓦尼（Giovani）什么的，而我爸爸只是个身高不到1.75米的乔迪中士，名字也很普通，叫艾伦。但我爸爸的秘密武器是他的声音，那声音洪亮而浑厚，听起来气势威严。一听到他的声音，即使你站在距他900米之外的地方，也会下意识地马上立正站好。连他怒吼咆哮时——他经常会这样——也是字正腔圆的，还颇具威慑力。他能掳走我母亲的芳心，秘密就是学会了说意大利语，他还对我母亲承诺，到了英国他会继续和母亲说意大利语。此后的余生，他从未违背诺言，一直都在说意大利语，我们这些孩子也一直在意大利语的环境中长大，我们还纳闷为什么只有我们一家人说意大利语。后来我上了学，

---

[1] 1940年1月8日，英国开始实行食物配给制度。该制度一直持续到1953年，整整13年。——译者注

在学校里听到人们说英语时，还感觉有点儿蒙，有些不适应。

我父亲是 1939 年参军的，那时英国还没有大规模征兵，他参军只是想摆脱矿工的生活，不想一辈子待在矿井里挖煤。但后来，阿道夫·希特勒（Adolf Hitler）入侵波兰，英国对德宣战。转眼间，我的父亲——二等兵约翰逊（Johnson）发现自己被送到了北非战场，跟随"沙漠之鼠"①作战。如今，了解那段历史的人都知道，在战争初期，德意志非洲军团（Deutsches Afrikakorps）的作战能力远超英国，因此，在两年的时间里，突尼斯沙漠的战场上血流成河，英国士兵死伤无数，而我爸爸却活了下来，这真是个奇迹。他不仅活了下来，还一路晋升到中士——这并不是因为升职的竞争不够激烈，而是因为大多数人还没来得及晋升就战死沙场了。

我父亲能全须全尾地回来，没缺胳膊少腿落个残疾，真是万幸。

最可怕的一次经历让他差点儿丢了命。那一次，他坐在一辆卡车的后面，那辆卡车迎面撞上了一辆装有 20 毫米口径的防空加农炮的德国半履带装甲车。大约两秒钟后，这两辆车上的人都被炸成了灰烬，我父亲和其他几个人及时跳出卡车，挤进附近的一个山洞里躲了起来。而那些德国人直接把大炮对准山洞，一通狂轰滥炸，直到觉得无聊才罢休。当炮击终于停止时，山洞里只剩下我父亲还活着，其他人都死了。他确信德国人看到了他从洞里爬出来，却放过了他，可能是嫌麻烦吧——他们懒得去追一个

---

① "沙漠之鼠"指的是在 1942 年接受温斯顿·丘吉尔（Winston Churchill）命令远赴北非担任第八集团军司令的伯纳德·劳·蒙哥马利（Bernard Law Montgomery）。在北非，蒙哥马利击败了"沙漠之狐"埃尔温·隆美尔（Erwin Rommel），于是被称为"沙漠之鼠"。——译者注

被炮击吓得魂飞魄散、连滚带爬的战俘。

当然，这并不意味着我父亲往后就安全了。

当他终于一瘸一拐地走到几英里外的一处最近的盟军阵地时，一名英国哨兵惊慌失措，举起步枪就开火。但幸运的是，我父亲有更强大的武器——他的大嗓门。"我是个英国中士，你个笨蛋！"他怒吼道，"你也不问问我暗号就瞎开枪！"

那个哨兵立刻停了下来，难堪地说不出话来，然后咳嗽一下，羞愧地说："呃……对不起，长官，暗号是？"

"我不记得了！快让我进去！"

我父亲和他的部队最终一路到达了西西里岛（Sicily）——他们在此迎来了为期近五个月的安济奥战役（Battle of Anzio）。在那场极其混乱且糟糕的战役中，英军死伤数万。美国指挥官约翰·卢卡斯少将（Major General John Lucas）优柔寡断，把我父亲和战友们留在了内图诺海滩（Nettuno Beach）上，而英军就在几千米之外遭遇了袭击①。不管怎样，约翰逊中士又一次奇迹般地活了下来，得以将这些经历讲述给其他的人。

战争结束后，由于看过了太多的杀戮和痛苦，我父亲成了一位坚定的无神论者……但当他到了罗马，看到城市里到处都是年轻漂亮且信仰天主教的女孩，等待着被他迷倒时，他便把自己无神论的信仰悄悄地藏在了心里。

我母亲战前的生活跟我父亲完全不同。

---

① "我本来想把一只野猫扔到海滩上"，温斯顿·丘吉尔后来谈起登陆时说道，"但没想到我们得捕获的是一条搁浅的鲸鱼。"——作者注

德卢卡家族十分富有,人脉也很广。从他们在 20 世纪 30 年代拍摄的照片中不难看出,他们一个个都无忧无虑、幸福快乐。他们晒成古铜色的皮肤十分性感,简直能跟电影明星媲美。在英格兰东北部,几乎没有这样富足的家庭。

母亲家族里的长辈都希望我母亲和她的姐妹们能嫁个好人家。她的姐妹们也确实都嫁得不错。我的一个姨妈嫁给了一个瓷砖厂的老板,另一个姨妈嫁进了一个豪门家族,他们拥有佛拉斯卡帝(Frascati)品牌连锁店,相当于英国的博姿(Boots)。与此同时,我的一个表亲贾科莫·克里斯塔弗内利(Giacomo Christafonelli)多年以来一直在意大利议会担任议员。

"我对你爸爸一见钟情。"这是妈妈形容自己在战争结束后的罗马遇见爸爸时的感觉。

她说我爸爸看上去很像美国电影明星乔治·拉夫特(George Raft)。这位帅气的电影明星曾在 20 世纪 30 年代的电影《疤面人》[①],以及后来的《热情似火》[②]中担任男主角。要我说,约翰逊中士虽说个头有点儿矮,但我母亲也不高啊,所以个子矮又有什么关系呢?

有时候,我真希望自己能看到爸爸刚被妈妈爱上时那意气风发、年轻帅气的样子。那时的他总是一脸笑容,风趣幽默,而且春风得意——战争不仅结束了,而且还打赢了。他的老家邓斯顿

---

① 《疤面人》(*Scarface*)是一部 1932 年的美国黑帮电影。——译者注
② 《热情似火》(*Some Like It Hot*)是一部 1959 年的美国电影,被视为美国影史上最重要的电影之一。——译者注

正等着他这位英雄"荣归故里"。这样的父亲,是我们这些孩子从来没有见过的。

当然,罗马被盟军占领后,打了胜仗的英国军队不喜欢他们的士兵与敌对国的女孩(尤其是那些信天主教的女孩)交往。军队里的士兵如果想谈恋爱,高级军官会尽其所能地给他们泼冷水,让他们回家乡找心仪的女孩。但我父亲是个狡猾的家伙,他意识到如果自己改信天主教,那些军官就不会那么反对了。他认为这样还能讨好我母亲的家人。妈妈为了跟他在一起,还取消了和那个英俊牙医的订婚,这让妈妈的家人很生气。

我父亲和战友们一起光荣返乡,庆祝战争胜利,喝得酩酊大醉,醒过神来之后他就意识到,"约翰逊中士"这个身份已经成了过去式,是多余的了。他唯一会干的事就是打仗,可在战后的英国,这样的机会并不多。美国人正在疯狂地印制钞票,准备重建欧洲,还要让英国人还清债务。对于像我父亲这样得了勋章,从军队退伍,荣归故里的士兵来说,这场仗他们既赢了,也输了。一切都被炸毁了,老百姓身无分文,没钱买东西。直到1958年,英国才有了第一段高速公路,落后于几乎所有的欧洲其他国家。我父亲唯一能找到的工作就是在达勒姆郡(Durham)布莱登(Blaydon)一家名叫史密斯·帕特森(Smith Patterson)的铸造厂干活。这家铸造厂生产各种铸件,小到井盖,大到铁轨。他的任务是清理工厂熔炉的内部——这活儿又脏又累又恶心,他宁可回到沙漠里,被敌军打死,也不想干这份工作。

工厂甚至没给他们提供工作服、手套、护目镜等装备。像其他男人一样,我父亲穿着他常穿的外套,用手帕把脸蒙起来,就开始干活了。对于我可怜的爸爸来说,这简直是一种折磨,因为他以前毕竟是中士,无法忍受自己如今这副脏兮兮又邋遢的样子。

至于我妈妈,她在离开意大利之前就怀上了我。1947年10月5日,我出生了,他们成了父母。一年后,我多了一个弟弟莫里斯(Maurice),又一年后,我的小弟弟维克多(Victor)出生了。约翰逊家的最后一个孩子是我的小妹妹朱莉(Julie),她比我小五岁。

当然,我爸爸当工人的薪水微薄,付不起任何的按揭贷款,我们一家便去申请廉租房。我们等了10年,这期间他和我妈妈不得不跟他的父母,也就是我的爷爷奶奶,一起住在位于邓斯顿橡树大道1号的房子里。但跟爷爷奶奶一起住的并非只有我们一家人,还有别的家庭成员,其中包括我那位一直单身且令人讨厌的诺曼(Norman)叔叔。他身高约1.2米,喜欢在餐桌上拿着叉子把食物乱戳一气。还有我的埃塞尔(Ethel)姑妈和她的女儿安妮特(Annette),这两个人跟旧皮靴一样强悍,另外还有埃塞尔姑妈那位可爱的丈夫,一个来自苏格兰的矿工,人人都叫他"舒吉(Shughie)叔叔"。当然,他的名字并不叫舒吉,只是我的埃塞尔姑妈说他名字的时候听起来总是像"舒吉"。我的叔叔比利(Billy)也跟我们住在一起。他留着小胡子,在穿着上很讲究,开着一辆战前产的沃克斯豪尔(Vauxhall)汽车。在我父母、我和我的两个弟弟一个妹妹也搬到这里之后,房子里一共住了17口人,用邻居们的话说就是"真是丢人现眼!"

那时候,我妈妈不太会说英语。即使她学了英语,在家里也几乎从来不说。我爸爸说意大利语时，带着浓重的乔迪口音①，当妈妈听不懂他在说什么时，他就会重复一遍，声音也会更大些。这些都让和我们生活在同一屋檐下的其他人很反感，因为他们刚跟意大利人打完仗，十分痛恨那些外国人。就连我的爷爷——愿上帝保佑他——也会私下里小声地管他的孙子孙女们叫"意大利猪"。

那是20世纪40年代的邓斯顿，你们应该都有些印象。那时候，除了戴着贝雷帽、抽着高卢（Gauloises）香烟卖洋葱的法国人之外，能看到的外国人可以说是寥寥无几。我记得我小时候从没见过黑人或亚洲人，因为当时的社会很封闭，外来者会受到极端的鄙视和怀疑。即便是来自桑德兰（Sunderland）的人，也会引来路人的嘘声，而苏格兰人几乎就是外星人。我小的时候特别不想学意大利语，可能就是这个原因。我只是想保持低调，融入社会和人群之中。

埃塞尔姑妈更是变本加厉地苛待我们，就因为我们是"外国人"——可她不是外人，而是我们的家人，这就更令人感到震惊了。我记得，四岁的时候，埃塞尔姑妈带我去邮局，大约有1200米的距离。那是个冬天，正下着雪，可埃塞尔姑妈连袜子和鞋都没给我穿，还不屑地说："你们这些该死的外国人根本就不需要这些东西。"

等我们到了邮局的时候，我都快被冻成冰块了。站在邮局柜台后的那个老奶奶看见我的时候，吓得差点儿心脏病发作。"你在干什么啊！"她朝埃塞尔姑妈尖声喊道。埃塞尔姑妈解释说："没事，因为他是个外国人。"老太太一把抓住我，找了条毛巾，

---

① 带乔迪口音的英语是最古老的英语方言，至今仍在使用，指的是生活在英格兰东北部纽卡斯尔的居民的方言，听起来晦涩难懂，即便是英国人，有时候也很难听懂。——译者注

把我的脚包了起来，然后叫她的丈夫去隔壁商店给我买了一根棒棒糖。我忘了我是怎么回家的，只记得那个邮局里的老奶奶劈头盖脸地把埃塞尔姑妈大骂了一通："你个黑心的蠢女人——那个小娃娃差点儿让你给冻死了！"

我不敢想象妈妈在战后有多孤独。我们家这条街上的所有女人——我小时候看到她们觉得她们很老很老，但其实她们只有二三十岁——每天都戴着头巾、拎着包，聚集在街角，聊好几个小时的八卦。但我妈妈几乎听不懂英语，更别说带有乔迪口音的英语了。然而，随着时间的流逝，所有的邻居都发现我妈妈是最可爱、最善良、最慷慨大方的女人。她总是很开心，脸上一直带着笑意，总会送给邻居自己亲手做的食物，并且经常帮别人缝补衣服。就连她那句带着意大利口音的"里好！"都那么亲切迷人，令人如沐春风。

如果说我小时候有什么东西能让妈妈保持冷静和理智的话，那就是她的缝纫机了。一开始，那是一台脚踏缝纫机，后来变成了一台电动缝纫机。妈妈整天都埋头做针线活儿，从早到晚，忙个不停。她是个了不起的裁缝。事实上，她最终创立了一间属于自己的小制衣坊，为当地的新娘做婚纱。当某个年轻的小伙子成为职业歌手后，她还为这个小伙子制作过舞台服装……

我妈妈还很喜欢编织。她会编织很多东西，比如巴拉克拉法帽、连指手套、茶壶套、套头毛衣等。有一次，约翰逊全家决定去海边玩一天——这里说的海是指北海[①]，只比大陆冰川暖和那

[①] 这里的北海指的是位于英国东海岸附近的大西洋海域，下同。——译者注

么一点点。因为买不起真正的泳裤,她就给我和弟弟们每人织了一条。我记得我的那条泳裤是深蓝色的,上面的松紧带是从一条旧的女士内裤上拆下来的。在此我要补充一下,我跟弟弟们之前从来没去过海边,更不会游泳,但我们都特别兴奋,觉得可以穿着新泳裤在海边玩水了。

但当我们接近海岸时,对海滩的兴奋感很快就消失了。"好了,小子们,下去吧!"我爸爸一声大吼,就把我们推进海里。海水非常冰冷,冻得我们几乎无法呼吸。

大概过了15分钟,爸爸说了一句"真没用",就走开了。但是在那一刻,我们一下子明白了为什么从来没人穿针织泳衣,因为羊毛有吸水性,能吸收比自身重量多好几倍的水,就像海绵一样!这时候,泳裤越来越沉。[1]于是我们在所有人面前出了洋相,露出了不该露的地方。我们俩不得不用手捂着那地方,背过身红着脸往岸边走,任凭湿漉漉的泳裤拍打我们的大腿。

在我很小很小的时候,盖茨黑德是个灰暗而肮脏的地方。战争期间,当"呵呵勋爵"[2]在德国广播电台里大肆宣扬纳粹时,总是会说:"我们不会向盖茨黑德空投炸弹的,我们会扔肥皂!"当然,这话激怒了所有盖茨黑德人,他们决定在维克斯(Vickers)工厂以双倍的速度制造坦克。事实上,每个人的衣领和脖子相接

---

[1] 得知这件事后,我以为我妈妈会把这些泳裤扔了,但是她没有,我们家不会扔掉任何东西。当冬天来临的时候,妈妈送给我们几顶深蓝色的巴拉克拉法帽,看起来很眼熟——当你戴上它的时候,它很明显带着一股咸咸的海水的味道。——作者注
[2] "呵呵勋爵" 本名威廉·乔伊斯(William Joyce),是二战期间纳粹德国电台的英语广播明星,因效忠希特勒而臭名昭著。——译者注

的地方都有一道像"潮汐线"一样的黑色印记。

对我可怜的母亲来说，食物匮乏更是令她愁容满面。她习惯了吃新鲜的罗马甜瓜、熏肉、硬皮面包、橄榄油和帕尔玛干酪，所以吃当时的食物对她来说是一种折磨。唯一不用煮着吃的是肝，因为肝是油炸着吃的，但它太硬了，如果你拿起一块肝朝窗外扔出去，保准能砸灭一盏路灯。我妈妈坐在那里，啜泣着说："我实在是——吃不下这个！"但她自己也做不出什么意大利家常菜来，因为战后的邓斯顿物资缺乏，连一瓶橄榄油都得到药店去买，唯一能买到的酱汁就是西红柿沙司。大蒜是不允许买卖的。就连培根——意大利人的主食——也是定量供应的，每周限量供应八片，分两次给，每次四片。

我的祖父总是穿着西装马甲坐在那里，叼着烟斗，嘴里嘟嘟囔囔，骂房子里那些该死的意大利佬，还会把前一天的报纸剪成条当厕纸用。看到这种情形，我妈妈就更没什么食欲了。

漏屋偏逢连夜雨，本来家里就拮据，偏偏这时候我爸爸又病倒了。战争期间，他躲在突尼斯的那个山洞时，因为吸入炮弹爆炸后散发出的有毒气体、炸弹碎片以及过量的灰尘和烟雾，身体中了毒，使他患上了慢性胃病。显然，他身体没受什么外伤，唯一的伤口在拇指上，留了一道疤。他的胃却越来越差，到最后已经吃不下什么东西了。这时候，就连像他这样固执又坚强的人都无法再假装一切都好、什么事都没有了。

我第一次知道爸爸出了事是在某天早上。醒来后，我发现爸爸不见了，妈妈对我说："布莱恩，我的儿子，你爸爸他……去医院了。"她说话时声音都颤抖了。

几天后,我去一家康复中心看爸爸。那家康复中心位于赖顿（Ryton）附近,紧邻泰恩塞德高尔夫球俱乐部。那是一座庄严而优雅的古老建筑,我从没见过这么壮观的地方。我们走进康复中心,看见爸爸坐在一张舒适的椅子上,正做着针线活儿打发时间,他的胃已经疼得令他动弹不得。我当时心想,哇！爸爸竟然住在这么豪华漂亮的地方,他真是世界上最了不起的人……

然后我环顾四周,看到其他像爸爸一样的大人们,也都坐在那里,有的人头上缠着绷带,有的人眼睛是玻璃的,有的人失去了身体的某些部分,有些人甚至用早期的英国国家医疗服务体系（National Health Service，NHS）所提供的假肢蹒跚行走——当时的假肢是木制的,踩在地上会发出可怕的吱吱声。那时候我还小,只是想到这里可能是一家医院,但没有把它和战争联系起来。在学校里,我们总是站成一排,高声大喊："我们打赢了,在1944年！"但对于战争到底是什么,我们一点儿概念都没有。我们如饥似渴地阅读漫画杂志《老鹰》（Eagle）,那是一本关于英国士兵的漫画,那些士兵个个高大英俊、肌肉发达,名字也很帅气,比如斯洛格·史密斯（Slogger Smith）什么的。士兵们英勇顽强,到处射杀纳粹。所以,在孩子们的脑海里,打仗的士兵们都很帅,和康复中心里这些长相普通、饱受伤残之苦的人没有半毛钱关系。

我爸爸去了那里好多次,每次都会待很长的时间,而且每次都是在胃部做了新的手术之后。我妈妈每天都坐公交车去看他,这就意味着我们兄妹几个得由埃塞尔姑妈照看,她把我们当成战俘一般对待。后来,我们的房子里摆满了织得很漂亮的桌布,都是我爸爸在住院期间织的。要不是在那个时候，他跟我妈妈可以一起做针线活儿生意，准能赚不少钱。可惜，那个年代没这个条件。我爸爸从那座漂亮的老房子里出来之后，就回去继续工作了。

他还在伦敦做过一段时间的劳工，每次都坐蒸汽火车往返于邓斯顿和伦敦，在伦敦工作一周，然后周末回家。

有一次爸爸带着我和弟弟一起去伦敦。这是我们一生中最兴奋的一次旅行——并不是说我爸爸在伦敦过得有多逍遥快活。我们在国王十字车站下了车，然后走向出租车站台，一想到即将坐上那种著名的黑色出租车，我激动得心脏都快要跳出来了。

只是当我们走到出租车站台时，爸爸并没有停下，仍然向前继续走着……最后直接走到了街对面的公共汽车站。

对妈妈来说，想和她在弗拉斯卡蒂的娘家人联系并不是件容易的事，但她还是给侄女寄了一张明信片，并在明信片上写了自己在英国东北部的生活有多艰难。后来妈妈的姐姐回了信，还问妈妈要电话号码。德卢卡家族所有人的家里都有电话——除了我家，妈妈只能把我们家附近街上的电话亭里那部电话的号码告诉他们，并让他们在指定的时间打电话。她的姐妹们会在妈妈指定的时间聚在一起，围在电话旁给妈妈打电话。又听到亲人的声音了，大伙儿都很高兴，甚至激动得流下了眼泪，还会说好几句"Ti voglio bene"[①]——后来，妈妈的姐妹们又打来了很多次电话，每次都不超过三分钟，因为那时候在电话亭打国际长途的时限就是

[①] "Ti voglio bene" 是意大利语 "我爱你" 的意思。——译者注

3 分钟。

妈妈的姐妹们知道了她的处境有多困难，都迫不及待地想帮忙。

她们都以为英国中士的家应该是座乡村小屋，房前有修剪整齐的草坪和开满鲜花的大花园，就像维多利亚时期的爱情小说里描写的那样，而不是邓斯顿的一套廉租房。她们开始给妈妈寄东西补贴生活。比如一套崭新的锅碗瓢盆，一件她们的姑婆穿过的貂皮大衣，还有围巾和衬衫。在上流社会人士的眼中，这些东西都是生活必需品。妈妈的姐妹们热心地提供帮助，没想到却适得其反，让事情变得更糟了。

她们寄来的包裹，一半都被英国海关撕开了，大部分东西都"丢失"了。最后，不管有什么东西寄到了邓斯顿，通常都会被诺曼叔叔或科林（Colin）叔叔拦截并拿去当掉，换成现金。在他们看来，这些东西不是我妈妈买的，我妈妈也不需要这些从意大利寄来的昂贵礼物，而他们更需要钱。所以她有什么可抱怨的呢？

每次发生这种事情，我妈妈就哭个不停。

一周又一周、一月又一月，这种事情周而复始，不断发生。

狂风从未停止，暴雨永远在下着。

食物依旧那么难吃。

房子里仍然那么冰冷。

我爸爸的收入只能勉强付得起我们家的那份房租，更别提买自己的房子了。

后来，有一天，我妈妈终于爆发，再也忍不下去了。

当时，我正坐在客厅里，专心致志地玩着积木。父母则在另一个房间里争吵——比平时吵得更凶，声音更大，但并没有什么其他异常。然而,突然间,我妈妈一把将我抓起来,给我穿上外套,抱着我出了门。

"你觉得你能去哪儿!"我爸爸用带着乔迪口音的意大利语对她吼道。我听不懂他说的话,但也没必要听懂,因为那音量已经说明了一切。

"这里太可怕了!"我妈妈朝爸爸喊道,"我要回家。你的家人,他们太——"

她想不出骂他们的词来。

"回来,埃丝特!"爸爸气呼呼地说,"你别走!"

"不,我就要走!"

"不,你不能走!"

"这里太可怕了!太可怕了!我要回家!"

就这样,我妈妈离开家,拉着我一起走了。我并不认为这是妈妈计划好的,她只不过是一时冲动而已。不过她身上带着足够的钱,所以我猜测她肯定事先在身上偷偷藏好了钱,以防万一。

我妈妈拉着我跳上了一辆公共汽车,爸爸没能赶上,车很快就停在了纽卡斯尔中央车站外面。当然,作为一个年幼的孩子,当时的戏剧性场面让我看傻了眼,完全不知所措。在那个年代,所有的火车都是蒸汽驱动的,所以会发出"呼哧呼哧"的声音,呼啸而过,声音大得让我不得不捂住耳朵。除此之外,还有广播声和报童售卖《纪事晚报》(*Evening Chronicle*)的叫卖声。火车站台上人潮汹涌,乘客来来往往,穿梭不停,穿制服的搬运工拉着堆满行李箱的手推车,有行李箱掉下来时,里面的东西就会撒得满地都是,那些搬运工会气得骂骂咧咧。

我可怜的妈妈一会儿拉着我往这边走,一会儿拽着我往那边去,我想问她发生了什么事,并且开始害怕起来。她的脸上挂着泪水,眼睛也有点儿肿,一直仰着头、伸着脖子看巨大的列车时刻表——那张时刻表有两米多高,有双层巴士那么长——她在找去伦敦维多利亚车站的列车。我们得先去维多利亚火车站,到了那里,就可以乘坐"联运列车"去巴黎北站。到了之后再换乘一辆列车前往罗马。

最后,她终于找到了一列合适的火车,然后拉着我跑去买火车票。

就在这时,我们身后传来了震耳欲聋的吼声,足以淹没全速前进的"飞天苏格兰人号"火车发出的轰鸣声。当时,车站里的所有人都停下了脚步,驻足凝视着我们。

"埃丝特!"

我爸爸站在站台上,一脸的悲伤和痛苦,那场面令所有人都伤心动容。

他知道自己做了什么。他记得自己之前对他美丽的意大利妻子的承诺,但他没有实现那个承诺。

当然,我妈妈肯定也看到了他眼中的痛苦,她知道爸爸一直在拼尽全力地工作,整天都累死累活。

"回来吧,埃丝特。"爸爸柔声对妈妈说。妈妈开始抽泣起来,我之前从来没见过别人这样哭。

"你别走。我们会有自己的房子的。我会给政府打电话。我们日子会好起来的。"

我认为我妈妈并不相信他。

但这些话足以说服妈妈回家了。

2

在户外的严寒中

"你能告诉我你的名字吗,亲爱的?"

"波——勒——爱——恩。"

"你说什么,孩子?"

"波——勒——爱——恩——恩。"

"你叫布莱恩,是吗?"

"嗯——嗯——。"

"好吧,布莱恩,可怜的孩子,你看起来有些不舒服,能告诉我们你住在哪儿吗?"

"比——奇——大——"

"比奇大道是吗?哦……你是埃丝特·约翰逊(Esther Johnson)的儿子吧?"

"嗯——嗯——"

"好了,布莱恩,我现在就送你,我得把你送回家,送到你妈妈身边去——"

时间回到了20世纪50年代中期,那是邓斯顿的一个冬日,距离我妈妈那次离家出走又过去了几年。我们一家终于搬出来住了,住在比奇大道上的一栋廉租房里,距离我祖父母在橡树大道的房子有步行10分钟的路程。我们一开始住在比奇大道106号,那套廉租房有两个卧室,后来我爸爸兑现了对我妈妈的承诺,说服政府把我们的房子升级,这才换到了比奇大道1号,这套房子后面还有一个房间。不过,对于一个六口之家来说,这套房子还是太小了——我和我的两个兄弟不得不挤在一个房间里,睡在一张双层床上。但和住在祖父母家相比,住在这里还是要强了很多,毕竟少了11口人。我顿时感觉家里简直就像白金汉宫一样宽敞。

我们刚刚安顿下来,我就把自己折腾病了,而且病得不轻,不过好在后来康复了。

一切都始于一部名为《北方的纳努克》(*Nanook of the North*)的无声纪录片。我在家里新买的黑白电视上看到了这部纪录片。它拍摄于20世纪20年代——如今你仍然可以在互联网上找到这部纪录片。当时肯定是在英国广播公司(BBC)播放的,因为我家的屋顶天线只能接收这个台(二战结束六年后,英格兰东北部才能接收到其他电视台)。

我通常并不怎么喜欢看电视,因为电视上总是播放一些无聊的节目,比如园艺节目、教堂管风琴独奏会什么的,如果幸运的话,会重播格里高利·派克(Gregory Peck)的电影或者米老鼠的动画片。但大部分时候,电视节目都没什么意思,你就是给我钱,我也没那个耐心坐下来看,我宁可跟朋友去外面玩儿。《北方的纳努克》却不一样，它很吸引我。这部纪录片的主人公是一个名叫纳努克（Nanook）的因纽特人。他住在加拿大的北极地区，你可以看到他如何建造冰屋，如何猎捕海豹、吃鲸脂，以及如何对付北极熊——影片里的暴风雪正在肆虐，他脚下的冰正在碎裂，气温骤降。他随身带着一把大猎刀，家里有一个漂亮的因纽特妻子和一个戴着小皮帽的可爱婴儿。当时邓斯顿也是冬天，也下着雪，所以我不禁浮想联翩，脑子里出现各种天马行空的念头。

纪录片一结束，我就跑到了外面的冰天雪地里，对自己说："好，我要盖个冰屋，就像纳努克那样。"于是我真的动手做了一个小冰屋，大约1.5米见方。我还特意在前面凿了一个小洞，人可以从洞里爬进爬出。这个小冰屋真是太棒啦！

当你还是个小孩子的时候，你有没有过这样的经历：如果你在傍晚时分做了一些令你极度兴奋的事情，那么问题就来了——夜里，当其他人熟睡之后，你仍然会激动得睡不着觉。你躺在床上，大脑完全清醒，在飞速转动。没错，那天的我就是这样的。于是，我决定在大半夜走到外面的黑暗中，飞快地再看一眼我亲手建造的小冰屋，只看一眼，不会有事的。我立刻在睡衣外面套上了一件套头毛衣，还拿了爸爸的手电筒，然后从后门溜进花园。当我钻进冰屋时，我不再是那个身处廉租房后花园的布莱恩·约翰逊了，而是一个生活在英国东北部的因纽特人，名叫布莱努克（Brianook）。在辛苦地猎捕了一天海豹，吃完一顿肥美的鲸脂派之后，我要在冰屋里休息了。然后我像纳努克一样打了个哈欠。这是个巨大的错误，因为这让我意识到自己真的又累又困，于是我睡着了，就像一盏灯熄灭了一样。

几个小时后,爸爸起床去上班——他一般早上六点半就会出门,而他几乎立刻就感觉到出事了,因为屋子里冷得要命,就像在北极,而且后门是开着的,还有雪被吹了进来。他去儿子们的房间一看,发现少了一个人。

幸运的是,房子里面的声音把我吵醒了,于是我立刻从冰屋冲回房子里,正好遇到刚要下楼的爸爸。他以为我只是起得很早,完全没想到我大半个晚上都睡在外面。

"你个蠢货,你会冻死的!"他冲我吼道,"赶紧穿好衣服……"

在我看来,我这次的小小冒险到此就结束了。

但当天早上,我在学校练习写字时,可怕的事情发生了。我浑身冒汗,水分不断从我身上渗出来,我就像一块开始融化的冰。汗水滴滴答答地落下来,溅到我写字的纸上,还滴进了墨水瓶里,直到帕特森(Patterson)老师走过来,说道:"布莱恩·约翰逊!你怎么写得这么乱!重写!"

我感觉头晕眼花,连话都说不出来了。

"醒一醒!"她一边掐我的耳朵一边喊道,"你把整张纸都毁了!你怎么回事!快回家去!你母亲在家吗?"

我勉强吐出一个"在"字,她只需要知道这个,就足以把我踢出学校,扔进冰天雪地里了。

如果被老师赶回家,肯定会被爸爸暴打一顿,但我当时太难受了,没心思想挨揍的事。我沿着熟悉的路从学校走回比奇大道,速度越来越慢……最后一步都迈不动了。我完全不知道自己到底怎么了。我是说,平时我到哪儿都风风火火的,总是玩命地跑,可现在我却连站都站不住了。最后，我坐在人行道上，蜷缩成一团。英格兰东北部的小伙子布莱努克准备去见上帝了。

正在这时，一位好心的老奶奶发现我躺在大街上，我迷迷糊糊中听到了老奶奶和蔼的声音。

"你能告诉我你的名字吗，亲爱的？"

那时候我家没有电话，更别提汽车了。所以当那些好撒玛利亚人[①]把我送回家后，母亲不得不把我安置在火炉前，然后跑到最近的电话亭给我们当地的社区医生——可爱的老费尔贝恩（Fairbairn）打电话。他跟我妈妈说他马上就来，不过他得先吃点儿午饭，然后完成一个病人的手术，一共需要……呃，大约五个小时。

到了下午五点钟，老费尔贝恩医生终于出现了。此时的我呻吟着，浑身冒汗，忽冷忽热，并且开始有些呼吸困难。费尔贝恩大夫说我"病得很重"，然后把我翻了个身，在我的背部打了一针，好让病情尽快稳定下来。他一直陪着我直到午夜——他以前从来没有对谁这样过。我记得老费尔贝恩医生后来又给我打了一针，打针之前他对我说："今晚你一定要坚强点儿，像个战士一样挺住，好吗，布莱恩？"然后他又问我喜不喜欢汽车。

事实上，对于汽车，我远不止是喜欢，用我爸爸的话说，我简直就是个"车痴"。那时候汽车还很少见，我们这条街上只有一辆莫里斯迷你车（Morris Mini），是爸爸的老板的。我能盯着

[①] 好撒玛利亚人（The good Samaritan）源自基督教文化，意为好心人、见义勇为者。——译者注

那辆车看好几个小时,在脑海里尽情幻想自己开着它任意驰骋的样子,仿佛进入了无人之境。我爸爸非常讨厌我谈论汽车,也讨厌我总是满大街寻找新的车型。最后,他实在拿我没办法,只好去我们当地的一家汽车修理厂,问他们能不能给他一个方向盘(只要不是德国车的就行)。最终,他花六便士买了一个方向盘——用的是我攒的零花钱,然后他弄来一根大棍子,把那个方向盘钉在我的床头,并在周围堆了几个枕头,充当驾驶座。我在那张床上"操控"着方向盘,至少"跑"了80,000千米呢。

"嗯,我喜欢汽车。"我气若游丝地对费尔贝恩医生说。

"好,很高兴听你这么说,孩子。"他笑着说,"别告诉别人哦,我刚给自己买了辆新的罗孚(Rover)汽车。如果你能挺住,并且身体能好起来,我就开车带着你去兜风。"

我看见我父母站在医生身后,手牵手看着我——这倒把我吓了一跳,因为我从没看到过他们俩手牵手。尤其是我爸爸,当时他脸上的表情很奇怪,我从没见过他这副神情,像是……呃,像是满怀爱意,还有恐惧。那是一种我爸爸这样的人绝不会让别人看到的情绪。同时,他的脸上还有一种奇怪的听天由命的表情。我的意思是,对我爸爸那一代人来说,家里的一两个孩子死于流感或肺结核,甚至是链球菌咽喉炎,都是很寻常的事情。他心里似乎在想:"唉,在家里这几个孩子当中,他是第一个走的。"

当然,我爸爸应该知道,在那个年代,一辆罗孚汽车相当于现在的半辆劳斯莱斯(Rolls-Royce)了。那款汽车的仪表盘,有着木质的面板和镀铬的表盘。汽车还有内置的调频收音机,更重要的是，车的引擎很强大，可以在 20 秒内从零加速到 97 千米/小时……而且能以超过 130 千米/小时的最高速度继续飞驰！

所以，很明显，我绝不能让自己死掉，不能错过这个难得的机会啊！

抛开那次睡在冰屋里险些死掉的经历不说，我在比奇大道的生活要比住在橡树大道时强多了。我记得，就在我们搬到比奇大道 106 号的几天之后，有一次我一觉醒来，看见街上到处都插着英国国旗，到处都摆放着桌椅，桌子上满是各种食物和饮料，人人都兴高采烈，举杯欢庆，因为我们迎来了一位新女王。当然，这一天的大部分时间里大家都在痛饮，一个个喝得醉醺醺的，但没人在意。人们甚至在邓斯顿公园宰了一头猪烤着吃。最重要的是，每个人都得到了一个免费的马克杯。在那个物资限量供应的年代，这简直就是从天上掉下来的馅饼，我无法用语言描述那种兴奋和激动。我当时心想，天哪，如果我们这条街上的每个人都能得到一个免费的马克杯，那这里简直是什么好事都有可能发生的！

比奇大道当时是一个新开发的街区。在此我应该特别说明一下，这是英国东北部地区王冠上的一颗明珠，这里的一切都是全新且现代的：新铺的红色柏油路、色彩鲜艳的前门；人们脸上洋溢着骄傲和自豪，尤其是那些母亲和妻子；每一家门前的道路都干净整洁，每一户的窗帘都一尘不染；每栋房子的客厅里都有餐边柜和五斗橱，还有干净的壁炉，人们可以围在壁炉旁吃晚饭；许多家庭主妇都会用塑料布把沙发包起来，这样可以让沙发看起来很新，并且能长时间保持干净。

对了，忘了告诉你，这里的街道上还有煤气灯。每天晚上都有人拿着一根长长的棍子把煤气灯点亮。这里还有一个衣衫褴褛的人——我们都叫他"收破烂的"。那个人有一辆小车，由一匹蔫头耷脑的马拉着，缰绳上还系着一个气球。我永远忘不了那一天：我偶然发现，如果给那个收破烂的人一件旧毛衣或一条床单，他就会给我一便士或一个气球。当时我就想，为什么以前从来没人告诉我这件事？但是，当然，如果妈妈发现我在做什么，她一定会追着那个收破烂的人满大街跑，就为了把我爸爸的一双旧袜子抢回来。

在那段日子里，我们过得很开心，生活中充满了难以置信的快乐。那个年代，没有汽车，没有车水马龙的街道，没有发光的电子设备，也没有让人沉迷得无可救药的电子游戏——邻居们相互照顾彼此的孩子——这让我们拥有了极大的自由，那种自由是今天的你们无法想象的。由于所有人都住着紧凑的小房子，孩子们只能整天都在外面玩儿，我们各玩各的，还组成了不同的小帮派。在比奇大道，根据房子的位置，我们分成了"街头帮"和"街尾帮"，在"街头帮"里，有老大（即我和我的朋友们），还有小弟（即我们的弟弟们）。这很有趣，因为莫里斯虽然比我高，却是小弟。

就连学校——邓斯顿山幼儿园和小学，也都不错，一切都挺好。

每天我们这些老大都要带着小弟去上学，放学时再领着小弟回家。无论是刮风、下雨、冰雹还是下雪，无论是老大还是小弟都穿着短裤。我本想加上"晴天"这个词,但可惜邓斯顿一年到头也没几个晴天,一年中天空放晴的日子一只手都能数得过来。

我如此喜欢学校的一部分原因是教室里有跷跷板和小旋转木马,这两样东西会让孩子玩得眩晕和呕吐。所以学校的管理员格雷厄姆(Graham)先生总是站在那里,身边放着拖把和水桶,随时待命。

每当游戏时间结束时,帕特森老师就会发给我们每人一块小黑板和一支粉笔,用来练习写字。然后我们会上音乐课,所有的女孩都拿着竖笛,所有的男孩都拿着三角铁和铃鼓。

这就是我热爱并执着于音乐的开始。我喜欢敲三角铁,敲几个小时都不觉得累,并且陶醉其中。帕特森老师弹着钢琴,我们则和着琴声唱歌。我们会唱《在茂密的栗树下》(*Underneath the Spreading Chestnut Tree*),虽然歌很难听,但我并不在意。只要能敲三角铁,帕特森老师让我唱什么歌都行。

我最擅长的科目是英语。我喜欢写作,写的故事和文章总能得高分。每当我得到一枚小金星时,我都会把它带回家给父母看。

但是,只有在放学之后,我的生活才算真正开始。

每天晚上,不管下多大的雨,我们都会把连帽衫当作球门放在街道中间,然后来一场足球比赛。下雪的时候,我们会打雪仗,一玩就是好几个小时,街上立马变成了战场。

不过,在打雪仗的时候,我总是处于劣势,这要"感谢"妈妈给我织的连指手套。为了确保我不会把手套弄丢,妈妈会在一只手套上缝一根松紧带,然后将松紧带沿着手臂向上穿过外套,从一只袖子绕到另一只袖子,再连到另一只手套上。这样就能有效地防止手套脱落。但问题是，每当我伸手扔雪球时，松紧带就会连带着把我的另一只手拉起来，打向自己的嘴巴。但我玩儿得太过兴奋，以至于总是忘记这一点，所以嘴唇总是被自己打得又红又肿。别的孩子经常讥笑我："瞧啊！布莱恩·约翰逊又朝自己脸上打了一拳！"我看到血顺着我的下巴流下来，吓得哭着找妈妈。那帮孩子会起哄说："再来一拳，布莱恩！再来一拳！"

那也是我人生中第一次真正感受到了音乐和足球的魅力。

第一次去现场看足球比赛是爸爸带我去的。但不是纽卡斯尔联队（Newcastle United）的比赛，因为他们的门票太贵了，而且坐公交车到圣詹姆斯公园至少需要30分钟。于是，我们会走路到离家不远的雷德赫公园看纽卡斯尔联队的"穷亲戚"——盖茨黑德队（Gateshead AFC）的比赛，只要花两便士就能入场。天气好的时候能吸引几千人前去观看。

我爸爸带了一个小木凳，顶部是用柳条编织的。他把小木凳放在球场的墙边，这样我就可以站在上面看比赛了。

我印象最深的是球场墙上那些褪色的旧广告，它们属于20世纪30年代。有的广告上写着："保卫尔牛肉汁[①]，可以有效预防肺炎和伤寒，选它，没错的！"有些广告是用油漆涂在金属背板上的，如今油漆已经脱落，露出了金属的铁锈。在当时那个灰色的世界里，这些斑驳的广告是唯一的色彩，让我看得入了迷。

[①] 保卫尔牛肉汁（Bovril）是一种独特的英国饮料，也是19世纪末20世纪初最流行的运动营养补剂，其中含有稀释的牛肉提取物等成分，可作为调味品，也可添加到热饮中食用，并在当时的报纸上广泛报道。——译者注

与此同时，在看台之外，你可以看到雷德赫煤气厂五个巨大的铁制煤气罐——在那个年代，煤气是通过在密封的火炉里加热煤炭产生的——另外，你还能看到邓斯顿面粉厂。

我真的看不懂球场上发生了什么，我也不关心，毕竟这并不是什么"当日精选赛事"。盖茨黑德队的球员们甚至连体格都不怎么强壮，不过，当然，他们在半场休息吃橙子的时候，倒是吃得挺豪迈的。

跟大多数男孩一样，我很高兴能跟爸爸待在一起，做什么都高兴，真的，只要能跟他在一起我就很满足了。

但是这一点在听唱片这件事上除外，我可不想跟爸爸一起听音乐。我家里有几张唱片，提醒你们一下，这些唱片是一对老夫妇——亚当斯（Adams）夫妇——送给我们的，他们住在这条街的"OAP 小屋"里（OAP 即退休老人）。

那时候，我们家有一台老式留声机，上面有一根钢针，你可以摇动手柄播放唱片。我爸爸偶尔会听一些 78 转唱片[①]，不过说实话，他向来对音乐不怎么感兴趣。我唯一记得的一首歌是哈里·安东尼（Harry Anthony）唱的《金笼里的鸟》（*A Bird in a Gilded Cage*）。哈里·安东尼的声音很可笑，是一种带着战栗般颤音的男高音，听起来很憋闷，再加上唱片里嘶嘶作响的杂音，简直让我无法忍受。事实上，与其听这些难听的唱片，还不如跟我的两个兄弟拿唱片当飞盘扔着玩有意思呢。我们几个把唱片一张张地扔出后花园的篱笆，如果扔的时候甩一下手腕，唱片就会

[①] 78 转唱片是大约以一分钟之内转 78 圈的速度播放，因此被大多数收藏家称为 78 转唱片。——译者注

旋转着飞出去，在空中飘浮一段时间，最后轻轻地落下。哈里·安东尼的唱片基本上成了我们的飞盘，这件事我记得很清楚，因为当时飞盘还没有被发明出来呢。

至于我自己的音乐品位，完全是由BBC广播节目《儿童最爱歌曲》（*Children's Favourites*）培养出来的。节目主持人是个声音听起来带着维多利亚时代沧桑感的"马克（Mac）叔叔"，非常呆板。每期节目的开头，他都会说："全国各地的孩子们，你们好啊。"紧接着是BBC有史以来最伟大的主题曲之一——由梅洛迪轻乐团（Melodi Light Orchestra）演奏的《帕芬比利》①。

每周六上午9:10，马克叔叔便会开始播放各种歌曲，比如《大笑的警察》（*The Laughing Policeman*）或梅尔·布兰科（Mel Blanc）的《我看到了我的敌人》（*I Taut I Taw a Puddy Tat*）——《兔八哥》（*Looney Tunes*）里的大部分角色都是由他来配音的——此外还有一些宾·克罗斯比（Bing Crosby）和马克斯·拜格雷夫斯（Max Bygraves）演唱的歌曲。如果够幸运，赶上马克叔叔心情好的时候，你还能听到弗兰克·辛纳特拉（Frank Sinatra）或者多丽丝·戴（Doris Day）演唱的一些比较温和的热门歌曲。

这是一周中最精彩的时刻。

在邓斯顿生活的日子里，我最深刻、最美妙的记忆是全家在一起度过圣诞节的情景，尽管那时候家里穷，买不起火鸡，更不用说其他像样的圣诞节礼物了，但我们的圣诞节依然过得很

---

① 《帕芬比利》（*Puffin' Billy*）是一首童谣，在20世纪四五十年代作为BBC节目主题曲成为孩子们的最爱。——译者注

开心。

我的爸爸——上帝保佑他——每到圣诞节前都会去树林里砍一棵树，用来当圣诞树。他小的时候，电还没有普及，再加上他成年后非常重视传统，所以他会用蜡烛——真正的蜡烛，真正有火苗的蜡烛——来点亮圣诞树。他坚称这绝对安全，因为约翰逊家族世世代代都这么做，从来没有过房子着火、有人被烧死的先例。

紧接着，就到平安夜了。这是所有孩子人生中最长的夜晚。每一年，我爸爸都会事先留下一块饼干和一杯牛奶，说是给圣诞老人准备的，这件事他从未忘记过。每次我们上床睡着之后，他都会咬一口饼干，喝掉牛奶，并用壁炉里的煤灰在屋里留下指纹。这一切都说明，尽管我的爸爸约翰逊中士外表坚硬，但内心十分柔软，饱含温情。当然了，我和我的两个弟弟会躺在床上彻夜难眠，等着圣诞老人给我们送礼物。从凌晨3点开始，我们每隔15分钟都会喊一次爸爸："爸爸！他来了吗！"爸爸就会压低声音对我们说："快睡觉！"……直到黎明破晓时，爸爸才会打开我们的房门，带我们下楼。

至于礼物嘛，永远是藏在袜子里的一个用锡纸包着的橘子（锡纸的颜色看起来更有圣诞气氛），还有一块福来士牌（Fry's）牛奶巧克力，如果足够幸运，还会得到一个吉百利（Cadbury）巧克力礼盒，每当看到带有包装纸的礼盒时，我们都兴奋无比，因为那礼盒可大了。

我们都会想方设法地把自己的巧克力保存得更久一些。我的巧克力通常在圣诞节第二天的中午就吃完了，而我弟弟维克多可以把他的那些巧克力保存好几个月——他可真是有毅力。在我眼里，他简直不是个常人。

但圣诞节也不全是让人高兴的事。在这些圣诞礼物中，总有一个令人退避三舍的"圣诞节诅咒"——一个木盒子，里面装满了看上去像骆驼睾丸的干无花果，还有一个用来吃无花果的塑料小勺。每年，我们几个孩子当中总有一个倒霉蛋会收到这份可怕的礼物——如果有人不幸中招，伸出勺子把无花果喂给别人吃，那你可一定要躲得远远的。人人都讨厌无花果，特别是我妈妈，因为她真的尝过它的味道。

随着时间的推移，我们收到的礼物变得越来越好，甚至包括一辆漂亮又气派的兰令牌（Raleigh）自行车。终于，有一年圣诞节，圣诞老人给我送来了一件改变了我人生的"家庭礼物"——一台伊丽莎白牌（Elizabethan）双卡录音机，还带着一个小小的有线麦克风。

这台录音机改变了一切。突然有一天，我可以用麦克风对准收音机的扬声器，将《儿童最爱歌曲》节目里的歌录下来了，这样我就可以随时听我想听的歌。不过，和往常一样，问题总是如影随形。这次的麻烦是我们家的宠物——一只虎皮鹦鹉，它的名字不是博比（Bobby）就是彼得（Peter），我记不清了。那时候几乎家家都养虎皮鹦鹉，而且都不外乎这两个名字。大伙儿喜欢虎皮鹦鹉，因为可以教它们说"你好，伙计"，或者"你好啊，宝贝"，而且它们只吃谷类，所以很好养，不怎么花钱，人们还能从中得到很多乐趣①。

总之,我家的这只鹦鹉逐渐养成了一种习惯——每当收音机一响,它就会突然唱起歌来。它几乎跟我一样喜欢《儿童最爱歌曲》这个节目,它唱歌的声音还特别大。

我的小录音机只能录高音,不能录低音,所以当我把第一次录的歌播放出来时,只能听到詹姆斯·巴斯克特(James Baskett)用模糊又低沉的声音唱着"咿咿——呀——嘀——嘟——哒",同时还伴随着可怕的鹦鹉叫声,那声音高得刺耳。

我把那只虎皮鹦鹉挪到了另一个房间,但根本没用,因为那只会让它更不高兴——它不高兴时,发出的叫声更高亢,音量比平常高了一倍。

试了一段时间后,我终于放弃了录音,开始自己对着麦克风唱歌。不知道为什么,我唱歌的时候,那只鹦鹉反倒不出声了。一开始,我能想到的也就是我们在学校里唱的那些老掉牙的歌。尽管歌不怎么样,但给自己录音实在太有趣了,我兴奋得根本停不下来。更有趣的是,我发现录音机可以慢放或快放。慢放的时候,我的声音听起来像个声音低沉的老人;快放的时候,声音听起来像《鼠来宝》(*Alvin and the Chipmunks*)里的花栗鼠阿尔文(Alvin)。那一年圣诞节,大部分时间我都钻在我和两个弟弟共享的卧室里,一边看着磁带转动,一边对着麦克风唱歌,然后倒带、回放、再重新开始,或者唱别的歌。后来,我爸爸开始后悔给我买那台该死的录音机了,最后,他实在忍无可忍,怒气冲冲地说:

---

① 我并不是说这只鹦鹉会说话——毕竟从来没有人跟它说过话。当它从笼子里飞出来的时候,它就会打翻东西,在沙发上拉屎。——作者注

"你就这么喜欢自己的声音吗!"

我脸红了,嘴里嘟嘟囔囔地反驳,心里却在说——是的,我很喜欢——尽管承认这一点让我感到很不好意思。正是这种新鲜感吸引了我,让我感觉到自己是在创作,而且我是第一个听到这些新创作的人。

我永远不会厌倦这种感觉。

直到今天都不厌倦。

3

《水果锦囊》（*Tutti-Frutti*）

在比奇大道 1 号住了几年之后，我妈妈的思乡之情终于得到缓解，并渐渐消退。或许是因为她找到了聊以慰藉的出口和渠道——一家位于格拉斯哥的意大利食品进出口公司，老板是一个叫皮特罗·法齐（Pietro Fazzi）的家伙，在二战期间，他和他的兄弟们被英国人关进了监狱，德国投降日之后才被放了出来。

这家公司最初是一个家庭冰激凌店兼咖啡店，那还是在 20 世纪 20 年代的时候。但皮特罗先生的一个儿子意识到，如果直接向苏格兰和英格兰东北部的多家餐厅，以及思乡情切的意大利人出售食品原材料，可以赚更多的钱（因为很多意大利战俘后来都跟英国人结了婚，之后再也没有回过意大利老家）。我说的意大利食品原材料指的是门努奇牌（Mennucci）意大利面、贝多力牌（Bertolli）橄榄油、正宗的萨拉米香肠、罐装番茄酱、帕尔玛奶酪和做比萨饼皮的双零面粉等。

无论你想要什么——只要是令你垂涎欲滴的意大利食品——皮特罗先生都能为你搞到。

我妈妈一遇到这个意大利人，就一头扎了进去，再也没有回头。

每个星期五下午，我妈妈都会到街对面的电话亭里打电话预订食品，我听到她用意大利语跟皮特罗先生叽里咕噜地讲话，一聊起来就没完没了，感觉每次都足足聊好几个小时。通常在几天后，一个男人就会出现在我家门口给她送货。我妈妈就像圣诞节早上收到礼物的孩子一样，开心得不得了。

看着她准备食物是我最开心的事。我的弟弟莫里斯——一名未来的厨师——对此尤其着迷。20世纪50年代，尽管英国菜的难吃程度举世闻名，但乔迪人对他们的浓汤、司康饼、羊排、英式香肠、培根三明治和周日烤肉颇为自豪。这些英国菜的确很美味，而且很合我的胃口，现在我在家里仍然会做这些菜。但我妈妈在厨房里做的是完全不同的菜肴，用的是我们从来没尝过的食材和香料，制作的是我们从没见过的意大利面。对我妈妈来说，做饭是一种思乡之情的流露，能让她想起在意大利的生活。

我永远不会忘记，那个周日的下午，我妈妈第一次做了意大利甜甜圈——意大利人称之为邦博罗尼①，因为它们看起来像一个个小小的炸弹。面团上轻敷着一条湿毛巾，我们全家人围坐在火炉前，看着面团慢慢发酵，感觉就像在拍一部好莱坞电影。然后妈妈开始揉面。她把面团切成小小的圆形，再把捏好的甜甜圈小心翼翼地放在羊皮纸上，再使用皮特罗先生给她找到的最好的

---

① 邦博罗尼（bomboloni）源于意大利语的bomba，意思是炸弹，因此也叫意式炸弹甜甜圈。——译者注

油，将甜甜圈放在锅里轻轻地煎。最后甜甜圈出锅了，热气腾腾、松软香糯，看着就让人流口水。妈妈把中间最好的部分留给我们几个孩子，把它滚上一层糖，哎呀！你简直不敢相信——世界上竟然有这么好吃的东西！我们简直可以吃下一千个。

妈妈做的意大利甜甜圈香气四溢，整条街都弥漫着诱人的味道，邻居们当然也都闻到了，所以都追着这种他们从未闻过的香味跑到我家。妈妈已经在做第三批或第四批甜甜圈了，她开始把甜甜圈用旧报纸包起来，分给邻居们。我后来才知道，当我把妈妈做的甜甜圈拿到学校送给帕特森老师和格雷厄姆先生后，再也没有人在背后取笑我们是意大利人了。

而且，从那之后，我也不再介意自己与其他孩子的不同，甚至开始喜欢上这种不同了。

每天早上，爸爸去上班后，妈妈都会做正宗的意大利咖啡，咖啡豆也是从皮特罗先生那里买来的。妈妈把咖啡豆磨成粉，然后把咖啡粉放在一个顶部有扭柄的木盒子里。那咖啡的味道真是太香了，让人恨不得把头埋在里面闻个够。然后她会在炉子上煮一壶意大利咖啡，给我们每个人倒一小碗，里面还会加一点儿牛奶，再放上几小块吐司。这就是我们的早餐，就像其他孩子把麦片当早餐一样。我是说，在英格兰东北部，还有谁能有我们这样的口福呢？

噢，我妈妈真是个了不起的女人。她总是用她熟记于心的食谱给我们的生活带来无限的惊喜和快乐。当我们这些孩子围在她身边时，她总是很开心，始终面带笑容。她总是想让我们去看或者去做她过去未曾做过的事情。

然而，旧日的痛苦时不时会卷土重来。比如，有一次我拿着扫把玩士兵打仗的游戏，不小心打碎了客厅里一盏淡粉色的吊灯，那是妈妈从意大利带来的少数几件没被偷走或者典当的东西之一。那是我第一次也是最后一次被我妈妈吓到。当时的她不只是生气，而是勃然大怒。

但怒气过去之后，她的悲伤便从心底涌出。她把我搂在怀里伤心地痛哭起来。

这可能是个很好的契机，提醒我妈妈再次把我带回意大利——只不过这次回去是在学校放假期间，并且她提前告诉了我。

当时我七八岁。

关于这次意大利之旅，我唯一的记忆是在火车上使用厕所的情景，我记得马桶里的水可以直接排放到铁轨上——我称它为"世界上声音最大的厕所"。当我们拖着行李箱走上狭窄而摇摇晃晃的木板，登上多佛（Dover）的跨海渡轮时，我吓得差点儿瘫倒在地。我当时真觉得我们要死了。妈妈最后是怎么把我哄上渡轮的，我都已经忘了。

但意大利让我大开眼界。

下了渡轮，我们到了一个车站——罗马中央车站，那是一座全新且现代化的宏伟建筑，有巨大的中庭和悬挑式屋顶，我以前从来没见过这样的建筑。

更令我惊讶的是意大利的火车，那火车竟然是柴油驱动而不是蒸汽驱动的。有红色、橙色和绿色相间的车身。到了终点站，我们一下火车，就闻到了咖啡和新鲜面包的香味，地面上一尘不染，微风吹来，没有卷起任何垃圾。事实上，这里的风并不大，也没有下雨，北海的大风根本吹不到这里来。我感觉脸上似乎有些不寻常的东西，那是我以前从未有过的感受……

热热的感觉。

它来自太阳。

我觉得自己就像到了天堂一样。

当时我穿着一条平日常穿的短裤和一双露趾凉鞋。一下火车，就看到了妈妈的姐妹们和妈妈的侄女朱莉安娜（Guilianna）。大家相拥而泣，哭了差不多十来分钟。她们是我见过的最可爱、最亲切友好的人，而且她们太美了，美得让我移不开目光。她们的腿上都没有穿尼龙长袜，皮肤被晒成自然健康的小麦色。她们的牙齿又白又整齐，妆容很淡雅，几乎看不出涂了口红。其中一个人还有车——她们是自己开车来的，这真是让我难以置信。要知道，在邓斯顿，街上很少能看到汽车。女人竟然也能开车？我真的惊呆了。我的那几位意大利姨妈和朱莉安娜表姐看上去时尚、随性又快乐。

然后我们前往山上的弗拉斯卡蒂，车程大约45分钟，路边到处都散落着被烧毁的德国坦克和大炮的零件。

等我回过神来时，发现我们已经在一栋非常豪华的公寓楼外停了下来。原来，这栋公寓楼的整个顶层都属于我的玛丽亚（Maria）阿姨。

我对她的奢华生活感到十分震惊。直到现在我还能回想起她家里那淡蓝色和金色的丝绸窗帘，还有厨房里的那张长条桌，可以在桌子上切割和准备那些新鲜诱人的食材。露台上的陶罐里甚至种着葡萄，葡萄藤从侧面蜿蜒地攀爬到木架上，投下一片荫凉。

当天晚上，我们吃了一顿丰盛的大餐，那是我吃过的最美味的食物，有意大利面、鱼、肉和奶酪，我以前从没吃过那些菜肴。我和朱莉安娜及其他几位意大利表亲坐在一张特别的儿童餐桌旁。他们还给了我一小杯红酒。我平生第一次意识到，妈妈为了爸爸和我家所有人放弃了什么。我突然觉得心里沉甸甸的，很不好受。

如果说妈妈是我们这个家的灵魂，那爸爸就是这个家的脊梁。爸爸是个不苟言笑的人，想从他脸上看到一丝情绪，简直比登天还难。他偶尔会不满地嘟囔几句，有时会沉声低吼，甚至高声怒骂，但大多时候他都不怎么说话。他平时跟我说的话无非就是"嘿，你！给我停下来！"或者"嘿，你！给我滚开！"。

以至于多年来，我一直以为自己的名字是"黑泥"。

但我并不是说爸爸冷酷无情，他只是不想让人觉得他软弱而已。而且这也不仅仅是要彰显男人气概的问题。身为中士，他不仅要以身作则，还要时刻严格约束下属，如果管不好自己的队伍，在战场上，士兵们迟早会挨枪子的。

我第一次对爸爸在战争中所经历的一切有深刻的了解，是在我十岁时一个星期六的下午。那一阵子，我最喜欢的事情就是做飞机模型。那天，我正在拼装一架美国的 P-38 战斗机（德国人称之为"叉尾魔鬼"）模型，已经到了尾声。我爸爸对我的创作向来不感兴趣。但在那天，他从俱乐部回来看到这架 P-38 时，突然在我身旁停了下来，笑着说："这是世界上最漂亮的飞机。"

这让我大吃一惊，因为他一般不怎么跟我聊天。

"为什么这么说，爸爸？"

他说:"因为它救了我们的命,这是真的。"

我们的聊天到此为止。我本来想听他给我讲讲战争的故事,但他并没再说什么。又过了 20 年,我才终于了解到爸爸当年打仗时的经历。

多年以后,我和父母、弟弟莫里斯还有妈妈的家人一起住在弗拉斯卡蒂。一天下午,爸爸对我们说:"我想去内图诺(Nettuno)。"内图诺离安济奥(Anzio)不远。1944 年 1 月 22 日,盟军就是在这里袭击了被德军占领的滩头阵地。美国人进攻安济奥,英国人进攻内图诺,爸爸就是在那里登陆的。

于是我和莫里斯开车送他去了内图诺。从弗拉斯卡蒂开车去那里大约有一个小时的车程,而当年盟军攻到那里却花了 5 个多月的时间。我们到达内图诺时,妈妈的远房亲戚热情地接待了我们,他们正好在海滩边上有套公寓。他们将我们迎进门,带我们来到露台,并准备了丰盛的美食让我们享用,有萨拉米香肠、奶酪、面包,还有葡萄酒。真是太美味了。我们一边欣赏着海滩的美景,一边喝着香醇的美酒,跟热情友好的亲戚们相谈甚欢。突然间,爸爸说:"你们看到那块岩石了吗?"

只见离海岸线大约 800 米的地方,伫立着一块巨大的岩石。

我们都点了点头。

爸爸说:"我们走出登陆艇后,就躲在那块岩石后面,当时周围到处都是尸体,有的漂在海里,有的倒在沙滩上。人们就像被割断的麦子一样挨个倒下。我对我的部下说,快跑到那块岩石后面去!不要停下来!我们不知道自己是怎么跑到那儿的,但我们做到了……确切地说,是我们当中有些人做到了。"

莫里斯和我都目瞪口呆,因为这是我们第一次听到爸爸谈论战争。

"正在那时,一群P-38闪电战斗轰炸机突然出现,朝德国人一通扫射和轰炸。"他接着说,"那是我见过的最漂亮的飞机。"

我一下子明白了爸爸为什么对那架飞机情有独钟,过了这么多年,那个星期六上午的谜团终于被解开了。

后来我们去了盟军公墓。公墓里伫立着成千上万个十字架,大卫之星①随处可见。那里庄严肃穆,令人无法呼吸。我从来没有见过如此令人震撼的景象,既悲伤又凄美。在鲜花的簇拥下,烈士们安息于此——年轻的小伙子们为了和平献出了自己的一切。而两代人之后,再也没人知道那些故事,再也没人在意内图诺或安济奥在哪里了。

当我想到自己在他们这个年纪所渴望的东西时,心中备感羞愧——我想要的无非是一套新的扩音系统、一辆摩托车,而长眠在墓地里的这些年轻人,永远没有机会得到自己想要的东西了。

爸爸走进墓地时,本能地挺直了腰,然后坚毅地走向一排坟墓。看得出来,他心里牢记着长眠在这里的那些人,因为他们被埋葬在这里时,他也在场。父亲指着一座座墓碑,莫里斯和我顺着他指的方向看过去。"啊,那是汤米(Tommy),他是个好小伙儿;那个是埃里克(Eric),这小子很有趣,你们不知道,我跟他还是同学呢;那个是米基(Mickey),他刚上战场没五分钟就被人打死了。"

---

① 大卫之星即六芒星,又名大卫之盾、所罗门封印、犹太星,是犹太教和犹太文化的标志。以色列建国后将大卫星放在以色列国旗上,因此大卫星也成为以色列的象征。——译者注

从墓碑上的字来看，这几个烈士牺牲的时候没有一个人超过21岁。

"给我们几分钟好吗，孩子们。"父亲说。于是我们悄然离开，让他跟他那些倒下的战友们待一会儿。我们看着他跟战友们无声地聊天，他时而微笑，时而点头——时隔多年，这些当年的小伙子们又聚在了一起。我真希望父亲的那些战友们还活着，能跟爸爸真的相聚。父亲的眼中满含热泪，我们兄弟俩也哽咽了。最后，父亲站起来，挺直了身子，庄重而严肃地向逝去的战友们行了一个军礼。对于他的那些战友来说，再也没有号角声，也没有最后一次集合了。

他行完军礼，放下手，然后利落地转过身朝我们走来。

"好了，走吧。"他说。于是我们跟在他身后走出了墓地。

从那以后，我们便对父亲有了新的认识。[①]

尽管爸爸脾气火暴，但很少有情绪失控的时候。老实说，他冲我发火，基本上都是我自找的。

一天下午，我从学校回到家，发现一团巨大的黑烟从远处的屋顶上冒出来。我心想，好家伙，那是什么玩意儿啊？于是我和几个"老大"想去看看黑烟是从哪儿冒出来的，很快，我们循着黑烟，跑到了一条铁路旁，原来黑烟是从火车上冒出来的，那条

[①] 1989年，我搬到佛罗里达州的萨拉索塔后，遇到了我最好的朋友之一——威廉·凯利（William Kelley）。他是一位世界级的艺术家，已故的BBC历史学家温迪·贝克特修女（Sister Wendy Beckett）是他最忠实的粉丝之一。有一年，我爸爸来我家做客，他和比利——一个嗜酒爱玩的爱尔兰波士顿人——相处得非常融洽。我永远都不会忘记我爸爸在看我俩打高尔夫球时冲我们喊的话："你们是在糟蹋这项运动！"——尽管我爸爸一生中从来打过一杆高尔夫球（而后来当他有机会打高尔夫时，他确实打得就像一个从未打过一杆的人一样）。总之，在那次拜访中，我们在喝啤酒的时候意识到，比利的爸爸在安济奥登陆和我爸爸在内图诺登陆是在同一天。"安济奥之子"组织就这样诞生了，直到今天，比利和我——还有我的弟弟莫里斯和维克多，以及我们各自的侄子——仍然是这个组织的骄傲成员。——作者注

铁路就在我们住的那条街的后面,跟我们的后花园就隔着一道小栅栏。这让我们想到了一个极为有趣的新游戏,"小弟们"也很快加入进来。这个新游戏其实很简单,叫作"跟蒸汽火车比胆量",你肯定也想到了——我们站到铁轨上等火车过来,听着列车驾驶员吹响口哨,咒骂着叫我们赶紧让开。我们要比的是,在火车飞驰而来之前,谁在铁轨上待的时间最长、谁最后一个从铁轨上跳开、谁的胆子最大。

换句话说,离那可怕的暴力死亡越近,得胜的概率就越大。在我们这些孩子们看来,这是个完全公道的冒险游戏。

总而言之,这个游戏持续了好几个星期,带给我们无限的欢乐。直到有一天,我爸爸从卧室的窗户往外看,看到了铁轨上发生的一幕。

怎么说呢,他完全没有表现出作为父亲对儿子的骄傲——他并没有打开窗户对我大喊:"布莱恩,我的孩子!你发明的这个游戏真是太刺激了!干得好,小家伙!"

相反,他立刻冲出家门,眼神充满杀气,我想那肯定和他在突尼斯杀德国人时的眼神一模一样。他挨个指着我们几个,怒吼道:"你!你!你!都给我滚到栅栏这边来!马上!"然后他从树上扯下一根树枝,把我们打得屁滚尿流。还嚷嚷着:"如果再让我看到你们干这种事"——啪!——"我就报警抓你们"——啪!——"让你们蹲监狱,听到没有!"——啪!

"听到了,先生。"我们一个个疼得哇哇大哭,涕泗横流,感觉屁股都要着火了。

当天晚上,其中一个小伙伴的爸爸来到我家,怒气冲冲地质问我爸爸,为什么用树枝打他儿子。我爸爸解释了打我们的原因。那个爸爸沉默了一下,然后说:"对不起,艾伦,很抱歉,我不该怪你。如果你再看见我家那臭小子干这种事,麻烦你替我再狠狠揍他一顿。"

在20世纪50年代的邓斯顿,我爸爸只是个普通的工薪阶层,但是他的脾气固执得可怕,认准的事九头牛也拉不回来——有一个最典型的例子:那一回,爸爸让我去他朋友比利的菜地里给妈妈买一棵生菜。

那是50年代末期,英国所有工人阶层的居住区里,通常都留有一片菜地。这是战争时期遗留下来的一种传统,总的来说就是鼓励人们自给自足。

在离比奇大道不远的地方,确实分布着几百块菜地。每块菜地的大小都差不多,长约37米,宽约23米。这些菜地由地方议会负责租出去,所有的菜地四周都围着波纹铁皮,并由菜地的租户负责保护和看管,当有韭葱种植大王比赛的时候,菜地就被看管得更严了。

比利就有一块菜地。在一个阳光明媚的春日,爸爸对我说:"去比利的菜地里给你妈妈买一棵生菜。"春天到了,正是吃色拉的季节。和现在不一样,生菜当时是应季蔬菜,过了季节就没有了。

他给了我两便士,我就去了。我敲了敲菜地上的波纹铁栅栏,但没人回应。栅栏太高,我爬不上去,只好大声喊比利。比利走听到后走过来对我说:"进来吧,孩子,我给你妈妈摘了一棵又大又新鲜的生菜。"我拿起用报纸包着的生菜,对比利说:"给,这是爸爸给你的两便士。"

"什么？"他说，"不用给钱，地里生菜多得是，快回去吧。"

于是我回了家，骄傲地说生菜是免费的，比利不要钱。爸爸却说："回去把钱给人家，告诉比利，我从不白拿别人的东西。"

我有些困惑，但还是跑回了比利的菜地，对他说："爸爸说不能白要你的东西，这两便士你还是拿着吧。"

比利笑了笑，让我告诉爸爸别太固执了："我不需要这两便士。行了，快走吧。"

我闷闷不乐地走了，同时意识到这件事太复杂了，远超我的能力范围。我要是这么回去，爸爸会怎么说呢？

在这里我必须要说明，在当时的英格兰东北部，父亲们总是很严厉，孩子们必须对自己的父亲言听计从，不能有任何违逆。所以在大人们这场维护尊严和骄傲的游戏当中，我们小孩子不过是工具而已。

我又跑回去，求比利收下那该死的两便士。可惜太晚了，他已经走了。这下我心里可慌了。我不能留着那两便士，否则会被认为是我偷的。我也不能把钱带回家去，爸爸还会让我把钱给比利的，来来回回，没完没了。而今天是星期六，下午我们要看电影，而且时间快到了。

所以，我必须当机立断，作出决定。这种感觉就像是你走进了一家糖果店，必须在水果软糖和菠萝硬糖之间进行选择一样。

我一点儿也不喜欢这样——因为这个问题太让人捉摸不透，也让人害怕。所以我花了很长时间思考该怎么办。过了大概五分钟后，我作出了决定——我把那两便士扔进了下水道。

接下来的几天，我都战战兢兢的，害怕比利会把这两便士的事情告诉爸爸，继而被人发现真相。但是什么事也没有发生。他们俩可能都太过骄傲了，都不愿提起这件事。从那时起我就知道，做个诚实的人可真不容易。

等春天过去，生菜就没有了，再想吃生菜就得等来年。但随着时间的推移，水培种植法的发明让我们一年四季都吃得上生菜。我们就像在养鸡场里养鸡一样培育生菜，这样的鸡和生菜吃起来跟以前的完全不一样。就像水一样寡淡无味。

对我来说，1958 年这一年，一切都变了，而发生改变的缘由既可怕又令人震惊。

我必须参加"11 岁考试"[①]，这是一项耗费脑力的智商测试，学校教的所有东西都在考试范围内。

在那个年代的英国，毫不夸张地说，你 11 岁时的这次考试至关重要，你在考试中的表现将决定你今后的整个人生。得高分的学生会被分到属于精英们的文法学校，然后为升入大学做准备，而剩下的人则要进入中等的现代职业学校，这类学校注重培养学生的实用技能，比如木工、金属制造和加工等。在这里，你登上月球的概率都比进大学的概率高。除此之外，还有一些"技术学校"，主要是教人如何做买卖的，但大多数做买卖的知识都是通过在工作中当学徒学到的。

这场重要的考试耗时 45—60 分钟，而且只能考一次，压力

---

① 11 岁考试（eleven-plus examination），英国原中学入学考试。——译者注

之大可想而知。由于英国没有建立足够多的文法学校用以接收战后出生的所有孩子，所以入学考试的难度逐年加大。

我爸爸还是那个脾气，他所知道的唯一的鼓励方式就是吓唬人："喂，小子！你最好给我考及格，否则将来就得去扫马路了！"他在我耳边不停地说这些话。在我爸爸看来，扫马路是他能想到的最差劲的工作。然而，对我来说，最让我害怕的是将来成为一名和他一样的矿工。

当然，我爸爸根本不知道，要想让孩子做好一件事，不能一味威胁和恐吓，而是要让他做好准备，保持头脑冷静——不论你天生聪明与否。对于这场考试，我完全没有任何准备。工人阶级的孩子很少为此准备，因为他们的父母对此一无所知。事实上，和我的朋友们相比，我11岁的时候是那样的无知。我依然没有长大，还跟以前一样，总在玩扮演牛仔和印第安人的游戏。我还出现了严重的焦虑症——直到现在都是如此。

我的整个考试过程惨不忍睹，简直是耻辱。我把试卷拿到眼前，整个人都愣住了。我太紧张了，脑子也不灵光了，那些问题就像是用瑞典语写的一样，我一道都看不懂。那是我人生中最糟糕的时刻之一。更令我痛苦的是，我在学校里其实一直都是个好学生，每次考试都能拿高分或者得小金星。

大约一周后，我们拿到了考试结果。这真是重要的一天啊！突然间，大家被分成了好几个小组。一组是未来的领军人物——医生、律师，有些得高分的孩子曾经是我的朋友，而他们平时在班上的成绩一向都是比我低的。显然，他们在考前做了充分的准备，因此在关键时刻能够保持冷静。可当叫到我的名字，并被告知去和那些平时考试倒数的孩子们站在一起时,我的心咯噔一沉,显而易见,这下我完了。我要去的是中等的现代职业学校。我并不是说这样的人生一定会有很差的结果。因为即便遭受人生中最沉重的打击,只要你能打好手里的牌,而非意志消沉、自怨自艾,一切困难都是可以克服的。但我不打算对你们撒谎,上文法学校的孩子们走上了一条路,而我走上了另一条路……当时的我感到无比空虚和失落。

几周后,发生了一件令人惊叹的事情。

那一天,我没去上学——肯定是因为不舒服或者有牙医预约之类的事情——总之,我无聊得要命。于是我打开了电视,看BBC的日间节目。节目很有意思,叫《农场》(*Farming*)。节目真的就是在介绍如何经营农场。后来,他们又给这个节目增加了些噱头,将节目改名为《今日农场》(*Farming Today*),这无疑给BBC带来了一些负面评价。不论叫什么吧,每期节目都有一个西装革履的人对着镜头侃侃而谈。而我当天看的那期节目,讲的是土壤覆盖物和粪肥的区别。

此时此刻,你也许会问,为什么那个小家伙不换台呢?要知道,在那个年代,BBC是我们唯一能接收到的频道,泰恩提兹电视台(Tyne Tees Television)是大约一年后才有的。所以,你要么为了解闷看一集黑白的《今日农场》,要么就得盯着墙壁发呆。作为一个11岁的男孩,我这一天盯着墙壁发呆的时间已经够长了。

于是我就坐在那里,看着这种无聊得令人脑子发木的节目——我的眼神空洞呆滞,口水都要流出来了。正在这时候,演职员表突然滚动起来,一个声音浑厚的BBC播音员说道:"现在,插播一条……"

听到这个,我差点儿要哼哼出来。要知道,BBC的"插播消息"比那些无聊的节目还要无聊。比如"下面是一条鱼在池塘游泳的片段",或者"一位上了年纪的苏格兰妇女正在翻新一口锅",再或者"现在,教堂唱诗班在唱圣歌……缓缓吟唱"。

但这次的插播消息完全不同。哦,不,这一天,摇滚之神决定让住在比奇大道1号的小布莱恩·约翰逊被一道闪电击中屁股。

我突然发现,自己看到的不是一条鱼游泳的片段,而是一个留着稀疏的小胡子、头发蓬乱的黑人。这个家伙的脖子上还戴着项链,脸上化着妆,身上穿着一件亮片衬衫,胸前系一条细细的领带,一切看上去都那么张扬又疯狂、肆意又快活,当然,对我来说,快活就意味着快乐,而这种快乐将会持续很多年。

"这个年轻的美国小伙子名叫小理查德[1],"那个播音员说,声音里带着一丝戏谑,似乎表示他知道这种曲风和画面对于BBC来说太过粗俗,"这是他最受欢迎的一首歌……在大洋彼岸一经推出便大获成功!"

正说着,小理查德就张开嘴,声嘶力竭地大喊一声,充满了极致的快乐、激情和对自由的向往:"A-WOP BOP A-LOO BOP, A-WOP BAM BOOM!"[2]

---

[1] 理查德·韦恩·彭尼曼(Richard Wayne Penniman),被人称为"小理查德",美国摇滚歌手、作曲家,是摇滚乐的奠基人之一。其极具魅力的表演技巧和充满活力的音乐影响了无数摇滚艺人。——译者注
[2] 这两个词是小理查德在摇滚乐诞生曲《水果锦囊》中发明的,至今无人知道它们该如何正确发音。——译者注

许多人把这首叫作《水果锦囊》的歌视为摇滚乐的诞生之曲——这个说法恰如其分,因为我成为一名歌手的梦想就是在听到这首歌的那一刻诞生的。

当时,我感觉就像有人把我插进了插座一样,身上的每个毛孔都张开了,每个部位——从头发丝到乳头,再到我还不知道该怎么用的那个部位,都躁动起来。我之前从来没有听过、见过或者感受过这么有冲击力的东西……它绝对让我大吃一惊。

不过,就像所有让人快乐至极的事物一样,《水果锦囊》这首歌很快就让人跌入毁灭性的低谷。因为,我想要——不,我需要——再次听到那些令人激动得想尖叫的歌词,还有那些疯狂的"呜呜"声,以及那极快的音乐节奏。我迫不及待地想立刻再听一遍,但我只是住在邓斯顿的一个 11 岁的孩子。我太小了,不能去唱片店,也没有钱。即使天上掉下来一张大唱片砸在我身上,我也没有任何设备来播放它。我们家那台又老又旧的发条留声机只有每分钟 78 转的转速。

真是太折磨人了!

几天后,我从学校放学回家,听到街上传来摇滚乐的疯狂尖叫声。我到处跑,想要找到那声音是从哪儿传来的,最后发现是从邻居家楼下的窗户里飘出来的。于是我跳过栅栏,站在那户人家门前的花园里,听着那疯狂的摇滚乐,入了迷。

接着,音乐声突然停了。我至今都不敢相信当时的我竟然会那么做——我敲了那户人家的门。

一位满头卷发的女士开了门,我记得我当时在想,她怎么会听摇滚乐呢,她的年龄也太大点儿了吧——其实她看上去也就十八九岁，顶多二十出头。"对不起，打扰您了，女士，"我说，感觉自己的脸涨得通红，"不过您能……再放一遍那首歌吗？"

那位女士盯着我看了一阵子，似乎不太相信她听到的话。

"哦……既然你想听，那好吧。"那位女士微笑着说。于是她回到屋里，我听到了黑胶唱片上唱针摩擦唱片的噼啪声和嘶嘶声，然后音乐响了起来，哦，没错，就是这个，就是这个……

"A-WOP BOP A-LOO BOP, A-WOP BAM BOOM！！"

等我回过神来，发现那位女士和我一起站到了她家门前的台阶上，她还随着音乐跳起了舞。一时间，我惊讶得不知所措。这是我见过的最让人快乐的场景，我很快也加入其中。于是我们两个人——一个入学考试考砸了的 11 岁孩子和一个如花似玉的年轻姑娘，在邓斯顿一间公租房的门口，在阴冷潮湿又刮着风的户外，一起跳起了舞，尽管我们两人是八竿子打不着的关系，互相不认识，但我们听着新奇的音乐，都难掩兴奋，笑得合不拢嘴。毫无疑问，这是我人生中最开心、最尽兴、最难忘的一个周二下午。

"你叫什么名字，亲爱的？"当那首歌放完第二遍之后，那个姑娘已经跳得气喘吁吁，她停下来这么问我。

我告诉她我叫布莱恩。

"噢，很高兴认识你，布莱恩，"她说，"我叫安妮特。"

安妮特，如果你正在看这本书，请允许我在此向你表达诚挚的谢意，谢谢你为我指明了人生的方向。

4

表演精华

在我的成长过程中，最大的问题是，我一直没有长个子。我始终是个小不点儿、矮矬子。用现在委婉的说法就是"身体在垂直高度上受到了挑战"。我一直都是班级里个头儿最小的一个，就连我的弟弟莫里斯都比我高几厘米。我进入邓斯顿山中等职业学校后，发现我的大多数同学和朋友身高都在 1.5 米以上……而且他们还在不断地长高。而我长到 1.4 米左右就停滞不前了。连维克多都蹿得比我高了。按眼下的情况来看，我的小妹妹朱莉过不了多久也要在身高上超过我了。

时间一天天过去，我的身高没再增加，我的处境却越来越令人绝望了。

后来，有一天，我在看一本男孩杂志时，偶然瞥了一眼封底，看到一则关于一本"实用书籍"的广告，仿佛上帝听到了我日夜的祈祷，通过这个广告给我答案和启示一样。广告里的那本书名叫《莫利科学增高法》(*The Morley Method of Scientific Height Development*),其作者是一个名叫约翰·莫利(John Morley)的著名儿童成长学家。所以,我毫不犹豫地冲到邮局,按这本书的价格买了一张邮政汇票,按广告刊登的地址寄了出去。

一周后,当我从学校回到家时,那本书被放在了门口的垫子上,仿佛正等着我。"恭喜你!"那本书的封面内侧上写着,"你正手握著名的莫利增高法,有了它,你一定会在12天内长高!"

我激动得几乎哭出声来,顿感如释重负。

这本书比我预想中的更有帮助。刚读了几章,我就了解到,要想长高,最好的办法就是利用"大自然的力量",睡觉时头朝北、脚朝南。为什么以前没人告诉我这一点呢?于是,我找来了爸爸的指南针。到了睡觉的时间,我在床垫上摆好姿势。我要说明一下,我没有办法把角度弄得百分百准确,因为同一张床上还睡着另外两个姓约翰逊的家伙——那两个家伙的身体长得飞快,一天比一天高。但是,无数个12天过去了,我的个子还是一点儿没变。我想,也许因为角度躺得不够准确吧,所以这个办法才一点儿都不管用。

又一个12天过去了。

接着,又是一个12天。

我还是那么高。

这时候,正如你们所料,我开始怀疑约翰·莫利是否真的是世界著名的儿童成长问题专家。我的意思是,当我在那书的封底看到他另外几部作品的名称时才发现,他在秃顶、足部保健、磁疗、邮票交易、增重、柔术、强健胸肌、增强视力(摘掉眼镜)、"科学拳击"和让人不再腼腆害羞等方面,也自称世界闻名的权威专家。与此同时，他还声称，导致身材矮小的最常见原因是"懒散颓废"。对于一个还未到青春期、年少无知、容易被骗的孩子来说，也足够令人心生疑惑了——什么玩意儿！可以确定的是，不管你是不是懒散、无精打采，是不是尝试了书中的做法，你的身高仍然会和以前一样。随后，我发现这本书背面所有的评价和褒奖都是孩子写的，他们都说，读了这本书之后，自己的身高真的长了几厘米。我想了想，人在成长过程中，无论如何都会自然长高吧。

我并不觉得自己被骗了。我一遍又一遍地读着这本书的每一章，从早读到晚，试图寻找被我错过的信息或专家建议，以及任何暗示或不易察觉的线索……最后，爸爸发现了我的举动，于是把我叫到身边，让我坐下来和他谈谈。

"孩子，"他低吼道，"你从前是个矬子，以后也一直会是个矬子。"（爸爸从来不骂人，所以在他的字典里，'矬子'就是"矮个子"的意思）"行了，别再看那本骗人的破书了，想办法利用好你自己现有的条件吧。"

不过，说实话，爸爸的确就我的身高给了我一些有用的建议——主要是因为他觉得我们住的地方到处是喜欢寻衅滋事、打架斗殴的壮汉，他担心像我这种瘦弱矮小的孩子会受人欺负。其实，爸爸也很矮，但他就像一只斗牛犬一样勇猛，所以才能在二战这么惨烈的战争中打了五年的仗都没死，还安然无恙地回来了。

不过爸爸对我的格斗技术并不抱任何希望和幻想。"孩子，你身子太弱小，"他对我说，"所以，如果你发现自己遇到了危险或麻烦，那就赶紧转身，扭头快跑。实在不行，就用头狠狠地撞他们，然后赶快跑掉。"爸爸说这招叫"纽卡斯尔之吻"，经过检验，它屡试不爽。

事实证明，他的担心是对的，因为没过多久我就发现自己遇到了麻烦，有人要打我，我不得不和对方正面交手。

当时我正做着一份兼职——每天早上挨家挨户给人送牛奶。所以我每天早上五点就得起床，跑到山上的尤恩斯乳品厂，把牛奶装进一辆奥斯汀A50（Austin A50）汽车（他们也有马车）里。我的任务就是坐在车后面，迅速把瓶装牛奶送给各家各户。这工作也挺麻烦的，因为瓶装牛奶有好几种——有银色瓶盖的，还有红色、绿色和金色瓶盖的，最贵的是棕色瓶盖的，那是泽西（Jersey）奶牛产的奶，只有医生和校长这样的人才喝得起。所以送奶的时候要格外小心，不能送错，还得确保自己不会从车后面掉下来——一般来说，遇到雨雪天气，或是从北海吹过来的凛冽寒风时，必须更加小心，既不能送错，又要确保自己的安全。

在这里我要补充一下，我送完牛奶，就得马不停蹄赶到报刊亭，开始挨家挨户地送报纸。所以，到上学的时间，我已经干了两个小时的活儿了。但我很喜欢这些工作，尤其是在周六，因为送奶的货车司机莱蒂（Lettie）会在完成工作之后带我们去面包店。我可以直接从烤箱里拿出一块肉来吃，尽管那会烫到我的嘴和舌头，但没关系，因为吃完肉之后我会喝大约200毫升的全脂牛奶，把嘴里的灼热感压下去。接着我会拿到工资，然后去给自己买架模型飞机。

啊，这样的生活真是太棒了。

言归正传，我提到的这个麻烦要从某年圣诞节前最后一次送牛奶说起。那时候，接收牛奶的人们一般会从家里走出来，给我点小费。那一天的早上，我一共收到了两英镑的小费——我决定拿这些钱给我爸妈买圣诞礼物。

但有个又高又壮、心肠很坏的孩子也在那家乳品厂工作——我在这里就不提他的名字了——他一定听说我得到了不少小费，因为当我完成工作走出乳品厂时，他就一直跟着我，把我逼到一家商店的门口，无理地强迫我把钱给他。他一定以为自己能得逞。

但他想得美。

于是他挺直了身子，抓住我的衣领，把我从地上拎起来，让我直面他的脸，平视他的眼睛，然后对我说："我再说一次，你这个小杂种……把你的钱给我。"

我满脑子想的都是爸爸之前跟我说的话——他叫我遇到危险时立刻扭头离开。但我当时背靠着大门，无法逃脱。不过我绝不会把钱给这个可恶的家伙，这是我的底线。所以我想都没想，凭着心里蹿起的一股野兽般的怒火，狠狠地用脑袋撞向他的两眼中间，他的鼻梁和颧骨都被我撞折了。他发出凄惨又可怕的叫声，我吓了一跳。然后他开始哭起来，满脸是血。但是我一点都不为他难过，仅仅因为我个子小，他就想抢我的钱，就像我爸爸说的，他这是自找的。于是我撒腿就跑，把他一个人留在那里，一路上还时不时扭头向后看，生怕他追上来，好在最后我安全地跑回了家。

事情发生后，没有人报警。不过，当我过完圣诞节回去干活时，莱蒂的妹妹对我狠狠地发了一通火，用她能想到的所有脏话骂我。"你这头意大利猪，"她啐了我一口，骂道，"像个肮脏的外国人一样打架，也不知道羞耻。"

莱蒂替我辩解，是那个又高又壮，年纪比我大的男孩先挑事的，他要抢我的小费——而且那家伙干活一直都很懒散，举止粗鲁，还总是偷货车上的牛奶。

"是啊，但我们不能解雇他，"莱蒂的妹妹说，"因为他是英国人。"

我保住了自己的工作，那个欺负我的家伙被解雇了。莱蒂是我的英雄，在艰难的时刻他挺身而出，支持我，这对我来说意味着一切。

在我的青春期，最闪亮的人生灯塔就是泰恩海军童子军（Tyne Sea Scouts）了，我参加了第五届。如果你对童子军的各个分支不了解的话，我可以告诉你们，海军童子军和普通的童子军大同小异，只不过海军童子军更注重船只和水上活动——当然，这两种东西在泰恩塞德（Tyneside）很常见，普及度与格拉斯哥以及被称为世界造船之都的贝尔法斯特（Belfast）不相上下。但我加入的是那种小小童子军。其创办的目的是让像我这样出身于工人阶级的孩子可以走出那个污染严重、日益衰败、一片灰暗的工业区，感受一下外面的世界。事实证明，这个目的确实达到了。

我十分确定，如果当年没有参加海军童子军，我绝不会是现在的样子。

这在很大程度上要归功于我们的童子军团长，一个名叫沃伦·扬（Warren Young）的年轻人。他也是我人生中的第一位导师。显然，在我出生时，天上的乌云突然散开，一道耀眼的光芒穿透云层照射下来，上帝以低沉有力的声音说："看呐，布莱恩这孩子生命中每一个对他有重要影响的人都叫'年轻'[1]。"

当然,沃伦·扬这人有点儿古怪——他单身,和他的母亲住在盖茨黑德的一座又大又老的房子里。但他是我见过的最亲切、最善良、最体贴的人。即便你犯了错,他也绝不会吼你。他总是认真又耐心地听你说心里话,并且会尽自己所能地帮助你。

要知道,这在当时是很罕见的。在那个年代,大人们对待孩子十分严厉,如果换作现在,他们很可能会被视作违反法律而被抓起来。但在当时,对孩子严厉是完全正常的事,甚至备受鼓励和推崇。比如,我在邓斯顿山学校的时候,有一次,我在全班同学面前大声朗读课文,当念到一个惹人讨厌的商人的对白时,我故意捏着嗓子发出古怪的声音。然后老师从我身后走过来,狠狠地打了我的头。我摔倒在地,疼得爬不起来。

他打我的力道很大,简直是暴力殴打,说是犯罪也一点儿不为过。他还不停地冲我叫骂,命令我站起来,但我疼得站不起身,于是他派我的一个同学去叫学校的护士来。我以为他会因此被学校责罚,但根本没有——第二天,他又若无其事地回来给我们上课,接着打骂学生了。

所以,在我眼里,沃伦·扬都快成圣人了,因为他是那么耐心又和善,我们也因此对他更加尊敬。孩子们都很喜欢他,因为他总是能想出各种新奇又好玩的游戏和活动。他还跟我们一起在童子军营地玩过一种叫"不列颠斗牛犬"的游戏,每轮游戏半个小时,大家玩了一轮又一轮,仍然兴致不减。在这半个小时里,

---

[1] 姓氏"扬"(Young)的字面意思是"年轻"。——译者注

我们经常把彼此打得鼻青脸肿,以至于每次回家时,总有一两个"小弟"嘴里牙齿都没剩下几颗了。

但在童子军团里,我最喜欢的并不是这些游戏,而是……唱歌。因为我们唱的并不是在学校或教堂里唱的那些乏味的歌,而是欢快激昂的歌。我们围坐在篝火旁,扯着嗓门大声高歌——让人感觉浑身是劲儿,让人忍不住咧着嘴笑,让人忘却所有的烦恼和忧愁。

我喜欢唱歌的另一个原因是,我开始意识到我其实很会唱歌。

有意思的是,现在回想起来,即便那时我还没有变声,嗓子还没有发育完全,但我唱歌时声音也是高亢洪亮的,而且音准极佳。我想可能是遗传了爸爸的一对"铁肺"。不过我也不清楚为什么自己的音准那么好,因为我爸爸唱歌五音不全,至于我妈妈,我的天哪,她唱起歌来更是要命。

所以,我每周都会去童子军营地,有时整个周末都待在那儿。我戴着童子军的小领巾,尽管膝盖和手臂会因为玩"不列颠斗牛犬"游戏而被弄得青一块紫一块,但我依然愿意随着音乐扭动,高声歌唱,仿佛置身非洲一望无际的大草原……我在音乐中享受着每一分每一秒。有一天,沃伦·扬把我叫到一边,告诉了我一件事情,这件事情永久地改变了我的一生。

"布莱恩,我的孩子,"他说,"我希望你周二下午能来一趟——来参加试唱。"

"试唱?"我的脸沉了下来,心里不确定这是不是一件好事,难道是我做错了什么要惩罚我?

"试唱……是什么意思？"

"哦，童子军的领导们开了个会，我们决定要办一场童子军音乐表演，"他说，"你的嗓音很好听……我觉得你应该加入。"

当然，整个童子军团都会参加，但他想要我独唱一首歌。

然后……我的生活轨迹就这样被改变了。

现在看来，20世纪60年代早期的童子军音乐表演实在是一项很糟糕的活动——比学校里的圣诞童话剧还要糟糕。但在那个年代，人们几乎没有什么娱乐活动，所以人人都想挤进童子军营地，看两个小时的表演，看孩子们讲笑话、跳舞，听他们唱一些耳熟能详的歌曲。

童子军表演早在30年前就有了，其创办者是作曲家兼音乐制作人拉尔夫·里德（Ralph Reader），那首《我们正乘风破浪》（*We're Riding Along on the Crest of a Wave*）就是他创作的。

因此，能有机会成为英国这项伟大活动的一员，是一种巨大的荣誉，而且这个机会很可能会改变我的人生。但首先我得在这项活动的"音乐导演"面前进行试唱。这位"导演"名叫泰德·波茨（Tedd Potts），他年纪比我大得多，梳着个油光锃亮的大背头，一副装腔作势的样子，跟演戏似的。

我紧张极了，好几天都吃不好、睡不着。

不过，我其实不该担心，因为这是一次大规模的海选，来自各个地区不同童子军营的孩子都会聚集在这里——我们要做的就是站在固定的地方唱歌跳舞，旁边有个人弹钢琴给我们伴奏。泰德·波茨紧盯着在台上表演的人，那眼神令人紧张不安。后来他们说，我表现得很出色，并通过了海选，将在童子军表演会上唱四首歌。这是我第一次有机会在现场观众面前唱歌。

然后他们粗略地教了教我跳舞。说是跳舞，其实就是告诉我怎么在舞台上走位和挥手。跟我一起唱歌的还有乔治（George）、雷蒙德（Raymond）和卡尔（Carl）——他们都是我在童子军里的朋友，也是我在比奇大道的朋友。那时候我的声音还没变得粗哑，也没什么震惊世界的演唱能力。但我对待每一个音符都是认认真真的。歌曲里有很多地方都要用到颤音，但我轻而易举就能驾驭。我要唱的歌曲有《放学后留下》（*Stay after School*）、《我生命中的早晨》（*The Morning of My Life*），还有一首叫《姐妹们》（*Sisters*）。

第一次彩排是在教堂的大厅，我们都盛装打扮。舞台上还配备了钢琴和专业的灯光。虽然没有观众，但我还是觉得很紧张。我们要换衣服就得跑到楼下那个拥挤又嘈杂的化妆间去。妈妈们都在那里帮自己的孩子化妆。由于灯光太暗，所以妆要化得很浓。孩子们必须把脸颊涂得红红的，看起来就像商店橱窗里的服装模特一样。唯一让我高兴的是，我心里有种从未有过的兴奋感，就好像舞台原本就是我生命的一部分。看着有人走上舞台时被绊倒，有人走下舞台时不小心踩到什么东西；看着男孩们被骂，那种感觉很奇妙，我知道这就是我想要的人生。

我很紧张，因为我唱那首《放学后留下》时，发挥还不够稳定。表演的时候，我必须穿牛仔裤，但我当时还没有自己的牛仔裤，所以童子军营给我找了一条牛仔裤和一件T恤。当我们在现场表演的时候，女孩子们都在兴奋地尖叫，这让我们都很高兴。我们的头发都被梳到脑后,脚上穿着运动鞋。我太专注于表演了,都没有注意到我的父母。但妈妈觉得我很酷。在我看来,教堂大厅里仿佛有成千上万的观众。

可惜我们只有两场演出,分别在周五晚上和周六晚上,然后表演就结束了。我觉得心里空落落的,突然间变得无事可做了。因为在演出之前,我们每周都会排练两次,可演出结束后,什么都没有了。

5

王牌业务

我在童子军的时候，沃伦·扬很清楚我是一名英格兰教会的天主教徒，也是童子军天主教徒。后来我才知道，他其实跟我一样。在东北部地区，我们这样的人被称为"左腿子"。

他是邓斯顿童子军音乐表演的制作人，也听过我唱歌，所以他问我是否愿意到圣约瑟夫教堂唱诗班唱歌，我没说话，直到他说每周我会得到一先令六便士的报酬时，我才表现出感兴趣。

"我愿意去。"我说。

我对这件事的兴趣与上帝无关，那纯粹是一笔金钱交易。

周三晚上，沃伦·扬带我去唱诗班练习。在那里，像我这样十二三岁的孩子大约有16个，另外还有大约20个成年人。

他让我唱歌，并递给我一张赞美诗的歌谱。我看了一眼，发现歌词竟然全都是拉丁文。再见了，一先令六便士。

我说我看不懂拉丁语，他笑着说："别人也不会啊。"

然后他递给我一张标注了发音的歌谱。啊，这么一来就好多了。

歌词里写着"Dominus Vobiscum"①什么的，听起来很神圣。毕竟，只有就读于英国公立学校的男生和教堂里的神父才说拉丁语。

这首赞美诗不是我自己学会的，而是一个比我大的男孩教我的，其中有这样一句歌词：Nil carborundum illegitimi。

翻译过来的大致意思是："不要让那些混蛋把你压垮。"这句话给我上了重要的一课，在后来的人生中对我影响颇深。

拉丁语和意大利语听起来都高贵而优雅。比如，有一款法拉利车叫 Testa Rossa，其实就是"红头"的意思，但你不可能把一辆法拉利叫作"红头"吧。再比如，玛莎拉蒂总裁（Quattroporte）②也是一款汽车的名字，但它的意思是"四扇门"。现在，你懂我的意思了吧。

回到唱诗班练习这件事上来。我唱了一首歌，名叫《哦，来吧，所有虔诚的信徒》（*Oh Come All Ye Faithful*），看来唱诗班的指挥是被我的歌声震撼了，对我印象很是深刻，最后他送给了我一件不知道是叫法袍还是叫长袍的衣服，人穿上它似乎会变得更加圣洁。好像只要再给我一对翅膀，我就能变成天使，飞上天堂了。

经过大约两周的练习，我为第一次唱诗班演唱做好了准备——在即将到来的周日，我将在上午 11 点后一个小时的弥撒期间演唱。

---

① Dominus Vobiscum 是拉丁语"上帝与你同在"的意思。——译者注
② Quattroporte 是玛莎拉蒂品牌旗下的一款汽车。——译者注

在我看来，天主教的弥撒是我见过的最复杂的敬奉仪式。神父冈宁（Gunning）说上几句话，底下的教众便沉闷而嗡嗡地应答。没有人面露喜悦，也没有人面带笑容。不过话说回来，上帝也不是那么爱笑的呀！

还有辅祭的几个男孩，他们在舞台上——抱歉，是圣坛上——走来走去，做一些辅助工作，比如给十字架除尘。神父拿出带着银链的容器，前后左右地摇晃，容器里散发出难闻的烟雾。我觉得那更像某种巫术，但是，金钱万能，扯淡为王。然后我们唱了一首赞美诗，对我来说这简直是一种解脱，或者更像是插播广告的时间。就在我以为完事了的时候，神父将圣坛上的所有助手都招到身后，带领一行人走下圣坛，向每个教徒洒圣水。有一次，我想用圣水洗掉法袍上的食物污渍，但没洗掉，所以那污渍就一直留在上面了。

接着，他们又回到圣坛，神父拿出一盒饼干。我一下子高兴起来，心想，下午茶时间到了。不过很遗憾，只见神父把那盒饼干举到半空，说了些特别虔诚的话，然后把饼干掰碎。教徒们依次上前，每人领取一小块。他们吃的时候，我们还要唱歌。这次唱的时间要长一点，不过也消磨了不少工夫……人们一个个走上前去，没完没了的。我无聊得快睡着了，这么半天，也该结束了吧。我记不清有多少人站起来又跪下去，跪下去又站起来。真是累死人了。

在此期间，神父冈宁登上布道坛进行布道，告诉大家要做好人、行义事，不要屈服于诱惑，不要在周五吃肉①，不过午餐肉除外，因为那不是真正的肉。他告诉我们，上帝的愤怒正降临到我们身上，人在这世上越是行恶事，在炼狱里待的时间就越长，直到罪恶洗清，才被允许进入天堂。最后，他说上帝爱我们所有人，但他没有提到圣灵。我想，可能是因为圣灵只是一抹幽魂，并没什么特别之处吧。然后他又回到了圣坛上，给自己倒了杯葡萄酒，一口喝光。我大吃一惊——他八点钟和九点钟都主持了弥撒，也都喝了酒，到现在竟然还能稳稳地站在那里。

这是他圣职的最后一个步骤，我们高声歌唱，神父和他的助手们离开圣坛，但没有人鼓掌。我觉得这有些不公平，因为我认为他的工作做得很好。

我的母亲也会来参加弥撒，她为我感到自豪。她说我是唱诗班里唱得最好的。在所有妈妈的眼里，自己的孩子都是最好的。两周后，唱诗班在练习时，指挥向所有人宣布，我将成为唱诗班的男生领唱，并给了我一条金色绶带，还让我戴在脖子上。

我当时心想，该死，对于一个懵懵懂懂，对什么事都还摸不着门道的人来说，这责任也太重了。我以前只是跟着其他人一块儿唱就行了，可现在我得时不时独唱了。我心里知道，我还没准备好呢。

有人告诉我，唱诗班男生领唱可以得到两先令六便士的报酬。哇，上帝这老板真不错，竟然还给我升职加薪了。然而，升职加薪是要付出代价的。练习结束后，被撤职的唱诗班前男生领唱在

---

① 天主教会为纪念耶稣基督被钉死在十字架上，以及他舍身赴义的精神，制定了守斋的规则，有大斋与小斋。小斋即素食，就是在星期五这一天，不食肉类。——译者注

教堂外等着我呢。他是个十足的大混蛋。我跟你们说,没有什么比一个嗓子哑了的唱诗班领唱更可怕的了。我一出门他就朝我扑过来,要狠狠揍我一顿。唱诗班指挥此时正好走了出来,踢了他屁股一脚,然后一把将他拉开,还告诉他,在神圣之地绝对不可以动手打架(这话你去跟十字军战士们说吧)。

作为唱诗班的男生领唱,我最辉煌的时刻是1960年圣诞节的午夜弥撒——我独唱了《平安夜》(*Silent Night*)。教堂里所有的灯都熄灭了,只留下一盏烛火。那场景真是太美了。我妈妈也来了,这一次她哭了。那场面真是如梦似幻,令人觉得不可思议。当然,我唱完之后仍然得到没有掌声,但你会听到许多人发出"哦!""啊!""哇!"一类的赞叹[1]。

沃伦·扬的想法和点子并不总有成功的结果和圆满的结局。

说到这里,我马上就能想到一个例子,因为那是一场彻头彻尾的灾难。那是他曾经组织过的一场拳击比赛,我们童子军团要和斯克斯伍德(Scotswood)的海事青年团(Sea Cadets)进行对抗。要知道,我们的童子军团是由10岁到14岁的学生组成的,而海事青年团是英国国家海军的真正后备力量,是由16岁到18岁的年轻人组成的,他们一个个肌肉发达,有的身上还有文身。更重要的是,他们来自斯克斯伍德,邓斯顿的年轻人在周五或周六晚上会去那个地方,如果他们不怕死的话。那里即便不是整个英格兰北部最可怕的地方,也是纽卡斯尔地区最凶险的地方,因为那

---

[1] 实际上,唱诗班团长一直在说"不行不行不行,有人在用鼻子唱歌",但我们都知道他说的人其实正是他自己,只是不敢告诉他。——作者注

里有恐怖的塔姆斯（Tams）家族以及各种剃刀党①式的黑帮。也就是说，我们要和来自帮派聚集地的家伙们在拳击场上交手比拼，简直是不要命了。

但我那时候已经是个十几岁的小伙子了，天不怕地不怕——显然这也是沃伦·扬欣赏我的地方——在战胜了乳品厂的那个小偷之后，我的胆子就变得大了些。所以我成了少数几个举手自愿参加拳击比赛的傻瓜之一，但我这辈子其实从来没有练过拳击，连拳击手套都没戴过。

最后我们进行了严格的训练……实际上只练习了一个回合。对了，我们整个拳击队只有两副拳击手套，而分给我的那副手套比我的脑袋还大，所以我每次戴上手套时，都得往里面塞一大堆报纸，不然一出拳手套就飞了。即使手套里塞满了报纸，也是松松垮垮、晃晃荡荡的——练习了整整一个回合之后，我一拳都没有打中对手。但那个时候，我即使想退出也来不及了。

比赛的那个晚上终于到了，童子军营地里挤满了观众，几乎都是孩子爸爸，其中也有我爸爸约翰逊中士，他也曾是一名拳击手，是个对拳击运动十分熟悉和了解的行家。他坐在第一排，双臂交叉着环抱胸前，一脸严肃。但当我走进更衣室，看见那些海事青年团的拳击手时，我意识到……我真的完了。他们当中最小的也有 16 岁了，而且神情冷酷、目光凛冽，就像街头那些朝你扔一袋薯片都能把你脑袋砸开，然后把你扔进停尸房里的混混一样。跟他们相比，我就像只小鸡子，瘦骨嶙峋，弱不禁风。事实上，

---

① 剃刀党（Peaky Blinders）是成立于英国的黑帮家族，该家族里有个不成文的规定，就是要将剃刀的刀片缝进帽子的帽檐之间，这也是"剃刀党"名字的由来。——译者注

我觉得是个人就能看出来我不可能是这些人的对手。

几分钟后,裁判——海军学校的一名军官,身穿海军专有的白色T恤走了过来。他给每个参赛选手一个号码,并告诉了我们各自对手的名字。

轮到我上场了,可我几乎迈不开腿、挪不动步。因为我被眼前的场景吓到了——绳索、铃铛,还有教堂大厅的灯光——抽烟的人太多,屋子里烟雾缭绕,大厅里的灯光看上去就像朦胧的月色。急救人员手里拿着一个桶——我也不知道那是做什么用的。眼前的一切看上去就像是在地狱里。

然后我看到了我的对手。

他比我大四岁,身高大约1.72米,看上去就像刚从监狱刑满释放似的。当然,他穿着标准的拳击服——黑色短裤、拳击鞋和尺码合适的拳击手套。而我则衣着简陋——小小的校服短裤、帆布鞋和塞满报纸的手套。我心想,我老老实实地活着不好吗,干吗这么跟自己过不去。不过现在,我得坚持到底,即使死也要死得体面……

"哎呀,裁判,不会吧——这也太离谱了,"那个海事青年团的学生一看见我,便不耐烦地说,"这小子会被我弄死的。"

裁判看着我,犹豫了一下。哦,感谢上帝,我心想,他应该是个通情达理的人,一定会阻止这场比赛的。结果裁判耸了耸肩,说:"不,没什么大不了的,他会没事的。"

"听着,小子,"那个比我大好几岁的对手凑到我耳边对我说,"我打你一下,你就立刻给我趴下,明白吗?"

我点了点头,心想,至少我得撑过一个回合,不能刚被打了一拳就倒地不起吧。那样我会被人笑话死的,而且我爸爸今后再也不会多看我一眼了。

于是,我们碰了碰手套,然后比赛铃声响起来了!我走上拳击赛场,像穆罕默德·阿里(Mohammed Ali)一样,绕着场地又蹦又跳,以最快的速度,利用我身轻如燕的优势,闪转腾挪,高接低挡。一开始,我心想……其实我还有两下子嘛。我的意思是,也许我可以一直闪躲,拖延时间……把那家伙的体力消耗干净,让他打累了就行了。

不过,那个海军青年团学员其实还没怎么出招呢。

他就站在那儿,一副烦透了的样子,似乎在想什么时候出手——

突然,我听见砰的一声。

等我醒来时,发现自己躺在更衣室里,一位医生俯下身来,举起几根手指,问我这是几。

"我坚持了……多少……多少个回合?"我声音沙哑地问。

"几个回合?"医生哼了一声说:"你连一秒钟都没撑过,孩子。"

当天夜里,我回到了家,之前我妈妈从厨房打电话问我比赛怎么样了。就像大多数其他海军童子军的母亲一样,她不想去看我比赛,因为她受不了看到自己的小宝贝被来自斯克斯伍德的水手打破脑袋。此时此刻,她吓得都不敢从厨房出来,查看我受伤的情况。

"没那么严重。"我说,感觉自己的舌头就像被蜜蜂蛰了一样。

这时我爸爸走到我身后,发表自己的意见。

"他连对手的一根手指头都没碰到。"他咆哮道。

现在回过头来看,很难相信我竟然那么幸运,在 1960 年的时候,我还只是个十几岁的孩子——那是历史上最伟大的十年的开始。我指的是我的出生恰逢其时。因为如果我早出生几年的话,我的青少年时期就处在二战前。那时候流行的都是《站住别动,乔迪小子》(*Keep Yer Feet Still Geordie Hinny*),还有《布莱登竞赛》(*Blaydon Races*)这样的歌;那时候没有婚前性行为,以及 BBC 里各种各样的综艺节目。然而,在我十几岁的时候,流行的是披头士乐队(Beatles)、迷你裙、女性解放、捷豹 E-Type 汽车,以及登月计划。不过,公平地说,现实中我们还得忍受冷战的威胁,以及多年来一直令人担心的原子弹威胁。

甚至在 20 世纪 60 年代还没有到来的时候,你就能感觉到英国这个国家的气氛和基调发生了变化。突然间,人们摆脱了战后时期的极度贫困,取而代之的是一种崭新又陌生的情绪……这种情绪就是……乐观。

与此同时,我的生活也发生了改变:我成为泰恩提兹电视台的一名儿童演员,在每周一期的《一点钟秀》(*One O'Clock Show*)节目中出镜,各个环节都有我的身影(我身材矮小,所以能扮演年龄更小的孩子,而且报酬很高,每场演出能拿到五基尼[①]——差不多相当于 5 英镑多一点儿)。节目的其中一位制作

[①] 基尼是英国旧货币名。诞生于 1633 年,是英国第一代由机器生产的货币。——译者注

人看过我在童子军营里的演出,所以找上了我(这就是我被发掘出来的原因)。我出演过的最大的作品是一部未来主义题材的戏剧,名叫《2000 年》(*Year 2000*)。而在那部剧里我唯一的台词是:"爸爸,感冒是什么?"——因为按照剧中设定,在 2000 年,感冒已经被根除,绝迹了。是的,那时候的我们就是这么天真而单纯……

与此同时,就在进入 60 年代之前,我爸爸进行了一项几年前我无法想象的大胆壮举——一个星期六的早上,他带我和莫里斯去了位于纽卡斯尔另一头的拜克尔(Byker),直奔一家名叫北方汽车公司(Northern Motors)的二手车修理厂。我完全震惊了——我们竟然要买车。我爸爸选了一辆深绿色的沃尔斯利①6/90 汽车,有着长长的引擎盖,而且是六缸的,车牌号是 PBB96。这款车非常漂亮。销售员甚至不让他试驾,最多只让他听听引擎的声音。但即使如此,他还是对这款车动了心,并以 195 英镑的高价把这辆车买了下来。

其实我爸爸当时连驾照都还没有呢。他曾经有军用车驾照,可以在突尼斯沙漠中驾驶一辆三吨重的卡车。事实上,自从战争开始之后,他就再也没开过车,至少可以说,他的驾驶技术有些生疏了。他上了车,摸了摸车上的按钮、操作杆,然后摇上车窗,接着处理最麻烦的东西——杆式变速器。我们催促爸爸快开车,爸爸不停地嚷嚷着:"闭嘴!我在开呢!"

半个小时后,爸爸大汗淋漓,声嘶力竭地喊道:"我迷路了,

---

① 沃尔斯利(Wolseley)是早期英国最大的汽车厂,专注于中小型车的生产,后经过多次转手、合并,品牌本身的个性慢慢丧失,最终于 1975 年倒闭。——译者注

迷路了，我不知道我这是在哪儿！"他的眼神也透着慌乱不安。又过了一个小时，我们终于到家了。爸爸跟跟跄跄地从车里出来，气喘吁吁，然后步行约2.4千米到他常去的社交俱乐部喝啤酒去了。

但是我们家门口的确停了一辆车！不是医生的，也不是租客的，是我们家的。爸爸一走，我就爬上了驾驶座，一直坐到晚饭时间才回家。晚饭后，我站在屋里透过窗户看着那辆车。对了，忘了告诉你们，这辆车我爸爸只开了几年就不开了，因为修理费、保险费、各种税和汽油钱加在一起，费用实在太高了。

后来，我们又回到了出门不是走路就是坐公共汽车的日子。

我爸爸后来再也没买过车，也没再开过车。

我刚进入青春期，学业就开始有了波动。多年来，我一直是A班里的尖子生。后来学校为了防止A班的学生没有竞争对手，感到无聊，于是又打造出了一个X班，即使在那个班里，我也名列前茅。但突然间，我对学习失去了兴趣，在班里的名次也从第一名下滑到了第六名……在那之后，我的学习成绩一落千丈，而"罪魁祸首"正是音乐。

我们学校学生很多，一个班里挤了48个孩子，这意味着老师得花更多的时间来维持班里的秩序以确保课堂安静，而非教授课程。再说，中等现代职业学校的孩子们几乎没有一个参加A级别考试[①]的——在15岁的时候你就已经被淘汰，参加不了这项考试了，所以你即使想努力一把，也没有理由。

---

① A级别考试相当于英国的高考。——译者注

我甚至在海军童子军里也遇到了麻烦——信不信由你。

麻烦来源于一次"现场考试",我必须通过这项考试,才能获得海军童子军的最高级别——一级军衔。在这项考试中,我要和童子军战友——我最好的朋友乔治·贝弗里奇(George Beveridge)去达勒姆郡一个叫比米什(Beamish)的营地,我们要按照一套非常具体而详细的指示在那里逮一只林鸽,并把它烤熟。这项任务将从周五下午放学后开始,在周日下午前必须完成。我们得步行大约11千米从邓斯顿到比米什,如果有人乘坐公共汽车或者搭便车去,就会被立即取消考试资格。

于是,我们沐浴在明媚的阳光下出发了——我是开玩笑的,实际上,那天的天气真是糟透了。当我们最终到达营地时,天都黑了,我们不得不搭起帐篷,光是搭个帐篷就用了一个小时,真是累死人。

我们俩都没有睡袋——在那个年代,睡袋太贵了。我们只有一条破毯子凑合着用。这条毯子还是用几块零布头拼起来的,用别针固定在一起。天气又冷又湿,我们随身携带的食物也少得可怜,但我们太累了,一躺下就睡着了。

第二天早上,我们得设置陷阱逮鸽子。陷阱是用树叶、绳子和细树枝搭成的,然后再找一根树枝支撑起陷阱的入口,里面放些面包当诱饵。当一只饥肠辘辘的鸽子在陷阱处徘徊时,你需要立刻抽出树枝,鸽子就会被困在里面。这时候你走过去,拧断它的脖子就行了。至于烤鸽子,那是另一回事。你需要在河岸边打造一个"泥炉"。但我们眼下没工夫弄别的,得先抓住鸽子再说。

于是我们开始做陷阱,设置机关……然后坐在那里等着。

我们等了又等，等了又等。

等我们发现问题时，已经是下午了。我们开始问自己，有哪只脑子正常的鸽子会不长眼地往营地这儿飞呢？毕竟这里满是穿着短裤、饥肠辘辘的海军童子军，还有无数给鸽子设下的陷阱。

到了下午4点钟，仍然一无所获，我们不禁担心起来，因为第二天中午就会有人来检查我们的成果，并品尝我们烤的鸽子，而我们都热切期盼能成为第一等级的海军童子军。于是，我们心想，豁出去了，便去最近的村子——一个名叫斯坦利（Stanley）的老煤矿城看看能不能找到什么办法。

结果我们特别走运，在斯坦利的大街上正好有家售卖家禽的商店——类似肉店，但只卖家禽和野味。我们立刻走了进去，看向柜台后面那个戴着平顶帽、长得像农夫的家伙，问他一只鸽子要多少钱。他说了价格，我们看了看自己口袋里的钱，幸好钱够了，于是我们立即决定买一只鸽子。

"需要拔毛吗？"那人问道，"拔毛的话得多加两便士。"

"不需要！"我们俩异口同声地说。因为我们知道海军童子军手册上写得很清楚，我们得把鸽子连毛一起烤。如果拔了毛的话，我们的小伎俩就暴露了。

"你们确定吗，小家伙们？"店主问道，"拔毛可麻烦着呢。"

"是的，先生，我们确定。"付完钱，我们就走了，回到营地准备早点休息。

我们美美地睡了一觉，然后开始烤我们在家禽店"抓到"的那只鸽子。每一个步骤都严格按照海军童子军手册上的说明去做。

首先，得砍下鸽子的头——这可不是个令人愉快的活儿，再剁掉它的脚。其次,我们要走到流过营地的那条比米什·伯恩(Beamish Burn)河的岸边,在河边的泥地上挖两个洞,一个洞在上面,另一个在下面。我们在下面的那个洞里放些木块和引燃物,把火升起来,再在上面的那个洞里放入鸽子,接着用泥土把洞封起来。基本上这就是一个临时的陶土炉了。烤鸽子需要两三个小时,烤熟之后,我们拿出马口铁罐,在里面放入胡萝卜、土豆和水,架在火上煮熟。这时候,我们的这顿饭就要被端上桌了。最后,由考官来评判我们的成果。

这是一个至关重要的时刻。如果他冲我们竖起拇指表示称赞,就说明我们可以正式成为一等海军童子军,到达童子军成就的顶峰了。

"巡逻队长约翰逊,"考官大声说道,"让我看看你的鸽子。"

"是——是,长官。"说着,我拿出了一大团烤过的泥巴,里面包裹着一只死鸽子。

"嗯,"他面带疑色地说,"……还有配菜呢?"

"在这里,长官。"乔治端上来一个盛着蔬菜的小锡盘。可想而知,我们把菜煮得面目全非,最后成了一摊灰巴巴、黏糊糊的东西。

"做得很好。"考官点了点头说道,然后从我手里接过那团泥巴,用手里的野战刀把泥巴敲开,就像敲开一只椰子一样。你猜怎么着……那团泥巴里藏着烤得很漂亮的鸽胸肉——颜色红亮,野味十足,像羔羊肉一样鲜嫩——在炉火的高温烤炙下,鸽子的羽毛和皮自然分离,和海军童子军手册里说的一模一样。

真是不可思议。

"我们成功了！"我用口型向乔治示意。他点了点头，竖起了大拇指。

那位考官一屁股坐到一根木桩上，切好鸽子肉，把肉和煮熟的蔬菜放到锡盘上，开始狼吞虎咽地吃了起来。从他嘴里发出的嗯嗯声来看，他似乎觉得味道还不错。

"有盐吗？"他问道，说话时嘴里塞满了鸽子肉和蔬菜。

"什么？"乔治说。

"盐。"考官做了个晃动盐瓶的动作。

"哦，有，长官！给您，长官！"乔治热情地尽着地主之谊。但一盘子的肉和菜都已经快被那家伙吃完了。我看向乔治，咧嘴一笑，他也朝我咧嘴笑了笑，但这时，我们突然听到"啊"的一声。

那位考官突然捂着下巴，嗷嗷地叫着，一副十分痛苦的样子，似乎刚才咬到了什么东西。他把嘴里的东西吐在盘子里，用手在那堆东西里扒来扒去，最后找到了要找的东西，举起给我们看。

乔治和我眯起眼睛，看到他手里捏着一个黑黑的小颗粒。

那是……啊……这下可糟了。

那是一枚猎枪子弹。

"抓住这只鸽子可不容易吧，嗯，小伙子们？"考官气得咬牙切齿，七窍生烟。

"那玩意儿是怎么进去的？"乔治慌乱而急促地说。

"这只鸟肯定是先被猎枪射中了……然后落入了陷阱里！"我紧张地说，"真巧啊，是吧？"

"够了！"考官大吼道，"你们竟敢作弊！真是太让童子军军团失望了……更是玷污了童子军的名声！你们应该为自己的行为而感到羞耻！我会向你们的童子军团长报告此事，并将你们两人开除！"

这下可严重了。

我们忐忑不安、郁郁寡欢地回到邓斯顿，自责又后悔。一想到沃伦·扬，我就心痛不已，他为我做了那么多，我却做了这种令他失望的事情。我当然不想被童子军开除，那样一来我的履历上就会有不光彩的一页，将来找工作都困难。毕竟，谁他妈的会雇用被童子军开除的人呢？我耳边又回响起了爸爸说过的话——"你就是个扫马路的命！"

在接下来的童子军会议上，我们必须向海军准将——一位70多岁的退役海军舰长解释我们的行为。不知为何，他住在伯特利（Birtley）一家酒吧楼上的一间屋子里。

但奇怪的是……他似乎对我们的作弊行为并不在乎。

沃伦·扬也不在乎。

"别担心，孩子们。这个考试从来没有人抓到过鸽子。"他对我们说，"不过，至少你们是最先表现出积极性和主动性的两个人。我们一直告诉你们要做好准备……实际上，你们准备得很充分。不过，你们不该欺骗考官……现在他的牙齿需要好好补一下了。但正如我对他说的，作为海军童子军，犯错是难免的，不犯错怎么能吸取教训呢！"

乔治和我只是一声不吭地站在那里。不过，我们不会就这么轻而易举地被原谅了吧？

"那，呃……我们会被不光彩地开除吗？"乔治壮起胆子小心翼翼地问。

"当然不会了!"沃伦·扬哼了一声,说,"不过考官很生气。"

"那……我们会,呃……被体面地开除?"我问道。

"不,不,不,"沃伦·扬笑着说,"我们不会因为这种蠢事把你们赶出童子军团的!不过我想你们已经吸取教训了,是吧,孩子们?"

我们俩使劲儿地点了点头。

"很好,"沃伦·扬说,然后神情突然变得严肃起来,"我们决定再举办一次童子军音乐演出——我需要你们两个人帮忙……"

几周后,沃伦·扬帮了我一个大忙。这也是他最后一次帮我的忙。

我知道他在C.A.帕森斯公司(C.A. Parsons)做制图员,这家公司位于希顿(Heaton)的希尔兹路。那个地方很大,占地约0.4平方千米,挨着火车站,铁轨直接穿过厂房。你只有亲眼去看一看,才能知道那地方究竟有多大。这就是人们说英国是"世界工厂"的原因。

我一直认为在这家公司找到工作是不可能的事情。因为,众所周知,他们每年只收大约60个学徒,这些学徒来自东北部的各个地区,所以要想进入这里工作,唯一的途径就是成为精英中的精英。

但是沃伦·扬坚持让我申请去那里工作,并保证会为我说好话,美言几句。

"布莱恩，我的孩子，"他说，"你可能进入不了文法学校，但你是个聪明的孩子，有活力，也有干劲儿，最重要的是，你永远都愿意尝试新事物——无论是走上拳击台、抓鸽子，还是在童子军音乐演出中装扮成贝弗利姐妹（The Beverley Sisters）。不过别担心……我不会在你的推荐信中提到这些事的。"

于是我接受了他的建议，申请了那里的工作。我本以为不会得到任何回复，但没想到我居然被叫去面试了……几个星期后，我收到了一封信，妈妈激动得哭了。

我被录用了，成了帕森斯公司的一名学徒，也就是说，在接受五年技术学习和在职培训之后，我能得到一份有工会保护的终身工作——只要我不做错事，把工作搞砸。就连爸爸也高兴得合不拢嘴，心里乐开了花。至少，当我告诉他这个消息时，他连哼的那一声都比平时显得更热情了。

6 学徒

帕森斯给我提供的工作应该能让我一辈子都过得安安稳稳。在接下来的五年里,我将接受世界上最先进、最严格的技术学徒培训。之后,我将成为约翰逊家第一个穿衬衫上班的人……并加入中产阶级的行列。如果我坚持下去,努力工作,我将前途无量,未来一片光明……我会有自己的汽车,还能去海外度假,并且会有能力买一套有三间卧室的房子。而这所有的一切,在1945年时,还只是我爸爸的梦想。

帕森斯并不是一家沉闷无聊的公司。

当我第一次走进位于希顿的公司主楼时,感觉自己就像个懵懂无知的小孩子。人们把这里称为"轻型机械车间",占地足有20个足球场那么大,主要生产蒸汽涡轮机。这些涡轮机会被运往世界各地的海军基地和发电厂。这里有许许多多的工匠——钳工、车工、制版工、钣金工等。这些专业技术人员所做的事情令人赞叹不已。对我来说,他们制作的刀片、阀门和轴承等,不仅仅是零件,更是美妙绝伦的艺术品。

当时,这家公司的负责人是查尔斯·帕森斯爵士(Sir Charles Parsons)的侄子诺曼·帕森斯(Norman Parsons)。

他是个传奇人物。事实上,他是这家公司的最佳代言人,简直是名副其实的"帕森斯先生",因为他对每台机器上的每个螺母和螺栓都了如指掌,而且毫不介意被那些机器弄脏手。

他还有一种喜怒不形于色的冷幽默。

关于他,我印象最深的是他向牛津大学的学生展示一个涡轮机的故事——那东西很大,足足有双层巴士那么大。

其中一名学生指着涡轮机上伸出来的一根钢棒问他那是干什么用的。

"哦,那是一个紧急制停栓。"帕森斯先生解释说,"如果涡轮转速过快,我们就把它当作一种制动器来使用,这样它就不会从托架上掉下来了。"

"那如果紧急制动也失败了呢?"学生问道,"你们会采取什么措施呢?"

"如果那样的话,还有第二个紧急制停栓,"帕森斯先生接着说,"尽管我们几乎从来不用它。而且我们还有第三个制停栓,只不过这种极端事件几乎从来没发生过。第三个制停栓比其他两个要大得多,而且会直接撞到转子上,毁掉整个涡轮机,不过也避免了潜在的致命事故发生。"

教室里沉默许久,学生们都在忙着记笔记,然后那个学生又抬起头,皱着眉头说:"如果这些措施都不起作用,你们会怎么办?"

"那就去他妈的吧！"

我可以跟你讲所有关于我做学徒的事情。比如我一开始在帕森斯总制图室当小杂工时，要给车间递送制造计划，或者在"学徒学校"（就在工厂里）学习，接着又在盖茨黑德的"学徒学院"夜以继日地接受培训，最终在那里通过了英国伦敦城市行业协会[①]的考核，得到了三级技术证书，成了身穿棕色制服的见习检测员；然后我又担任了见习号料工，给钻机和镗床画线。我甚至可以告诉你我第一次徒手画车床线的经历，你可以随心所欲地旋转零件，切割、打磨、滚花、翻转，唯一的要求是每个角度和平面的测量尺寸都要精确而完美，否则负责监督你的高级技工工头就会让你重做。

但事实上，在那些实习的日子里，我满脑子都只有一件事——可不是什么蒸汽涡轮机。

我所痴迷的——也是让我永远感觉意犹未尽的东西——还是音乐。

一切要从披头士掀起的狂潮和"英伦入侵"[②]开始。由于披头士的横空出世，20世纪50年代的蓝调音乐和乡村摇滚乐迅速演变成了更硬朗、更响亮的摇滚乐。那绝对是一个令人兴奋的时代。当然，排行榜上最令人尖叫的乐队就是来自纽卡斯尔的

[①] 英国伦敦城市行业协会（City & Guilds of London Institute, 简称 City & Guilds），是伦敦市府和16个行业工会于1878年联合组建的职业技能教育组织。1884年 City & Guilds 成为面向全国的职业教育和资格等级考试、发证的机构。该协会作为英国最主要的职业资格证书机构，120多年来一直致力于为大学、企业、行业协会和政府机构提供服务。——译者注
[②] 披头士乐队在20世纪60年代引领了轰轰烈烈的音乐文化入侵浪潮，被称为"英伦入侵"。——译者注

动物乐队①。事实上，动物乐队的贝斯手查斯·钱德勒②（Chas Chandler）就曾经在帕森斯——我正在使用的某台车床旁工作过。这让我觉得成为一名摇滚明星也不是一件不可能的事，这种事不仅仅会发生在伦敦人或者利物浦人身上，也可能发生在任何人身上。有一段时间，我甚至觉得车床可能有某种神奇的力量，这种力量会传递给我。多年后，我跟我的好朋友吉米·内尔（Jimmy Nail）提到了这件事——他也曾是帕森斯的学徒，他把这件事作为一条故事线写进了90年代BBC的电视剧《鳄鱼皮鞋》（*Crocodile Shoes*）里。剧中的一个角色还用到了我的名字，让我觉得开心极了。

更令人兴奋的是，这种新型的摇滚音乐在当时是被禁止的，人们认为它很危险。BBC一直拒绝播放任何形式的摇滚乐，因为他们担心这种音乐会腐蚀英国的年轻人，令他们道德败坏、生活堕落，直到BBC第一频道（Radio One）横空出世，这种偏见才逐渐消失。但如果你想听摇滚乐的话，必须在父母的无线电收音机里通过中波频率搜索"海盗电台"③，比如卡罗琳电台（Radio Caroline）——设在行驶于公海的船只上，利用军用无线电发射台进行广播。

当然，在像纽卡斯尔这种太靠北的地方，根本听不清海盗电台的广播④，因为信号非常差，声音总是断断续续的，刚听了两

---

① 动物乐队（The Animals）是20世纪60年代初兴起于英国的最重要的乐队之一。——译者注
② 查斯·钱德勒，本名布莱恩·詹姆斯·钱德勒（Bryan James Chandler），英国音乐家、唱片制作人和经纪人。——译者注
③ 海盗电台即地下电台。在20世纪60年代的英国，被主流文化排挤的摇滚乐登不上BBC这样的官方广播台，于是充满了摇滚乐、性和被主流禁忌的叛逆元素的海盗电台就应运而生。——译者注
④ 邓斯顿的所有广播信号都很糟糕，因为那里地势低洼，四面环山。幸运的是，一家名为"放大"（Rediffusion）的公司最终挖开了街道，铺设了电缆，这样我们的收音机就能收到信号了。——作者注

秒钟的音乐，就会有长达一分钟的干扰性杂音。

其实，在20世纪60年代，我最初痴迷的音乐并不是摇滚乐，尽管承认这一点会让人觉得很奇怪。我最开始喜欢的音乐与摇滚乐大相径庭，是一个来自大洋彼岸，留着一头卷发，敏感细腻，充满艺术气息的年轻民谣歌手的音乐。

我发现这个名叫迪伦[①]的歌手，完全是偶然。

当时我正跟一个女孩约会——很抱歉，我记不清女孩的名字了。她在纽卡斯尔的克莱顿街上的一家唱片店工作。我一般会在周六上午去唱片店跟她见面。当然，这简直是一种折磨，因为店里所有的唱片我都想买，可惜我囊中羞涩。我那时还在当学徒，每周的工资只有1英镑，其中大约1/3要给妈妈，用于支付食宿费，剩下的钱用来付公交车费，偶尔还要买份炸薯条。我甚至连个唱片机都没有。如果我想听一张密纹唱片[②]，就得去表哥斯图尔特（Stuart）家里用他的唱片机。

总之，有一天，我在唱片店跟那个女孩在收银台前谈情说爱——但我脑子里最想做的事却是赶紧离开，因为那女孩指着一沓唱片专辑，说："你瞧——那些唱片上个月就到了，但是根本没人买……这两天这些唱片要是还没卖出去，周一就得送回唱片公司了。"

只见唱片封面上写着《放任自流的鲍勃·迪伦》（*The*

[①] 指鲍勃·迪伦（Bob Dylan），原名罗伯特·艾伦·齐默曼（Robert Allen Zimmerman），美国男歌手、词曲创作者、作家、演员、画家。——译者注
[②] 密纹唱片指的是每面约25分钟、每分钟33转的唱片。——译者注

Freewheelin' Bob Dylan）——这是他的第一张原创歌曲专辑，之后推出的专辑《时代在变》（The Times They Are a-Changin'）令他大火特火，并成为时代偶像。那张唱片的封面是他的照片，照片上的他站在纽约格林威治村的一个街角，在冷风中缩着肩膀，身旁站着一个身穿长大衣和靴子的漂亮长发女孩，正亲昵地搂着他的胳膊。那是我这辈子见过的最酷的东西。

"鲍勃·迪伦是谁？"

"不知道。"她耸了耸肩说。然后她拿起唱片塞进我的套头毛衣，我的胸口看起来像是长了两个凸起的方形乳头。"行了，快闪人吧！"

我顿时愣住了，心想，我又不是小偷，而且我也厌恶这种小偷小摸的行为。这源于我爸爸的教育，他最讨厌偷东西的行为。但这个女孩太迷人了，我不想惹她生气，不然的话我就没法亲她，或者跟她做更亲密的事了。所以我怀里揣着唱片走了，临走前，我对她说："呃，好吧，那谢谢了！"然后就赶紧跑了。

一两个小时后，我坐在斯图尔特家客厅的地板上，身旁放着他的唱片机，准备听我刚刚收到的"礼物"。斯图尔特是个奇怪的小伙子，他喜欢达斯蒂·斯普林菲尔德[1]，墙上挂着玛琳·黛德丽[2]的海报（就像我之前说的那样，那时候我们对同性恋一无所知）。唱片开始转动，从第一首歌的第一句"在风中飘荡"开始，我们就深深地陷了进去，陶醉其中。音乐中的每一个和弦、每一

---

[1] 达斯蒂·斯普林菲尔德（Dusty Springfield），英国女歌手。——译者注
[2] 玛琳·黛德丽（Marlene Dietrich），德裔美国演员兼歌手。玛琳·黛德丽通过她中性的气质征服了公众，她支持男女平等且经常穿着男装，这在当时是非常有争议的事情。——译者注

句歌词、每一次呼吸都令人感到兴奋和刺激——仿佛这个人用一把吉他就能改变世界。

多亏了我那位在克莱顿街唱片店工作的女朋友，我很快就沉浸在了唱片的世界里，兴趣也从迪伦的歌拓展到不同风格的音乐上。我的女朋友不只会把卖不出去的唱片送给我，还会给我一些从唱片公司得到的样品。我听得最多的一张唱片是保罗·巴特菲尔德[①]布鲁斯乐队的专辑。那张专辑没有名字——只有乐队的名字，而且封底上写着"请用最大音量播放，以达到最佳效果"。这张专辑里的音乐简直太棒了，例如《我的咒语开始灵验》（*I Got My Mojo Working*）、《晃晃你的摇钱树》（*Shake Your Money-Maker*）、《看看那边的墙》（*Look Over Yonders Wall*）、《生在芝加哥》（*Born in Chicago*）、《神秘列车》（*Mystery Train*）等，大多是传统芝加哥黑人蓝调歌曲的翻唱，但巴特菲尔德和他的乐队能把歌曲改编得激情四射，仿佛把播放器的音量开到了最大一样。你可以想象，当他们开始演奏时，整个伊利诺伊州（Illinois）都会黯然失色。

每次播放这张唱片时，我都会开心得合不拢嘴。

没过多久，我就在帕森斯找到了其他几个跟我志同道合、喜欢同样类型音乐的学徒伙伴。

当然，事情环环相扣，不知不觉间，我们竟然组成了一支乐队。这是我加入的第一支乐队。

---

① 保罗·巴特菲尔德（Paul Butterfield），美国歌手兼口琴手。——译者注

我们乐队叫五人组乐队（Section 5）。如果你认为这个名字很蠢，那你应该听听我们起的其他名字。那时候每支乐队的名字都挺蠢的。当时，在英国东北地区的俱乐部巡回演出中，最著名的乐队叫"普巴先生的芝加哥线"（Mr. Poobah's Chicago Line），人们对这个名字一点儿排斥或质疑都没有。

不过，不得不承认，我们自诩乐队实在有些夸张。

我们没有任何演出，也没有粉丝。我们甚至都不知道唱什么歌。不过，我们下定决心要冲上排行榜的榜首，希望能一举成名。

我们的贝斯手是个很棒的小伙子，名叫史蒂夫·钱斯（Steve Chance），他用分期付款的方式买了把华丽的罗塞蒂（Rosetti）吉他，以及与之相配的 50 瓦音箱。史蒂夫刚好有个哥哥，名叫莱斯（Les），他自学了吉他，并且有一把霍夫纳·韦尔廷（Hofner Verythin）半空心吉他，于是他成了我们的主吉他手（莱斯是我们乐队里唯一不是帕森斯学徒的成员）。打鼓的是一个叫罗伯特·科林（Robert Conlin）的家伙，他在各个方面都称得上乐队的中坚力量，但有一点除外——他根本不会打鼓。不过他有一套很厉害的装备——全新的罗杰斯（Rogers）爵士鼓。因为他是独生子，父母把他宠坏了，要什么给什么。他在乐队里待的时间很短。他似乎坚定地认为，用一只脚踩低音鼓，另一只脚同时踩镲是根本不可能的事情，更何况，他还得用双手打鼓呢，身体绝对无法协调。

不过这些都不重要——因为史蒂夫的音箱太响了，根本听不到鼓声。

至于我……我也摆弄过乐器，特别是保罗·巴特菲尔德的口琴，它给了我灵感。我希望自己能和保罗一样厉害。但我试着吹了很久，仍然不得要领，吹得实在不怎么样。别的乐器我也不在行——我似乎无法集中注意力学习任何一种乐器，连最基本的吉他也弹不好。我的手指就像香肠一样硬邦邦的，实在没办法弹一个又一个的和弦。所以我始终坚持贡献出我与生俱来的东西——一副大嗓门，还有横冲直撞的胆量。

有了史蒂夫那声音震耳欲聋的音箱，我很快意识到，我不能只是扯着嗓子干吼。我也需要一些装备。但当学徒挣的钱实在少得可怜，我别无选择，只能卑躬屈膝地去找爸爸帮忙。

"爸爸，"我深吸了一口气说道，"我需要一个扩音系统。"

"什么？"

"就是……那种像麦克风和扬声器一样的东西，还带着个小音箱。是表演时用的，因为我决定了，我要做一名职业歌手。"

我的话引起了他的注意："一个职业什么？"他突然露出惊恐的神色。

"职业歌手，爸爸。"

"是啊，我虽然是第一次听你这么说，但我仍然觉得你很蠢。虽说约翰尼·卡什（Johnny Cash）现在成了真正的歌手，但你可不是他，所以别痴心妄想了。"

"爸爸……我是认真的。"

当然，爸爸这么说也可以理解，毕竟约翰逊家世世代代都没出过明星，也没有一个人进过娱乐圈。所以对他来说，我的确是异想天开。

不过，我在他耳边唠叨了很久之后，他最终还是妥协了。于是我们坐上 66 路公共汽车，途经马尔堡新月街，绕过邓斯顿的老环城路，最后到达米勒斯音乐城（Millers Music）——在纽卡斯尔品克巷附近的一个地下室里。那个地方对我来说简直就是天堂，到处都是闪闪发光的吉他、音箱、键盘和鼓。

爸爸签了一份分期付款协议——先付 3 英镑 10 先令的押金，然后每周付 10 先令 6 便士，必须亲自到柜台付钱——于是，我抱着一个全新的水晶牌（Crystal）手持麦克风和一个背面印着"英国制造"的沃特金斯牌（Watkins）10 瓦扩音器满载而归。

我真是高兴得不得了，爸爸却不以为然。

他厉声对我说："要是你晚交一次贷款，小子，这些东西可就要被收回去了！"

我们的乐队每周六下午都在史蒂夫家里排练，他家在沃克（Walker）。

每到这一天我都会兴高采烈地坐上上午 11 点半的公共汽车，在午饭前赶到那里。

当我带着扩音系统走上公共汽车时，我很喜欢大家看我时的表情，所有人都认为我肯定是个音乐家。这在 60 年代的盖茨黑德是件很酷的事情。但这种感觉很快就消失了，因为我意识到，从沃克的公共汽车站到史蒂夫家还有一段距离，我得拖着沉重的扩音系统足足行走 800 米。

史蒂夫家和我家不一样，不是那种半独立式的普通房子，而是一座钢结构的预制单层独立平房。房屋构件是在工厂里预先制造好的，然后运到他们家在沃克的私有土地上，再搭建起来。这个地区所有的房子都是预制的。英国政府在战后建造了成千上万所这样的房子，试图缓解和终结闪电战空袭及婴儿潮所带来的住房短缺问题。进入这种房子通常要走后门，除非你是租客。你会直接走进小厨房，再往前走就是客厅和一条狭窄的走廊，走廊的尽头是两间小卧室。当然，客厅是钱斯太太最引以为傲也最喜欢的地方，里面有餐边柜、电视和精美绝伦的瓷器，一应俱全，还有他家的一只宠物——鹦鹉彼得。

唯一一个可以让我们摆放乐器设备以及排练的地方，就是史蒂夫和莱斯的卧室。我站在床尾——我的 10 瓦特小音箱被放在床垫上，史蒂夫和莱斯站在床的两侧。与此同时，罗伯特会把他的鼓放在门口，屁股撅出走廊。尽管史蒂夫家的房子只有三四个停车位那么大，但他的父母——上帝保佑他们——一点儿也不介意。他们是你能想象到的最和蔼可亲的人，真的。他们总是笑容满面，待人热情（而且钱斯太太非常漂亮）。每周我们都会去那里集合，连续发出好几个小时的可怕噪声，但史蒂夫的父母从没有让我们停下来过。他们会在你最需要鼓励的时候给你加油打气，这样的人真是太难得了。

回想起来，在史蒂夫·钱斯家的小平房里度过的那些周六是我一生中最快乐的日子，那段时光充满激情。那时候我们觉得，只要努力去做，没有什么事是做不成的。

我们学的第一批歌都来自滚石乐队[1]的第一张专辑。那些歌

---

[1] 滚石乐队（The Rolling Stones）是一支来自英国的摇滚乐队，成立于 1962 年，自成立以来一直延续着传统蓝调摇滚的路线。1989 年，滚石乐队入选摇滚名人堂。——译者注

弹唱起来十分轻松，比如《六十六号公路》（Route 66）、《莫娜》（Mona）、《我只想爱着你》（I Just Want to Make Love to You）等，还有最经典的《我是蜂王》（I'm a King Bee）——滚石乐队翻唱了马迪·沃特斯①的经典歌曲。当然，我们知道自己的水平不高，但随着一次次排练的完成，我们离那些之前做梦都不敢想的东西越来越近了，那是工人阶级的世界里遥不可及的东西，我想那是一种独具魅力的，充满激情、诱惑和冒险的感觉。当我们一口气唱完一首歌时，那种酣畅淋漓的感觉简直美妙无比。

但我很快就厌倦了。

"很好，"我每次唱完歌的最后一句，都会说，"为什么不试试别的呢？"

"不，不，不，"史蒂夫总是反对，"我们再来一次，直到把这首歌练到完美无缺为止。"

"可咱们已经练了两遍了啊！"

"是啊，可听起来还是糟透了。快点儿吧，伙计们，咱们再练一遍。"

"哦，天啊，该死……"

我很想跟你们说，从那以后，我就变得更有耐心了。

但我如果那么说，就是在骗人——我从不撒谎。

排练了几次之后——那时我十六七岁——我们约好了出去喝一杯，庆祝我们学会了滚石乐队的新歌。这是我有生以来第一次

---

① 马迪·沃特斯（Muddy Waters），原名麦金利·摩根菲尔德（McKinley Morganfield），著名布鲁斯音乐家。——译者注

喝啤酒。至少是我第一次在酒吧给自己点了一杯啤酒。然后我们坐公共汽车去了沃克的一家名为"斯克罗格"的酒馆,一听这名字你就能想象到里面的样子:地毯上有呕吐物的污渍,天花板上有快滴下来的香烟焦油[①]。

我建议大伙儿坐公共汽车去酒馆,因为公共汽车会停在酒馆的门外——在英国东北部,酒馆或酒吧出门三步以内就会有一个公交车站。到了酒馆外面,我们深吸一口气,走了进去——我们的确是这么做的。刚一进去,就差点儿被弥漫在空气中的味道给熏晕了,那里混合着汗臭味、啤酒味、消毒水味、烟灰缸里冒出的烟味,以及老烟鬼们从被烟熏黑的肺里呼出的烟臭味。

我们差点儿扭头就走。但酒馆里的其他人都呼吸着同样的空气……而且他们都还活得好好的。如果走了就太丢人了。

显然,我们还没到可以喝酒的法定年龄。但在斯克罗格这种地方,人们不会问你到没到法定年龄,因为这个问题太私人,谁被问到都会不高兴的。

我完全不知道该喝什么,只知道"啤酒"这个词。但莱斯让我要一杯"黑丝绒"。这是一种由黑啤和烈性苹果酒等比混合而成的酒,我感觉……嗯,味道好……极了……所以一口气喝光了,信心立马爆棚,我喊道:"再来一杯。"……结果我又喝了三四杯。喝到一半,连忙跑到外面对着墙撒了泡尿,这个时候我手里还拿着酒杯呢,嘴里也有酒——如果你想在厕所里活下来,唯一的办法就是戴上防毒面具和氧气罐,但这两样我都没有,只好在外面解决了。

[①] 直到今天这家酒馆还存在——斯克罗格路 125 号,位于沃克公园旁边——如果你觉得自己胆儿大就去看看吧。——作者注

对于一个身高大约 1.71 米的半大小子来说,在肚子里没食、从没有闻过酒吧女服务生围裙味道的情况下,喝了大约两升啤酒之后会发生什么事,我不说你们也应该知道吧。我一下子就喝得酩酊大醉,不省人事。史蒂夫、莱斯和罗伯特也是。不过他们块头比我大,所以至少还有一些基本的能力,比如说话。

而我呢,则一直哼哼啊啊地喊着,话都说不清了。

"咱们坐公共汽车回家吧,"史蒂夫含糊地说,"我知道我爸爸把威士忌藏哪儿了。"

"好啊!"其他人喊道。然后我们就迈开步子,朝外面走去,准备开始一段漫长又危险的旅程。

之后我还记得的就是我们在人行道上等公共汽车,我身后是修剪得整整齐齐的女贞树篱,头顶是一轮满月。这时月亮突然动了起来,不是缓缓移动,而是在整个宇宙中迅速移动,转眼间就消失不见了。哇,那肯定不是月亮,而是从天上坠落的流星吧,我心想。接着我才意识到自己失去了平衡,身子向后摔倒在树篱上,手还插在口袋里。我忽然有一种奇怪的感觉,就像被人戴上了手铐一样。

"布莱恩呢?"我听到史蒂夫问莱斯,"他刚才还站在那儿的……"

这时,有人发现我的脚从女贞树篱里伸了出来——紧接他们一阵捧腹大笑。

公共汽车来了,我不知怎么从树篱里爬出来的,然后站直了身子,朝公共汽车的上层走去。我似乎记得当时大伙儿一直在说我醉酒的样子有多可笑。

这时，突然有一种奇怪的感觉涌上我的心头——确切地说，是涌上了我的胃。我说不清是怎么回事，但感觉就像……有东西要从我身体里冲出去。然后我发出了一连串奇怪的声音。那时候最好能把我身旁的窗户打开，但公共汽车上层的窗户很小，只有10厘米左右，而且是侧开的。这下可麻烦了，因为大量的液体，以及堆积在我胃里的早饭和午饭，正以迫击炮发射炮弹的速度涌向我的喉咙。

我别无选择。尽管我知道，在以每小时大约65千米的速度飞驰的公交车上，从10厘米宽的车窗把头伸出去呕吐是不可能的事，但我还是试了试，所以我当时脑袋抵着车窗，身子以向下弯曲90度的姿势狂吐。

车上所有的笑声都戛然而止，人们开始惊声尖叫，因为我周围每个人的身上都被溅上了我的呕吐物。

最后，当我们终于回到史蒂夫家时，钱斯太太说我已经没有力气回邓斯顿了，最好跟史蒂夫和莱斯睡在一起。

这就是我醉酒后发生的事。

当然，到了史蒂夫家后我又吐了一次。但这次比较幸运，有个东西可以接着我的呕吐物——史蒂夫新买的切尔西靴子。是啊，那真是一个充满传奇的夜晚。

我从这次醉酒的经历中学到了一些重要的东西。但最重要的是，这样的经历我真想再来一次。

事实上，我们真这么做了。

在那次醉酒之后，其他的冒险经历接踵而至，其中有一件事是个悲剧。

我们回到史蒂夫家时,肚子里灌了太多的酒,史蒂夫一屁股瘫坐在沙发上,我们跟在他身后也一一坐下来。

钱斯太太说:"我去给你们沏茶。"她走到厨房,问道:"彼得在哪儿?来吧,彼得,我的宝贝,到妈妈这儿来。"

可那只深受宠爱的鹦鹉彼得却怎么都找不到了。它之前经常站在人的肩膀上,陪着大家喝茶、吃饼干、看BBC新闻——人走到哪儿,它就跟到哪儿。

"哦,天哪,"钱斯太太说,"它肯定是趁你们进来的时候飞出去了。它会被猫抓住的!"于是钱斯夫妇赶紧到街上去找小彼得。

我们没有跟着出去。史蒂夫放了个屁,大伙儿都笑话他,揶揄地朝他点头。臭味缓缓飘出来的时候,我们突然慌了起来。

钱斯太太回来时显得心烦意乱,还轻轻擦着湿润的眼睛。史蒂夫突然站了起来,这时我们才意识到小彼得在哪儿——它惨死在了史蒂夫·钱斯的屁股底下。钱斯先生竭尽全力地试图救活它,可惜最终没能成功。那只鸟的眼睛成了斗眼,肯定是被史蒂夫刚才的臭屁熏的。小彼得走完了它的一生,今晚注定将以悲伤告终。

作为惩罚,史蒂夫第二天的早餐是一碗冷冰冰的粥。

至于我,在斯克罗格酒馆喝醉之后,又喝了几次酒,但都没喝太多。我心想,我可真是幸运啊,脑袋里就像有个警钟,每次喝酒时,它都会适时警告我:"够了,布莱恩,不能再喝了",因此,我在失去控制之前就会停下。不过,如果我的朋友读到这里可能会想:"布莱恩,你真是个撒谎的混蛋。"

但这是我讲的故事——我说的都是真的。

7

小小摇滚乐

我的第一次演出跟我预想中的非常不一样,甚至不是和五人组乐队一起表演的。有一天,我正在琢磨着自己的事,突然有两个比我年长的小伙子走到我面前,说他们有一个乐队,听说我是主唱,所以想问我有没有兴趣下周跟他们的乐队一起在桑尼赛德工人俱乐部(Sunniside Working Men's Club)演出。

当时正是工人俱乐部最繁荣的时期,现场演出供不应求,这意味着参加演出的门槛并不高。只是我当时并不知道这一点。在我看来,演出的机会不是随时都有的,更何况还是能赚到钱的演出,就更难得了。所以听到那两个人的话时,我激动得心都要跳出来了。而且桑尼赛德离邓斯顿只有几英里的路,所以去那儿演出完全没问题。

"那你们的乐队玩什么曲风?"我问道,努力让自己的声音听起来镇定自若。

"我们是一支民谣乐队。"

"像鲍勃·迪伦那样的吗？"

"鲍勃什么？"

我的心咯噔一沉。如果他们连鲍勃·迪伦都没听说过，那怎么可能是一支民谣乐队呢？"听着，很抱歉，哥们儿，"我说，"我不会玩民谣乐队，而且我已经有乐队了，所以我没办法——"

"给你，"他们给了我一本歌谱，然后说，"咱们下周二见。"

我们对外宣称是……我都不好意思告诉你们这支乐队的名字……"烤面包民谣三人组"（The Toasty Folk Trio）。

至于我们的演出，总共有六首歌，我还把所有的歌词都写了下来，方便记忆。这几首歌基本上都不是民谣，更像是乡村音乐或西部音乐，是吉恩·奥特里[①]以前唱的那种歌。其中一个小伙子弹吉他，另一个小伙子打着一面小军鼓。算了，别太挑剔了，布莱恩，总得有个起点吧，等待出场的时候，我对自己这么说。俱乐部的主持人向大家介绍说："好了，各位，今晚唱歌的小伙子可能看上去有些年轻，我们可以嘘他或者做点别的什么，但请大家给这孩子一个机会，好吗？"

台下的观众都在抱怨，一大半观众都站了起来，打算趁我们演出的时候去厕所。

真是漫长的一夜啊，我心想。

我唱的第一首歌是《红河谷》（*Red River Valley*），这是一

---

① 吉恩·奥特里（Gene Autry），美国乡村音乐歌手和演员。——译者注

首来自加拿大的传统歌曲。

那也是最后一首歌——因为我们的演出太他妈的糟糕了，主持人跳回舞台上，说他会付我们每人10先令，让我们收拾东西回家。

我感觉糟透了，真是丢脸丢大了。当我收起我的歌谱准备离开时，主持人拉住我，说："不是你，宝贝儿，你留在这儿。"然后一个又壮又胖的女人走了出来，邀请我在俱乐部的哈蒙德（Hammond）风琴旁坐下来，跟她一起高歌几曲。事实证明，她很厉害，不但风琴弹得无与伦比，音色也棒极了，简直是天籁之音……每首歌唱完之后，她都会拥抱我，这和我想象中的职业首秀完全不同，但是，演出就是演出……

我们一起演唱的最后一首歌是《旭日之屋》（*House of the Rising Sun*）。这位女士介绍说，这是一首"乔迪人的老歌"——当然，这并不是真的。实际上动物乐队刚刚发行了这首歌的翻唱版本。但我们俩唱得也不错……甚至可以说非常好，以至于多年以后，我和我的乐队（即乔迪人乐队）再次翻唱了这首歌，并将这个版本录了下来，直到今天我都为此感到骄傲。后来这首歌被用在阿尔·帕西诺（Al Pacino）的电影《刽子手》（*Hangman*）中。

演出结束后，全场观众起立鼓掌，我们在掌声中走下舞台。呃……也可能是宾果游戏的门票刚刚开始售卖，所以人们才鼓掌欢呼。不管怎样，俱乐部的经理非常高兴，并给了我五英镑当报酬——那可是五英镑啊！再加上他之前让烤面包民谣三人组滚蛋时，还给了每人10先令。我简直不敢相信，五英镑可是我在帕森斯一周工资的三倍呢！烤面包民谣三人组的另外两个小伙子也觉得难以置信。事实上，我一走出俱乐部的大门，他们就朝我扑过来，表示我的五英镑里有2/3应该分给他们。"什么？"我说，"凭什么啊？"

"那是我们的经纪人费用。"他们说。

"可我没有经纪人啊！"

"你今晚有，小子。"

让我开始歌手生涯的第一场演出，也是对我之后的人生至关重要的一场演出，就是五人组的首秀。那场演出是几周后在沃克男孩俱乐部（Walker Boys' Club）里举办的。演出的地方看上去更像是个教堂大厅，但那是我音乐职业生涯的开始，令我终生难忘。

由于我们几个人年龄太小，不能开车——反正我们也买不起车，我们别无选择，只能坐无轨电车，把乐器装备什么的堆在座椅下面。以前我觉得自己是个摇滚明星，一个人拖着我的小扩音设备到处走，但现在我觉得自己更像个大人物，带领整支乐队，每个人身后都拖着一大堆乐器和设备。这感觉太酷了。售票员和其他乘客看着我们花了很长时间才把所有的装备从人行道上搬到车上，看得他们直乐，尤其是当他们发现，我们只坐了一站就下车了，刚才上车的过程在下车时又重来一遍时。

我们能得到这次演出机会的原因只有一个——史蒂夫和莱斯打小就是这个俱乐部的成员。与此同时，他们还声称，动物乐队的一名成员曾经是这个俱乐部拳击队的队员（不过他们说的究竟是哪支动物乐队，似乎谁都不确定。）然而，那是很多年以前的事情了。当我们走进俱乐部的时候，发现这里显然已经日渐衰败，境况大不如前了。房间里基本都是空荡荡的，地板也是光秃秃的，一派萧条。不过没关系，反正我们五人组也不是什么有名的乐队，还没准备好在温布利球场举办演唱会呢。

我记得很清楚，当晚我们只唱了查克·贝里的歌，或者至少是滚石乐队自己创作的查克·贝里风格的歌。比如《来吧》（*Come On*）和《卡罗尔》（*Carol*）。我记得我们还唱了滚石乐队的另一首歌《遛狗》（*Walking the Dog*）。

对我们来说，这是展现自己真正实力的时刻。为了这个时刻，我们一直在排练、排练、排练。结果我们还是表演得一团糟。我们对鼓手罗伯[1]叮嘱："要按唱片里的鼓点来打。"但这家伙总是打得乱七八糟，也不知道是不想打好，还是能力不行，反正一上台，这哥们儿就吓呆了。吉他手莱斯的声音太大，他还拨断了一根琴弦。我唱歌忘了词……总之一切都乱套了。我们表演得最烂的一首歌是曼弗雷德·曼（Manfred Mann）的《5—4—3—2—1》——当时这首歌脍炙人口，是英国独立电视台（Independent Television，ITV）热门节目《加油，向前冲！》（*Ready Steady Go!*）的主题曲，里面有很多口琴配乐，但我们几个人都不会吹口琴。歌里还应该有人喊"5—4—3—2—1"，可没人愿意喊，因为他们都五音不全，也没有麦克风。所以这首歌原版中最精彩的 2/3 都没了，剩下的 1/3 就是我们的鬼哭狼嚎和乱七八糟。

如果是为了故事的精彩性考虑，我应该在这里写上——我们

---

[1] 罗伯是罗伯特的简称。——译者注

在观众的一片嘘声中被赶下了台。

但事实是,观众打一开始就没有在意我们的演出。

他们真的压根儿没把我们当回事。

只有少数几个靠墙站着的人注意到了台上的我们,这几个人一个个神情呆滞,一动不动。这里没有酒,连汽水也没有。他们待在这儿的唯一原因是他们无事可做,也无处可去,而待在这里只需要花1先令(相当于现在的5便士)。等我们演完时,全场鸦雀无声,甚至连点儿礼貌性的掌声也没有。大家扭头就去找隔壁的小妞们了。

但是,塞翁失马焉知非福,当晚我却在另一方面取得了巨大的成功。那天晚上的观众中恰巧有个有一头浅黄色头发的德国小姑娘,二十来岁。她父亲好像在海上跑船。当我走出俱乐部结账时,她就在人行道上,正和几个朋友在等着我呢。我不知道她是否喜欢我们的表演,只知道她的舌头伸进了我的耳朵,弄得我不知所措。然后她招手让我跟她去一个浪漫的隐蔽之地——就在俱乐部的后面,那是一条布满了杂草、废纸和垃圾的窄巷。接着她二话不说就扯下了我的牛仔裤,把我推倒在地,我感到带刺的杂草扎得我屁股和大腿有些刺痛。但当时我似乎并没有感觉到疼,尤其是当她拉起自己的裙子压在我身上的时候。

于是,就是在那天晚上——在沃克男孩俱乐部一个几乎没什么人的房间里举行五人组的第一次演出之后——我的初夜被一个无比性感并且年纪比我大的德国女孩夺走了。那姑娘在我身上晃来晃去,就像我是她身下的一匹马一样。整个过程中她始终穿着她的套头衫和外套,还抽着烟,把我的肚子当烟灰缸,并且时不时地四处张望，看有没有人走过来。一切就这样发生了……这就是我的第一次。

"你已经完事了？"她问我。

"我们继续，怎么样？"我毫不迟疑地问道——当时我正是血气方刚的年纪，劲头上来，一整夜都能精力充沛。

等我完了事回去收拾东西时，觉得格外意气风发，勇猛无敌，感觉自己是个3米高、顶天立地的男人。史蒂夫问道："你跑哪儿去了？怎么走路怪怪的？"

"我坐到带刺的野草上了。"我解释道。

"那边不是有厕所吗？"他一脸困惑地说，"你为什么非要蹲在灌木丛里拉呢……"

但我根本没听他说话，满脑子都在想，为什么是我——为什么偏偏在今晚？肯定是因为我的歌声，我得出了这个结论。这让我不由得产生了另一个想法：如果我在唱歌这一行干得更好——加入一支更好的乐队——今晚这种风流韵事大概夜夜都会发生吧……那我这辈子可就值了。

于是，从那一刻起，我作出了人生中最重要的职业决定。

8

碰撞与燃烧

　　1966年夏天，我们沿着A1公路①开车去多佛，踏上了第一次国外度假之旅。我们要去我的意大利亲戚位于弗拉斯卡蒂的家，那里离罗马不远。我说的"我们"指的是乔治·贝弗里奇、罗伯特·科林和我。那天，在温布利球场举行的足球世界杯决赛上，英国队以4∶2击败德国队获得冠军。真是激动人心的一天！我们每看到一辆德国车经过，都会冲他们竖起中指。这就是我们的快意人生：三个19岁的小伙子，开着一辆崭新的雷诺9（Renault 9）汽车，那是罗伯特·科林的车（这小子是个独生子，他可真走运）。我们要去父辈们20年前到过的地方，但这次不会冒着枪林弹雨了。

　　我们在多佛登上渡轮，船上豪车林立，令人瞠目：有阿斯顿·马丁（Aston Martin）、宾利（Bentley）、欧陆（Continentals）、

---

① A1公路是第一条贯穿整个英格兰的主要公路。——译者注

法赛·维嘉（Facel Vegas）、法拉利（Ferraris）。甚至还有一辆梅赛德斯－奔驰300SL鸥翼（Gullwing Mercedes）。所有的豪车都汇聚在这艘轮渡上，真不敢相信世界上居然有那么多有钱人。

那个时候大家都为自己是英国人而感到骄傲和自豪，这是真的。披头士和滚石乐队引领世界，Mini汽车畅销世界各地，尽管它们是在意大利被制造出来的，并被命名为依诺森蒂（Innocenti），另外，英国的摩托车也在世界占据主导地位，各种名牌摩托车层出不穷，比如诺顿（Norton）、凯旋（Triumph）、BSA、羚羊（Ariel）、詹姆斯（James）等。

轮渡离开了港口，我们启程了。我平生第一次见识了多佛白崖[①]的景象。下了轮渡，我们开车途经法国、瑞士和意大利北部，沿着著名的南部高速公路一路驶向弗拉斯卡蒂。那感觉真是太棒了。我们玩儿得很开心。我突然意识到汽车是意大利人的一切：漂亮的阿尔法（Alfa）汽车、朱丽叶塔（Giulietta）汽车，还有蓝旗亚（Lancias）汽车，它们各有各的美感和风格。

在弗拉斯卡蒂的亲戚家美美地待了两个星期之后，我们踏上了归途，丝毫不知道即将发生什么。亲戚们给了我们一箱又一箱的葡萄酒、火腿和萨拉米香肠，装了满满一车，我们完全被热情和关怀包围。我们出发后，为了找到离开弗拉斯卡蒂的路，还迷路了好几次。

我们开了一夜的车，到了凌晨4点左右，罗伯特·科林已经累得不行了。他不让乔治和我替他开车，怕"我们把车挡弄坏了"。

---

① 多佛白崖（White Cliffs）位于英国英吉利海峡，是一片长达五千米的白色悬崖，被视作英格兰的象征，从欧洲大陆远眺英伦，最显眼的就是这片美丽的白崖。——译者注

我发誓当时他就是这么说的。所以我们几个就在车里睡大觉。驶入法国境内,走了 1/3 的路程之后,我们的车驶上了可怕的 N7 高速公路,这是一条事故频发的公路。我们必须赶到加来(Calais)去坐轮渡,否则就赶不上周一上班了。当天是周六,船票上写着轮渡下午四点半出发。如果我们继续走,只停下来加一次油,就能及时赶到。

罗伯特看起来非常疲惫,于是我和乔治争着表示要替他开车,但仍然遭到了他的拒绝。乔治对我说:"嘿,咱们换个位置怎么样,布莱恩?我讨厌坐在后面。"后座看上去就像个移动的杂货店,但此时该轮到我坐到那儿了,于是我们换了位置。那是我这辈子做得最对的一件事,这个位置换得再好不过了。

一个小时后,在 N7 公路上,我们看到路边坐着一家四口,正在他们的标致(Peugeot)车旁野餐。就在这时,有一辆载满英国护士的汽车开了过来,我和乔治还挥手向那辆车上的人打招呼。没想到,开车的罗伯特此时却睡着了,我们还没反应过来,他就开着这辆车以大约 110 千米/小时的速度冲向那辆车,迎头撞了上去。刹那间,我的眼前一片模糊,眼冒金星,耳朵也突然变聋了,什么都听不见。真的,一切都像是在放慢动作一样,我们大声喊:"天哪,该死,这车能别再滚了吗?"后来,据目击者称,我们的车翻滚了七八次。车顶都被压扁了,和车门上的把手一样高。四周完全安静下来。

接着响起了尖叫声,叫喊的人是罗伯特·科林,因为方向盘掉了,启动开关的车钥匙刺进了他的胸口。乔治从副驾驶座被弹到了一块空地上。我被困在车后座。这辆车的发动机是后置的，所以我根本出不去。我深吸一口气，检查了一下自己身上有没有受伤。"真他妈的万幸，我没受伤。天哪，可真是走了狗屎运了。"我心想。警笛声越来越近，法国警察风风火火地赶来了。车子周围充斥着各种声音，有法语，有英语，有女孩的声音，有护士的声音。我坐在那里等待救援，但问题是，他们不知道我在车里，因为根本看不见我。

不得不承认，我当时有点儿慌了，因为车子是侧立着的，到处都是渗漏出来的汽油，引擎也灼热无比。我开始大喊起来。后来他们告诉我，当时大家都在照顾受伤的罗伯特和被弹到空地上的乔治，因为他俩伤得很重。

于是我决定试着从引擎舱逃出去，别人是指望不上了，还是靠自己吧。我拉开座椅——对于一辆60年代的雷诺汽车来说，这并不难。然后我把手伸到座椅上，立刻就被烫了一下，疼得我嗷嗷直叫："哎呀！"这时，一个消防队员听到了我的声音，大喊："车里还有一个英国人，还没死！"（我觉得我听到的法语是这个意思。）

他们把我救了出去，让我躺下来。我受到了惊吓，没想到我和乔治交换的不仅仅是座位，更是此后的命运。躺在担架上的是我最好的朋友，他看上去毫无生气，正被推进救护车里。哦，乔治，挺住啊，千万不能死……

人人都用奇怪的眼神看着我，弄得我一头雾水。我刚从一场惨烈的车祸中幸存下来，可瞧他们看我的眼神，仿佛在说一切都是我的错。警察问我有没有喝酒，这时我才意识到，自己是几乎泡在红酒桶里的。我们最后没有因酒驾获罪，因为我对警察说，车里所有的葡萄酒都用软木塞封着呢。这时候，我的胸口突然开始剧烈疼痛，看来我也没能幸免于难——我受了内伤，断了三根肋骨。

我被安排住进了一家乡村民宿。民宿的主人待我很好。而我的两个朋友都被送进了医院。我永远不会忘记那个夜晚。我还活着，却不知道乔治是生是死。第二天，我去了医院，他们两个还活着，受了点儿伤，但没有危及性命。我们唯一担心的是要怎么从这里脱身，因为我们身上一分钱都没有。乔治满脸都被缝了针，还在流血。于是我们就想了个办法，我把乔治的血抹在自己脸上，然后跳上病床假装是乔治，而乔治则在罗伯特的帮助下换好衣服躲到柜子里。然后我们跑到火车站，赶那趟开往巴黎的火车，医院的人则追在我们后面讨要医药费。

后来，英国大使馆的一个好心人给我们买了去英国的船票，但船只到伦敦。我们都饿得不行了，但没钱买吃的，便拖着装满衣服的纸板箱走在伦敦的大街上，最后来到了国王十字车站。我们找人借钱，并且对人家承诺会在一个月之内还钱，这才把钱借到，然后买了三张回家的车票。

终于，在星期日的下午，我们到达了纽卡斯尔。当时的我们看起来是这样的：乔治像年轻的弗兰肯斯坦[①]，我的裤子上全是血。这时罗伯特·科林掏出了钱包说他要打车回家。原来这该死的家伙口袋里一直有钱！乔治和我只能拖着疲惫的身子一步步走

[①] 弗兰肯斯坦是玛丽·雪莱（Mary Shelley）创作的长篇小说《弗兰肯斯坦》（*Frankenstein*）中的人物，是一名疯狂的科学家。——译者注

回我们的老家邓斯顿，还得再走将近七千米。

周一早上7:25，我拖着断了肋骨、浑身是伤的身体到帕森斯打卡上班。乔治去医院继续治疗，把残留在他脸上的玻璃一块块地清理出来。直到今天，他的脑袋里还留着一块玻璃呢。

几周后，我的学徒期结束了，帕森斯给了我一个永久职位。

这下，我真的长大成人了。

哦，是的……听起来我确实不怎么高兴。

PART 2　　　　　　　　　　　　　　第二部分

那种能量、那种自由的感觉——是我的本性。

它不仅仅是我生命的一部分，

它就是我本身。

我必须想办法重返舞台。

9

哎呀

1966 年的跨年夜。

我年轻、自由、单身——或者说未婚,人生中再没有比这更好的时候了。

首先,我从五人组乐队里退出了,这是一个新的开始,我成了一个更棒的乐队的主唱,这个乐队的名字也更好听了。好吧,我承认,最后一点不是真的。我加入的新乐队名叫"戈壁沙漠独木舟俱乐部"(The Gobi Desert Canoe Club),在《新音乐快递》(*The New Musical Express*)杂志背面的一则新款 T 恤广告上可以看到这支乐队的名字,旁边是一则鬓角贴的广告……这是我们订购的广告,却没有考虑到要检查 T 恤的颜色(它是红褐色的)。至于我们的音乐风格,就是拿着沙槌和铃鼓上台表演的那种吧。哦,我们不"演出",我们玩儿"即兴表演"——实际上,比这更好,简直是"恋爱大聚会"。

我提到我有女朋友了吗？啊，她叫卡萝尔（Carol），是个美人儿，一头火红艳丽的秀发，一双蓝色的大眼睛。我们整天腻在一起，形影不离。

当时，我们在乐队节奏吉他手戴夫·亚伍德（Dave Yarwood）的家里，举行从1966年到1967年的跨年夜派对。亚伍德很有勇气，留着一个碗盖头，穿一件花衬衫和一条白色紧身裤。

参加派对的人都时髦而另类，但戴夫是其中最醒目、最不可思议的人物——他是纽卡斯尔的一个嬉皮士。1966年，英国东北部像我们这样的人没有上千也有几百。我们心中的上帝是嗓音甜美的斯科特·麦肯齐（Scott McKenzie），我们的圣歌是《旧金山》（*San Francisco*）——尽管旧金山和戴夫位于斯克斯伍德路上的家相隔千山万水。

那一天是跨年夜，也叫旧年辞岁夜，人们会彻夜狂欢，不仅仅因为乔迪人不放过任何纵情狂欢的机会，还因为在纽卡斯尔这是个盛大节日。午夜，当新年的钟声敲响时，泰恩河上的每一艘船都会奏响号角，整个城市都会在这种怪异而激动人心的声音中震动，这声音能穿过缥缈的烟雨传到数千米之外。接着就到了迎接"新年第一位访客"的时候了。在1月1日这一天，第一个进入你家的客人要带一块煤以求好运，主人要为客人提供一杯威士忌，并合唱传统歌曲《友谊地久天长》（*Auld Lang Syne*）。如果第一位访客是女士或者是一个红头发的人，你将在接下来的12个月里受到诅咒——这是个奇怪的风俗，因为我们这个地方有不少女士和红头发的人——但这可不怪我，我有一半意大利血统，这种风俗跟我半点儿关系都没有。

卡萝尔和我到现在都不记得，在午夜钟声敲响直到第二天早上我们在戴夫家客厅的地板上拥抱着醒过来的这段时间里，究竟发生了什么。

但我只能很肯定地告诉你们，我们俩都喝得烂醉……

结果是，我们两人中有一个人怀孕了。

19 岁的我还在为成为一名摇滚歌手而奋斗着，还在追求名利的道路上急速奔跑着，但这个时候我却把女朋友的肚子搞大了，与此同时，我还要在工厂里做全职工人。这一切对我的事业和梦想可没有半点帮助。

我并不是说我为此而后悔，我也不能后悔。九个月后，我美丽的女儿乔安妮（Joanne）出生了。她带给我那么多的爱和欢乐，多到我无法用言语来形容和表达。

但我获得成就的时机……好吧，本来事情是可以更好的。

不过，也不会有比这更糟的情况了。

我的意思是，对一个想成为摇滚音乐家的人来说，1967 年初的英国是有史以来最好的发展时机。就像克里斯托弗·哥伦布（Christopher Columbus）时代的葡萄牙探险家，或者文艺复兴鼎盛时期的意大利画家一样。想到那个时代发生的事情，你会忍不住感到震惊。当时，滚石乐队刚刚发行了双 A 面唱片[①]《让我们共度良宵》（*Let's Spend the Night Together*）和《红宝石般的星期二》（*Ruby Tuesday*）。披头士乐队也即将发行他们的新专辑《佩珀中士的寂寞之心俱乐部乐队》（*Sgt. Pepper's Lonely Hearts*

[①] 双 A 面唱片即双主打唱片，是欧美乐坛 20 世纪五六十年代出现的作品发行方式，即一张唱片的正反两面各有一首歌均有打榜实力。——译者注

Club Band）。吉米·亨德里克斯体验乐队①（The Jimi Hendrix Experience）的《你体验了吗》（*Are You Experienced*），以及奇想乐队（The Kinks）的单曲《滑铁卢日落》（*Waterloo Sunset*）也相继推出。而且，在几个月后，BBC 推出了第一频道。

这是一项颠覆性的创举。在此之前，BBC 电台播放的都是糟糕透顶的软性节目（Light Programme），比这更糟的是那些家庭服务类节目，比如天气预报，一次会提供好几天的天气预测，每个地方的天气都要详细介绍一通，每一阵风、每一滴雨都不错过，哪怕有些地方一个渔民也没有，也要仔仔细细地将天气情况预报一遍。"西北部，霍尔姆斯加斯（Holmsgarth），阵风二到四级……大部分地区晴，局部地区阴，有小雨；洛赫马迪（Lochmaddy），连续多日有小雨，雨量不大……"

然而，不知怎的，BBC 一改往日的风格，开始播放移动乐队（The Move）的《雨中花》（*Flowers in the Rain*）——这是第一频道播放的第一首歌曲。当天早上我上班竟然迟到了一刻钟，被罚了工资，因为我在厨房里听着瑞迪福森（Rediffusion）牌收音机里传出来的歌声，沉浸其中，实在舍不得离开。

我上班时，也一心想着要回家，好再多听一会儿那个节目里的歌。

说实话，在意外成为父亲之前，我就已经觉得 20 世纪 60 年

---

① 吉米·亨德里克斯体验乐队于 1966 年 9 月在伦敦组建，乐队主唱兼吉他手是摇滚乐界的传奇人物吉米·亨德里克斯（Jimi Hendrix），他是美国著名的吉他手、歌手、作曲人，被视作摇滚音乐史中最伟大的电吉他演奏家。——译者注

代离我远去了。因为我在帕森斯的工作并不是朝九晚五。我发现，有好几个星期我都得从晚上 9 点工作到早上 7:30，虽然他们对我说会给我双薪，并且每周只工作 4 天，但仍然令我十分崩溃。尽管对我来说能多赚一点儿是一点儿，但我根本不在乎多给的那点儿钱，我只想晚上出去和乐队一起排练。

我第一次上夜班的情景就像发生在昨天一样。我和两个同为学徒的小伙子一起朝工厂大门走去，我抬起头，看到那美不胜收、令人惊叹的落日和晚霞。如今，尽管我对东北部的天气颇有微词，但我依然敢说，这里的日落景象比其他任何地方都美。阵阵微风仿佛是上帝的画笔，朵朵雨云就是上帝的调色板，日暮下的天空转眼间变成了妙不可言的一抹抹粉色、橙色和红色，尤其是夏天，更是绚烂夺目，因为那时候的天空很久都不会暗淡下去变成漆黑一片。

"上帝啊……看那里。"我伸长脖子凝望天空，想把一切都尽收眼底。

"看什么啊？"那两个小伙子问道。

"当然是看天啊，往他妈的天上看啊，还能看什么？"

两个小伙子抬起头……然后他们你看我、我看你，面面相觑。接着两人对视着耸了耸肩——以前也不是没见过日落，有什么可稀奇的？

"想想吧，在同一个太阳下，世界上的其他地方正在发生什么呢？"我不由得感叹道，"所有辉煌灿烂的地方，所有才华横溢的人，所有的冒险，都在等着你！"接着我转过头看了看轻机械车间，它就像一个被撕裂开的黑洞，把无数条铁轨都吸了进去。

"而我们在这里,"我说,"要往那里面走。"

那两个小伙子又对视了一眼,仿佛觉得我是个天外来客,刚从另一个星球降落到这里。

"你真奇怪。你不觉得自己是个怪人吗?你这人可真他妈的奇怪。"

这个时期,我开始去看很多大牌歌手的演出,这让我看到了,如果我成为一名职业歌手,可能会拥有什么样的生活,但这么做丝毫没有减轻我内心的沮丧和失意。

我记得我最早是在纽卡斯尔朝圣街的欧点影院看的演出。门票是免费的,因为那场演出是由一家烟草公司赞助的。当时的人们之所以能接受烟草商的赞助,是因为他们以为香烟对身体是有好处的——至少有些医生们是这么说的。电影院门口贴着朱莉·伦敦[①]的海报。电影院的人还在入口处给每个观众发一包烟,每包20支。对我来说,这简直就像提前过了圣诞节。我是和乔治·贝弗里奇一起去的。我俩都是穷光蛋,平时就算买烟也只会买一包10支装的。演出的除了主场乐队,还有另外几支乐队,每个乐队唱两首自己的歌。先是单身汉乐队(The Bachelors),然后是超绝四人组乐队(The Fourmost),接着是漂亮东西乐队(The Pretty Things)——他们演唱的《别让我失望》(*Don't Bring Me Down*)掀起阵阵高潮,都快把电影院的屋顶掀翻了。

我真恨不得变成舞台上的人,任何人都行,尤其是漂亮东西

---

① 朱莉·伦敦(Julie London)原名朱莉·皮克(Julie Peek),美国女演员、歌手。——译者注

布莱恩的传奇人生　　117

乐队里的人，哪怕用我的一只胳膊作交换也在所不惜。

顶级音乐人来纽卡斯尔演出的原因之一是这里有一家著名的俱乐部——a'Gogo，这家俱乐部是由臭名昭著的音乐经纪人、伦敦佬麦克·杰弗里（Mike Jeffery）经营的，并且很快就成为东北部地区的知名俱乐部，与伦敦的华盖俱乐部（The Marquee Club）呈比肩之势——主要是因为麦克请来了一位才华横溢的年轻歌手埃里克·伯登（Eric Burdon），并让他担任一支乐队的主唱。

而这支乐队，毫无疑问，就是动物乐队。

有名的歌手或乐队几乎都在a'Gogo俱乐部演出过：滚石乐队、谁人乐队[①]、艾克和蒂娜·特纳[②]、嚎叫野狼[③]等。动物乐队甚至专门为这个地方写了一首歌，这首歌还作为次主打歌发行在《别误解我》（*Don't Let Me Be Misunderstood*）这张专辑里。所以，可想而知，这个地方当年有多火。这座城市里还有很多热闹红火的演出场地。比如甜蜜生活俱乐部（La Dolce Vita）、悲观派俱乐部（The Downbeat）、蜕变俱乐部（Change Is）、牛津俱乐部（The Oxford）、大佬俱乐部（The Majestic）、卡文迪什俱乐部（The Cavendish）等。当然，还有梅菲尔（The Mayfair）——那里有绝妙的旋转舞台。

是啊，纽卡斯尔当年真是个热闹的地方。

我最常去的地方是梅菲尔，因为那里的音响设备最好，而且

[①] 谁人乐队（The Who）是60年代最具争议的乐队之一，他们以反叛的形象、演奏硬摇滚赢得观众的喜爱。——译者注
[②] 蒂娜·特纳（Tina Turner），原名安娜·梅·布洛克（Anna Mae Bullock），瑞士籍美国女歌手、演员。凭借无数奖项的肯定以及对摇滚领域的贡献，被人称为摇滚女王。——译者注
[③] 嚎叫野狼（Howlin' Wolf），本名切斯特·阿瑟·伯内特（Chester Arthur Burnet），是蓝调爵士的重量级人物。——译者注

有一个"摇滚之夜",DJ们会播放最新的重型摇滚乐和蓝调音乐,那音量就像被拳头重重地砸在身上一样。我们最喜欢听的是谁人乐队的《我们这一代》(*My Generation*)。我们都在等着罗杰·多特里(Roger Daltrey),他唱得太好了,而且很有气势——"为什么你们不慢——慢——消失?"——我们每次听他的歌都会跟着旋律扭动身体,在舞池里跳起来,摇头晃脑,在基斯·穆恩(Keith Moon)敲出鼓点的时候,我们就空手做出弹吉他的动作,模仿吉他手皮特·汤曾德(Pete Townshend)最经典的大风车扫弦动作。

我太喜欢这首歌了,后来戈壁沙漠独木舟俱乐部乐队还试着翻唱过这首歌……

但我们试了一次就放弃了,因为实在没有那个天分。

当看到吉米·亨德里克斯体验乐队的表演时,我们才真正意识到我们梦想的未来有多近。我甚至可以告诉你我看他们表演的具体日期:1967年3月10日,当然,还是在a'Gogo俱乐部里。那肯定是吉米·亨德里克斯体验乐队在英国的首秀——这并不奇怪,因为他们的经纪人是麦克·杰弗里和动物乐队的查斯·钱德勒。

我一听说吉米要来,就知道肯定会火。这家伙在他的歌还没被大众知晓时就已经小有名气了。《唱片镜》(*Record Mirror*)杂志还发表了一篇介绍他的专栏文章,标题是"现象先生"。后来,《你体验了吗》这张专辑问世——据说专辑的首支单曲《狐狸小姐》(*Foxy Lady*)影射的是罗杰·多特里的女朋友——我记得我听了之后说,这他妈唱的是什么啊?这家伙仿佛是从另一个时空来的……他带来了一种全新的音乐风格。

而且声音更大了。

当然，我没钱买票看他的乐队表演。不过也无所谓，因为门票几乎在一秒钟之内就售罄了。在这种情况下，我和其他那些有进取心的年轻人一样，做了同样的事情——我趁保安不注意，手脚并用地爬进了入场区。在被人发现之前，我早就偷偷跑上楼，融入了人群里。

这里人满为患，挤得水泄不通。观众人数超过了场地正常容纳人数的两三倍。空气稀薄，连呼吸都费劲。后来我发现，在同一场演出中有个叫戈登·萨姆纳[①]的人，他又叫斯汀，当时还是个15岁的小男孩。当中还有一个比他更年轻的家伙，詹姆斯·布拉德福德（James Bradford），当时还不到13岁。在这里，我应该提一下，a'Gogo俱乐部有两个表演大厅，一间是"活力厅"，那是为18岁以下的人群准备的；另一间是"爵士厅"，专门为年龄大一些、更成熟的人群准备的。那天晚上我们都挤在活力厅里，因为爵士厅的演出得到凌晨两点才开始。

连斯汀都记得，当时有管理人员在找偷偷溜进来的人，引发了一些骚动（多年后，我和他说起这件事时，他惊讶地说："那个偷溜进来的家伙是你呀！"）。但我当时在后台找了个隐蔽的地方藏了起来，听着外面的动静。我也只能听着，因为在舞台后面什么都看不见，只能看见某个人头上的发带、一把吉他的顶端，还有一些丝带。但后来，吉米·亨德里克斯挥舞了一下手里的吉他，

[①] 斯汀（Sting），原名戈登·萨姆纳（Gordon Sumner），英国男歌手。——译者注

没想到吉他顶端被卡在了假的天花板上——在这么个可笑的封闭空间里，很容易碰到这种情况。这种时候大部分吉他手都会停止表演，但他还继续弹着那把悬在半空的吉他。

有那么一刻，如果没记错的话，吉米·亨德里克斯甚至用牙齿弹了那把吉他。

整个表演厅都沸腾了，人们完全陷入了疯狂。

如今这世上再也看不到像吉米·亨德里克斯这样的人了。他的气场和魅力无与伦比，难以用语言形容。但说实话，那声音太可怕了，我的意思是，那音响设备太糟糕了，而且整场演出连个技术人员都没有。只有米奇·米切尔（Mitch Mitchel）在专心地打鼓，诺埃尔·雷丁（Noel Redding）在弹贝斯。另外也没有混音台和调音师，只有三个小伙子在台上一边演奏一边唱歌。太不可思议了，那完全是难以压倒的噪声，一切都超出了极限，保险丝在发光，火花在飞溅，空气嘶嘶作响，高压电流噼里啪啦。事实上，是吉米·亨德里克斯出神入化的演奏技巧打造并升华了整场表演，通过手中的吉他敲开了自己的灵魂。

玩乐队的人也许会把演出当作一种人生体验，但事实上，演出是一场进攻。当你看完演出走出去的时候，你知道世界变了，你也变了。看到安格斯·扬尽情释放自己的激情，完全沉浸在自己的情绪中，用吉他诠释自我感受时，我看到了同样震撼的场面。

不用说，我立刻就被迷住了。

当戈壁沙漠独木舟俱乐部乐队的成员聚在一起时，我耳边依然回响着吉米·亨德里克斯的乐曲。

打起精神来——你是个真正的主唱,再加上在跨年夜派对上大出风头的吉他手戴夫·亚伍德,还有另一个技术娴熟的吉他手肯·布朗(Ken Brown),你们已经是一个像样儿的乐队了。我和肯是在帕森斯认识的——他留着一头长发和一绺小胡子,后来喜欢上了卡萝尔的妹妹珍(Jen),最后成了我的妹夫。与此同时,贝斯手是我的老朋友史蒂夫·钱斯,打鼓的是一个小伙子,他有个很好听的名字,叫弗雷德·史密斯(Fred Smith)。

我有一张照片,是我们几个人坐在戴夫家后门的台阶上。我们都尽力让自己看起来时髦。

如果我没记错的话,肯曾想把我们乐队的名字改成"十三点半"(Half Past Thirteen)。但我们都认为这个名字听起来挺蠢。

当然,我们有个宏伟的计划。但我们一开始主要是翻唱约翰·梅奥尔&蓝调突破者乐队(John Mayall & the Bluesbreakers)和保罗·巴特菲尔德布鲁斯乐队(Paul Butterfield Blues)的歌。我的10瓦小音箱完全被戴夫和肯的吉他声盖住了。我们的宏伟计划一直都没有实现。

但这支乐队的确为我提供了职业音乐生涯中的重要仪式,令我迅速成长起来。

当这项仪式出现时,我正在父母家,从客厅的窗户往外看。

首先,我听到了可怕的尖叫声,然后是震耳欲聋的撞击声。接着,在一团烟雾中,一辆奥斯丁J2(Austin J2)面包车出现了,车身上印着"戈壁沙漠独木舟俱乐部"几个大字。

这是我有生以来第一次加入一个有自己的车的乐队。

当时,也许在天上某个地方,上帝的芬达吉他正在演奏"哈利路亚大合唱"。

我是说……好吧……那辆面包车就是一堆废铁。但那也是属于我们的废铁。连接着变速杆和变速器的电缆一直在咔咔作响，似乎在持续断裂，但我们并不在乎——这意味着，我们有时必须用钳子来换挡。另外，这辆破车几乎是侧向行驶的，因为轮胎磨损到了侧壁，而且在方向校准方面出了很大的问题，所以车子不能走直线。在我们看来，那辆小面包车行驶起来滑稽可笑的样子恰恰代表着自由不羁。我们再也不用把自己的乐器和设备拖上公共汽车，再也不用可怜兮兮地求朋友让我们搭车了——那比坐公交车还惨。我不记得这辆破车是谁卖给我们的了，只知道是大家一起凑钱买的，还有一部分钱是某个人的爸爸给的。我们花20英镑买下了这辆车，但还是觉得买贵了。

当那辆面包车停在比奇大道1号的门外时，整个世界仿佛进入了慢镜头。

附近几户人家的窗帘被拉开了。

左邻右舍有人探出头来。

人们惊讶地倒吸一口气，窃窃私语起来。

我从家里走出来，沿着正门前的小路往前走，脑子里想象着一个画面：记者们的闪光灯对着我噼里啪啦地响，女孩们在呼喊着我的名字，粉丝们在尖叫。豪华面包车的侧门打开，我爬了进去，身后的门砰的一声关上了。街上的邻居突然意识到原来我是个音乐家。天哪，那感觉太好了！

那是一种美妙的归属感……

直到现实赤裸裸地出现。

尽管所有人都在谈论我们的"恋爱大聚会"和"即兴表演",但我们其实只有过一次"恋爱大聚会",那是纽卡斯尔大学的学生们在"慈善周"为筹集资金而组织的一场户外活动,唯一能让我们演出的地方是整个东北部最烂的一家酒吧。至于那些工人俱乐部嘛——70年代它们才达到巅峰,而我们还不够主流——那些俱乐部更喜欢请一些喜剧演员、杂耍演员和魔术师进行表演。

有几次我们被邀请到一些地方演出,观众们总会喊:"你们能不唱排行榜里的那些歌吗?"然后我们就会再唱一首保罗·巴特菲尔德的歌,而那些不喜欢我们的人就会一脸厌恶地直接离场。

更糟糕的是,我们想把演出业务扩展到一些"活动"上,最后,这个想法落地了——史蒂夫·钱斯的叔叔找我们演出,他刚刚在诺森伯兰郡(northumberland)开了第一家汽车旅馆,就在通往卡莱尔(Carlisle)的罗马路上。那里前不着村后不着店,但也算漂亮。

史蒂夫的叔叔是一位有远见的企业家,他决定在这里打造自己的汽车旅馆。这是个具有开创性的想法,因为诺森伯兰人从来没见过这种地方,根本不知道汽车旅馆是什么。

最后我们到了那里——考虑到我们这辆破面包车的状况,能开到那里本身已经是个奇迹。等到了之后我们才知道,他想请我们在当地消防队的圣诞派对上进行表演。也就是说,观众主要是一些四五十岁的大老爷们儿和他们的妻子。在我们演奏和演唱的时候,他们会大快朵颐,餐桌上摆满了沾着烟灰的火腿、豆子、布丁、三明治和派。

"你确定这样可以吗?"我有些紧张地问史蒂夫,同时透过窗户往屋里看。

"到这里演出有钱赚呢！"史蒂夫说，"你还想怎么样？"

就在我们取出装备准备演出的时候，消防队长走了过来，扔下了一枚重磅炸弹。"嗨，伙计们，"他说，"等你们准备好了，我就拿起麦克风向大家介绍你们，然后——就像之前商量好的那样——你们开场就唱移动乐队的《消防队》（*Fire Brigade*）。"

我回过头一脸茫然地看着他。

"我不太明白你的意思，"我尽量礼貌地说，"没人跟我们说过这事。"

"咦？我跟汽车旅馆的经理说得很清楚啊，《消防队》是我们的主题曲。"

所有人的目光都看向史蒂夫——刚才提到的那位经理可能就是他的叔叔。

史蒂夫只是耸了耸肩。

"很抱歉，"我说，"我们不会唱《消防队》。我们想先唱查克·贝里的歌。"

"你当然会唱啦。"消防队长笑着说，然后自己边唱边跳起来，"快跑去消——防——队，去消——防——队，去消——防……"

"我的意思是，我们知道这首歌，"我打断了他的演唱，"可我们不知道怎么弹。"

"那可是排行榜上排名第一的歌！你们怎么可能不会弹呢，能有多难啊？"

我开始觉得有点儿绝望了。"我们能唱查克·贝里的歌吗？"我问道。

"听着，孩子们，我们邀请你们的唯一原因就是想让你们唱

《消防队》这首歌。所以你们能试一试吗，嗯？"

哦，该死……

我们把设备准备好之后，就挤在一起开始紧急排练。戴夫、肯和史蒂夫试着摸索出旋律，弗雷德敲打着鼓点，我则尽力背下歌词（那可是 1968 年——没有音乐应用软件让你随时听歌的年代）。我们仍然觉得完全没有准备，只能硬着头皮站到了舞台上，尽我们最大努力把这首歌唱完。我在主歌部分胡编乱造了几句，副歌部分很简单，大意是罗伊·伍德[①]想要一个人"跑去找消——防——队"给自己"灭火"，因为学校里坐在他旁边的那个女孩太漂亮了。观众们并不在乎你唱的是什么歌词，他们只想跟着一起唱。

等我们表演完那首歌之后，我感觉这辈子从来没有那么轻松过。

"好了，"我喘着粗气，任由汗水顺着额头流下来，"接下来是查克·贝里的……"

话还没说完，我的声音就像铅球一样沉了下去，台下的人大喊："再来一遍《消防队》！再来一遍《消防队》！"

"我们他妈的不会那首歌！"我对着麦克风喊道，台下传来了一阵刺耳的骂声。

"小子，你有胆子再他妈的说一次！"

结果我们至少又唱了五遍《消防队》。然后有个反应快的混蛋朝舞台大声喊，要我们唱《便士港》[②]，我们愣了一会儿才反

[①] 罗伊·伍德（Roy Wood）是这首歌的原唱。——译者注
[②] 《便士港》（*Penny Lane*）是披头士乐队的歌。——译者注

应过来。我想起这首歌的歌词里好像写到，有个消防员喜欢把自己的消防车弄得很干净之类的。我们必须试着唱完这首歌。毕竟那里满屋子都是膀大腰圆、气势汹汹的消防员，凭我们几个可对付不了。

我不确定是哪个原因终结了我的演出之旅，是消防队派对上的那次演出，还是即将再度成为孩子他爸，或者是我们无法走上更大的舞台，唱我们喜欢的音乐，谁知道呢。

不论怎样，我们那辆破面包车正好报废了。一天晚上，我们开着那辆车回到北希尔兹（North Shields），当我把所有人都一一安全送到家后，突然间，我看到身后冒出一道蓝光，我心想，哦，该死！我被警察拦下来了。这可糟了……尤其是这辆车的刹车还失灵了，所以要想让它停下来，唯一的办法就是用钳子强行换到一挡，同时要拉起手刹，还要祈祷不会出现灾难性的机械故障。

"下车，小子！"汽车颠簸着慢慢地停了下来，警察冲我吼道，"我不能让你开着这样的破车在路上跑，太危险了。"

这时他发现了车上的圆形纳税证……没错，那其实是一枚棕色艾尔啤酒（Brown Ale）的标签。在东北部地区，25岁以下的年轻人开面包车都会用棕色艾尔啤酒的标签假冒圆形纳税证（好吧，不管这是不是真的，反正我是这么做的）。这两个东西的形状和大小几乎是完全相同的，看起来就好像苏格兰及纽卡斯尔啤酒厂（Scottish & Newcastle Breweries）故意把这两个东西做得那么像一样。"我会假装没看见，"警察说，"为了咱俩的日子都好过一点，我不会问你有没有上车险，因为我很确定我已经知道答案了。但我需要你跟我去警察局走一趟——你要慢慢地开。然后我得把这辆车没收,送到废车场去。"

我的心咯噔一沉。

没有车就意味着没有演出——也就没有乐队了。

实际上,还有比这更重要的事需要我担心。

1968 年 6 月 1 日,我和卡萝尔结婚了——那时她的肚子已经显怀。所有人都劝我们不要结婚。卡萝尔的妈妈提出要帮我们照顾这个孩子。我爸爸一直对我说,我的人生还有很长的路要走,我根本不知道未来要面对的是什么。但就像所有的年轻人一样,我压根没把他的话听进去,坚持认为既然这个女孩的肚子被我搞大了,那我就得跟她结婚,这才是正确的选择。

婚礼的地点是北希尔兹的一座教堂,我的准新娘就是在这个沿海小镇长大的——说来有些尴尬,因为北希尔兹是个小渔村,而邓斯顿是个煤矿村,自古以来,煤矿工人的地位都比渔民低,渔民普遍看不起煤矿工人,绝不会让他们的女儿嫁到矿工家庭。我是说,我们是典型的"罗密欧与朱丽叶"式结合。但幸运的是,卡萝尔一家已经不打渔了,而且多年来渔民和矿工之间的关系也缓和了不少。

婚礼仪式的细节我已经记不清了,毕竟那时我们还都是孩子。在那种仓促的情况下,完全不知道该如何应对。我只能告诉你们,婚礼的伴郎是戴夫·亚伍德,新娘的婚纱是我妈妈做的。

交换结婚誓言之后,爸爸看着我说:"你高兴吗?"

"我会没事的,爸爸。"我说。但我的脸上写满了恐惧。这可怎么办?我怎么做才能既保住饭碗(常常加班),又照顾老婆孩子，并且兼顾摇滚乐队呢？当然，答案很明显，我做不到。我必须放弃某些东西。但要放弃的肯定不是饭碗，也不是照顾老婆孩子。

婚宴在教堂旁边的一个大厅举行。全家人都出席了，包括我的爷爷和奶奶。女士们喝着雪莉酒，男士们喝着威士忌。然后大家坐下来吃了一顿便宜但美味的自助餐。现场欢声笑语，大家相处融洽，因为很多人都喝醉了。

至于蜜月，就那么回事儿吧。卡萝尔的叔叔在贝尔蒙特（Belmont）附近的切斯特勒街上有一栋房子，我们在那里住了一个晚上。我当时有一辆二手的福特柯蒂娜 Mk I 汽车，并漆成了闪亮的浅灰蓝色，那车刚从汽车店里开出来不到10天，就开始叮当作响，后来，一遇到大风，车的引擎盖就会被掀开，那车就像一只巨大的金属风筝一样在街上乱飞。所以，当我开了大约23千米的路程还没出什么事时，我觉得自己已经很幸运了。

恍惚间，我们把车开到了一栋半独立的小房子前面。房子里有个装满了食物的冰箱，我们住在这儿时可以吃里面的东西。我记得当时我和新婚妻子互相看着对方，心想，接下来该怎么办？

"我想吃香肠三明治。"卡萝尔那时候出现了典型的孕期反应，其中就包括胃口极好，食量惊人。

我试着做饭，结果惨不忍睹。这就是我的新婚之夜。

第二天，我们回到了北希尔兹，搬进了卡萝尔父母家的卧室——"住进"新娘父母家，大多数新婚夫妇都会这么做。不过这太尴尬了，尤其是第二天早上我下楼吃早饭的时候。而且她家里人很多，因为她的父母还有两个孩子。

我真不知道当时我们是怎么做到的,现在回想起来还是觉得不敢相信。

与此同时,我的音乐事业却没有取得任何进展,如果说和以前有什么不同的话,那就是它连停滞都不是,而是在倒退,因为我完全停止了演出。戈壁沙漠独木舟俱乐部乐队已经成为历史,城里但凡大点儿的乐队都不会招一个扩音系统只有 10 瓦功率的主唱,而且这样做的理由很充分——摇滚乐队在剧场或夜店,甚至是更大的工人俱乐部演出时,为了让主唱的声音被听到,你需要一个更大的扩音系统,还要配上合适的舒尔牌(Shure)麦克风。但这远远超出了我的能力范围,即使有分期付款,我也买不起。

这时,卡萝尔的爸爸比尔(Bill)做了一件很了不起的事情,很大程度上减轻了我们的负担。他在工作时发生意外,得到一笔保险金,他用其中的 600 英镑在附近买下一套公寓,地址是奇尔顿西景街 61 号,他把一楼的房子租给我们住,几乎分文不收。实际上,这是他的第一套房子(他此前租住的房子是政府的廉租房)。

他告诉我们这件事时,我真是大大地松了一口气,激动得快要哭了。

实际上,那所房子建于 1910 年,房间里面很潮湿,墙壁上甚至有霉印。厕所在后院,那是个很冷的室外厕所,厕所的墙上还挂着一把锤子,在寒冷的早上,你要用它凿开夜里冻上的冰。不过,我们至少有了属于自己的空间。卧室里有个壁炉,前厅也有一个,如果我们有钱的话,肯定能把房子弄得暖烘烘的。但街角商店里一小袋煤就标价 2 先令 7 便士,一小袋只能烧两三个小时。所以我们选择了哆哆嗦嗦地挨冻，把买煤的钱省下来买吃的。

我们搬进去几个星期后，楼上的女人打电话给比尔，说她家的屋顶漏水。"哦，那可糟了，"他回答说，"但这和我有什么关系呢？"这时，他突然意识到自己买的不是楼下的公寓，而是整栋房子！所以他得承担所有的维修费用，而维修费可比他收的那点儿微薄的租金要高多了。

不过，别担心，他很快就叫他的伙计们运来了一批瓷砖，把该修的地方修好了。

我并不喜欢这种枯燥的生活，卡萝尔也是。这个可怜的小姑娘当时才16岁，本是肆意享乐的年纪，却不得不待在家里照顾我们刚出生的孩子。现在回想起来，我对她深感愧疚，也为她难过。但我们的小乔安妮是个开心果，总是那么招人喜欢。几年后，她的妹妹卡拉（Kala）出生了，跟姐姐一样可爱。两个女儿为我们的家带来了无限的爱和温馨，这是无法用言语来形容的。所以我觉得这样也很好，我什么都不想改变。

不好的事情很快就来了。一天晚上，我回到我父母家，发现爸爸站在外面的大街上，脸涨得通红，正扯着嗓门，摆出中士的威严气势，朝我妹妹朱莉和她正在交往的一个男人大声怒吼。当时朱莉也就十五六岁。

可怜的朱莉泪如泉涌。她的那个男朋友被吓坏了，转身就跑。但我爸爸仍然不依不饶，在那小子身后大骂不止。我心里乱糟糟的，因为我觉得爸爸一向喜欢对别人大喊大叫，尤其是对妈妈，这样很尴尬，也没有必要。当然，事实上，我自己当时也快崩溃了。

"爸爸，别喊了！"我朝他喊道，嗓门几乎和他一样大，"到底怎么回事？"

但我爸爸当时被气炸了，谁说都不管用，他怒吼道："别这么跟我说话，小子，小心我把你脑袋揪下来！"

"不会的，爸爸，"我说"你只要敢碰我一下，我就——"

我爸爸当时对我的态度就像我还是那个10岁的小孩一样。但我已经长大成人了，终日忙碌的工作让我练出了强健的体魄——由于我当时情绪激动，一时难以自控，于是出手打了爸爸，而且力道比我想象的还大。我爸爸一下子被我打倒在地，接着我又扑到他身上，对他说，如果他再欺负家里人，我会不惜一切代价阻止他。我爸看上去既慌乱又沮丧，不知道他是为我能为他人挺身而出而感到骄傲，还是为我的暴力举动而感到震惊和厌恶。

不过这些都不重要了。我觉得心里很难受，第二天就向爸爸道歉了。

他只是像往常一样哼了一声，什么也没说。但我想他肯定也不好受。因为在那之后，一切似乎恢复了正常。但这件事带给我的冲击让我幡然醒悟，我意识到自己不能再这样继续浪费生命，坐等奇迹发生了。

是时候该做点什么了。

10

你这该死的废物

我该怎么办呢？一个叫吉米·沙恩（Jimmy Shane）的小伙子给了我答案。一天早上，他兴奋地闯进帕森斯的轻机械车间，因为他刚刚报名加入了英国国防义勇军（Territorial Army）——英国版的美国国民警卫队（U.S. National Guard）。

"只需要在每个星期三巡逻一圈，另外在每隔一周的周末去靶场打打枪就行！"他说话的语速太快了，我几乎听不懂他在说什么，"如果你能坚持一年，他们还会给你200英镑的奖金呢！"

"什么？"我几乎不敢相信自己的耳朵。

"我说……你只需要巡逻——"

"不，不，不——最后一句。"

"如果你能坚持一年的话，他们会给你200英镑的奖金！"

天哪，有办法了——我心想。这样我就有钱买个更大的扩音设备了！然后我就能重新回到舞台上了……但这次我要加入一支更大、更棒的乐队（当然，我也喜欢"赢得奖金"这件事）。

于是当天我就跑到国防义勇军征兵报名处填写了一张表格。然后我被带到一个房间里进行严格的身体检查。

医生："姓名和住址？"

我："北希尔兹奇尔顿西景街61号。"

医生："你身上有哪里不舒服吗？"

我："这个嘛，呃——"

医生说："你可以加入英国国防义勇军了。"

这里我应该多说明一下，当时我还可以选择加入其他队伍，但吉米·沙恩加入的伞兵团是唯一一个能支付200英镑奖金的队伍——那真是一笔难以想象的巨款。如果你选择加入工程师的队伍，那么你"只能"得到125英镑。更重要的是，伞兵团规定，每次从飞机上跳伞都能得到8英镑的额外奖金。我从来没想过自己会加入伞兵团。我的意思是，那时候的英国政府根本没钱做任何事。况且眼下天下太平，又没有战争，何况还是在东北部。所以他们无缘无故把像我这样的小伙子送到天上去跳伞，听起来简直可笑。在我看来，伞兵只比海军童子军强那么一点点。我们平时只需要穿上制服，做些军事演习就可以了，也许还会去野营，到了年底还能得到200英镑……这也太离谱了。如果是真的，那我可太感谢了。

等我回过神来时，发现自己已经到戈斯福斯（Gosforth）的一个训练大厅里报到了，戈斯福斯是纽卡斯尔北部一个富裕的郊区。我甚至说服了乔治·贝弗里奇跟我一起去。他一听到有奖金可以拿，不用我劝就动心了。

当我走进训练大厅时，听到了发号施令的喊声和行军的咚咚脚步声。我心里一激灵，直打哆嗦。是啊，我也有紧张的时候——国防义勇军的士兵们看上去都是铁血硬汉，但实际上，训练间隙，他们也会跟我聊天，十分友好。

负责训练的教官们却完全不同。他们总是骂骂咧咧的，总把"他妈的"挂在嘴边。当他们喊出你的名字——或者更确切地说，当着你的面大喊大叫时，都会骂一句："你这该死的废物。"

我报名参军时第一件要做的事情就是签署《官方保密协议》（*Official Secrets Act*），协议厚厚的，很是令人激动。

然后我收到了第一个命令："你！你这该死的废物！去把他妈的头发剪了。"

哦，糟糕。我都忘了，男人参军都得留马桶盖发型①。我应该记得猫王参军时还剃了头，然后飞到西德战场，成了一名美国陆军坦克兵。我的头发有点儿长，还有点儿卷，看起来很适合在舞台上表演。但没有扩音系统，这对我来说什么用都没有。连吉米·亨德里克斯都加入过美国海军——我又有什么资格不参军呢？

我拿到了一套二手军服，闻起来有股旧战场和老妓女的味道，还有一块块污渍。不过发给我们的靴子是新的，那是一双闪亮簇新的黑色靴子，上面有卡其色的绑带或绑腿，另外还发了那令人梦寐以求的王冠——一顶红色的贝雷帽。只不过贝雷帽上没有翅膀②，想要翅膀，你必须自己去争取，凭本事赢回来。

然后我们被告知，需要向自己的公司请两周的假，去参加基

---

① 马桶盖发型指的是一种脑后和两侧剪得很短、顶部略长的发型。——译者注
② 英国伞兵帽徽的图案包括降落伞和翅膀，以及位于上方的一头狮子和一顶皇冠。——译者注

础军事培训。这又是一件我事先没有想到的事。这该死的基础训练是什么玩意儿？不过我很快就知道了。

所谓的基础训练，是在一个巨大的场地中进行的，就在约克郡河谷（Yorkshire Dales）边缘的卡特里克要塞（Catterick Garrison）。

我跟一群小伙子被指派到了一位格拉斯哥中士的手下，接受他的指挥。这位中士体型矮胖，十分聒噪，我们给他起了个外号叫"猪头"。

当"猪头"大声发号施令时，"你"字从他的喉咙里吼出来就成了"溺！"——听起来就像有人把奶酪刨丝器插进你肠子里一样。当"猪头"带着我们在阅兵场上走来走去时——基本上一直在走来走去，他总把"左"说成"早"，把右说成"要"，于是我们就听见他在阅兵场上不停喊着"早——要！早——要！早——要！"。

是的，"猪头"是出了名的喜欢折磨新兵。而且他对谁都这样，一个都不放过。

我们在卡特里克要塞的住所是二战时期的尼森小屋[①]——基本就是由折成半圆柱体的波纹铁皮制成的，小屋有一面防风墙，两端各有一扇门。屋子里有带烟囱的炉子，可以取暖，但我们没有用，因为如果用了的话，每天晚上都得清理炉子，否则就无法通过"猪头"每天早上的晨间检查——他会把一枚 6 便士的硬币扔到你的床上，如果硬币没有弹起来，就意味着你的床单拉得不够紧，他就会冲你发火。

---

① 一种半筒形的铁皮屋。——译者注

我们的一天从黎明时分开始,"猪头"会在那时四处闲逛,拿着两个垃圾桶盖在我们耳边哐哐地敲。

然后,我们在纳菲(Naffi)①——也就是食堂——吃早饭,接着就是不间断地走正步训练、军事操练、拆枪练习,然后是去射击场打靶,一直到饭点,吃完饭之后就可以上床睡觉了。那时你会筋疲力尽,一沾枕头就能睡着。

到射击场打靶应该是最有意思的环节,但我们都担心考试不及格,也没有瞄准器之类的东西。所以没有体会到多少打枪的乐趣。射击目标在 190 米至 290 米之外,有的甚至超过 500 米。这种时候当然少不了"猪头"的身影,他会盯着你的脖子,当你正准备扣动扳机的时候,他会厉声喊道:"不,不,不!这样不对!手稳住!"我的水平一般,但足以通过考试了。

身处逆境的好处就是,它能让你和新兵同伴之间的关系更加亲密。

没过几天,我就和吉米·沙恩这样的人成了好朋友——就是他让我萌生了加入英国国防义勇军的想法。除了他之外,还有一个叫吉米·史密斯(Jimmy Smith)的家伙,以及一个叫"丹麦人"的大块头,他们都成了我的朋友。但是,当然,我们越熟悉,也就越闹腾起来……

这在军队里可不是什么好事。

比如,一天早上,我们去进行阅兵训练,"猪头"的身影却没有出现。我想在同伴们面前表现一把,便模仿起"猪头"的样子。

---

① 为了防止你们这些好奇鬼打听,我要告诉你们,这个名字是以海军、陆军和空军学院命名的。——作者注

我肯定模仿得惟妙惟肖，因为大伙儿笑得前仰后合。但是突然间，他们都停了下来，立正站好。我心想，天哪，瞧瞧他们的样子，我也太擅长模仿了吧。接着，我就听到背后传来粗重的喘息声和充满愤恨的怒吼："约翰逊，你真是好样的，我要让你求生不得，求死不能。"

哦，该死……"猪头"来了。

我完蛋了。

他罚我把步枪举过头顶，绕着阅兵场跑步，一直跑到上午的阅兵训练结束。

我们带着全套装备进行了大约30千米的行军训练，然后回到营地。小伙子们去了纳菲，但我没去。"猪头"中士对我另有安排，比如举着重型步枪绕着阅兵场再跑几圈。然后，他又让我去打扫一个巨大的煤仓，直到他觉得满意为止。我的两只胳膊都累得抬不起来了。扩音系统似乎离我越来越远，遥遥无期。不用说，在接下来的几天里，我都免不了受罚，"猪头"想杀鸡吓猴。

完成了基础训练之后，我就成了最普通的兼职士兵。但为了完成一整套伞兵训练，我必须从一架装备精良且在高空飞行的飞机上跳下来，高度在240米至310米之间。为了完成这个任务，我们必须去位于牛津郡（Oxfordshire）阿宾登（Abingdon）的英国皇家空军学校接受跳伞训练。

和我一起去的大约有40个人，大家都在猜测来这儿是要干什么。故作轻松的笑声震耳欲聋，虚张声势的逞强之词在耳边回荡，其实所有人都惶恐不安。

在皇家空军基地，你注意到的第一件事就是这里没有阅兵场上的喊叫声。每个人都十分友好，而且彬彬有礼。中士亲切地跟我们打招呼，令人如沐春风。

"你们好，小伙子们，一路辛苦了。现在我将带你们去你们的住处，请跟我来。你们先休息一下，安顿下来。一个小时后我再过来，然后带你们去吃午饭。"

哦，这也太棒了！我喜欢这个亲和有礼的中士。午饭也很好，食堂比我想象的更棒。驾驶轰炸机的飞行员们昨晚飞到敌人的地盘进行了一次夜间突袭，现在他们正在食堂吃着培根和鸡蛋。在我看来，这就跟做梦一样，令人难以置信。

这里的食物也很美味。吃过甜点之后，那位和蔼的中士说："好了，伙计们，我们现在要去演讲大厅，我们会告诉你们接下来的两周你们将要进行哪些训练，并把你们介绍给负责跳伞训练的中士（教官）。"

我不禁打了个冷战，但我把这种感觉归结为肠道活动紊乱。我一走进演讲大厅，就感觉有一双眼睛在紧紧地盯着我——是"猪头"！哦，该死！我完了。他肯定读懂了我的心思，因为他看向我，并对我微微点了点头。

这次他还带来了他的朋友们，他们看起来似乎迫不及待地要从高空跳下去。我想带领乐队在一群为我疯狂的观众面前唱歌和表演的梦想破灭了，那一刻，在我心中萦绕的是对自己性命的担忧，还有活下去的奢望。尽管如此，我还是决定要硬着头皮坚持下去。

第二天早上是例行的阅兵和巡视，然后吃早饭，接着我们就要学习从不同的高度跳伞。教官们在我们耳边大喊："跳！"我们就一个个地跳下去。

最可怕的事情是爬高塔。那其实是一个电塔,塔身会随风摇晃,当你爬到塔顶时,那个高度真的吓死人。教练会在你的腰部和肩部系上安全带,通过一根绳子连上滑轮。当你跳下去的时候,滑轮会带动一个大约 0.19 平方米的板子旋转,起到减速制动的作用。

新兵们睁大眼睛,当意识到自己竟然站在这么高的地方时,都吓得屁滚尿流,这是跳伞教官们最开心、最得意的时刻。我尽量对教官客客气气、恭恭敬敬,但他还是微笑着说:"跳!"我不得不按他说的做。

有一点我必须要告诉你们,在这项训练开始的时候,我们被告知,如果犹豫不决或者拒绝跳伞,就得卷铺盖走人,30 分钟之内带着行李离开营地,所以我们不能对任何人表露出自己的恐惧。

当天下午,我们接到通知,明天早上将进行第一次正式跳伞。一个小子高兴得跳了起来,而我们则一拥而上把他狠揍了一顿。

第二天早上,天空晴朗,湛蓝无边。没人敢吃太多的早饭。我们排好队领取降落伞。大家刚背好降落伞,系好胯部、腰部和肩上的带子,就开始怀疑自己的降落伞是不是真的系好了,还有没有什么问题。我们都听说过可怕的"罗马蜡烛"[①],意思是跳伞过程中降落伞没能打开。我们醉酒时还总会唱一首在伞兵中广为流传的老歌[②]:

---

① 罗马蜡烛指跳伞时降落伞开伞失灵的情况。——译者注
② 这首歌名叫《伞绳上的鲜血》(*Blood on the Risers*),曾在欧洲的盟军伞兵团中广为传唱。乍听上去,这首歌节奏稳健、旋律高昂,充满战斗精神。实际上,这首歌的歌词描写的是一名菜鸟伞兵在进行跳伞练习的时候,因为过度紧张,还没有挂上开伞的尼龙带,就纵身跃出机舱,因此伞具失灵,最后坠落地面的过程,还略带讽刺地描写了他坠落时的心理活动。——译者注

他们从两万英尺的高空跳下,没有带降落伞,
他们从两万英尺的高空跳下,没有带降落伞,
他不会再跳了。

风采由血染,这死法真是惨,
风采由血染,这死法真是惨。
他不会再跳了。
风采由血染,这死法真是惨,
风采由血染,这死法真是惨。
他不会再跳了。

他们把他从跑道上清走了,
就像清理一磅草莓酱……

我想你应该明白我的意思了。

"好了,先生们,请检查你的降落伞是否已经被正确地固定在胸前,红色手柄是否朝上。只要手柄脱落,我们就会扣除你60%的工资。跟我来吧。"

我心想,真是气死人了!我只是想要一个扩音系统而已,披头士和滚石乐队什么时候干过这种事!他们巡演、和姑娘们乱搞、肆意狂欢,但可没我这么疯狂!

我们跟着跳伞训练教官登上运输工具并升上了高空。运输工

具是一个挂在气球上的篮子,和蒙哥尔费兄弟①造的那种一样。军士长大声喊道:"这不是他妈的气球,这是飞艇,下面那个也不是篮子,是个贡多拉②。再胡说八道,我可就不客气了!"

我真不记得自己当时在想什么了,但那飞艇和贡多拉组合在一起,看上去就像个白色的十字架,上面还挂着一朵罂粟花。我们被分成五个人一组,我是我这一组里的第四个。

"好了,该你们几个了,跟我来。"

我们五个人跟了上去,走进那个悬吊在飞艇下的篮子(不好意思,是贡多拉),神情严肃,视死如归。然后飞艇开始上升,教官大喊:"钩住。"我们立刻把降落伞挂在固定拉绳上。飞艇不断升高。上帝啊,这下要动真格的了。跟往常一样,我紧张得要命。但最可怕的是,周围一片寂静,静得连鸟扇动翅膀的声音都听得到。

"好了,伙计们,我们到了,现在我们在240米的高空。听我的口令,按我说的做。"

贡多拉上有扇门一直开着。我们仍然拼命地抓着篮子边的扶手。

"你们抓着扶手干什么,一会儿就得跳下去了。"

一听到这话,我突然心生感慨,去你妈的扩音系统,去你妈的音乐,我只想活着。

"一号,站到门口去,把手放在门上,快去!"接着教官接喊了二号、三号,然后……"四号,站到门口,快去!"

---

① 蒙哥尔费兄弟指的是 J.M. 蒙哥尔费(J.M. Montgolfier)和 J.E. 蒙哥尔费(J.E. Montgolfier),两人是法国航空先驱、热气球发明者,两人最大的功绩在于研制出了世界上第一个热气球。——译者注
② 贡多拉(gondola),指的是热气球或飞艇上的吊舱。——译者注

我照做了，然后跳了下去，不断向下坠落，直到有一只"大手"把我拉起来，我飘飘悠悠地下落，一边操纵着降落伞，一边笑了起来。终于落地了，我毫发无损，这才松了一口气。我想再跳一次，因为刚刚这一跳，就让我赚到了 8 英镑。

那天我们又跳了一次，我一共赚了 16 英镑。

为了获得伞兵团的翅膀帽徽，我必须完成七次跳伞，从飞艇上跳两次，从飞机上跳五次。但从飞机上跳伞跟从飞艇上跳伞截然不同。

第二天早上，我们在飞机上集合，每人都有一个大约 27 千克的装备包。你要把它绑在右腿上，同时还有一个长约 4.6 米的系索式的东西绑在你的腰带上，上面有一个可以快速弹出的钩索。一旦跳下去，你的降落伞就会完全打开，此时你需要把装备包放开，让它吊挂在你的腰上。这样一来，当你着陆时装备也都在身上。

问题是，放开装备包之后，那包东西就会像钟摆一样来回摆动，甚至会砸在蛋蛋上。最重要的是，如果你太过害怕，把那东西扔了，那么落地之后，你就会被那些教官骂得狗血喷头。因为如果那包东西从高空掉下来，对下面的人是非常危险的。

不管你是男人还是男孩，从飞机上跳下来的整个过程都会令你手足无措。你的身上绑着大约 27 千克的东西，几乎没法走路，耳边还萦绕着飞机引擎轰隆隆的噪声（这是我第一次坐飞机）。你需要爬进机身，找到安全网——那就是你的座位，然后检查头盔是否戴好。没有人笑，也没有人有心思开玩笑，每个人的脸上都是僵硬的表情。

飞机起飞了，缓缓升上天空。那是一架布莱克本 B-101 贝弗利轰炸机,像一匹拉煤的矮马一样,又老又疲累。

我们围坐成一圈。跳伞教官站起身来,低头看了一眼飞机下面,然后举起双手,示意我们"站起来"。我们站起身,面向教官。

"钩住!"

噪声太大,我们听不见他在说什么,于是他勾了勾食指,我们立刻会意。

"检查装备!"

这句话的意思是检查一下你前面那个人的背带,确保他的装备是安全的。与此同时,你身后的人也要检查你的装备。一切准备就绪,红灯亮起。该死,我他妈的这是在干什么呢?我总是让自己陷入这种危险的境地。我开始胡思乱想——亲爱的约翰逊太太,这个桶里装着二等兵约翰逊的尸体残骸——不要再乱想了!布莱恩!

绿灯亮起,第一个人跳下去了。你什么都看不到,只有在走到舱口时,才能看到地面。

我跳了下去,急速下坠,天哪,速度快得让我感觉自己快死了。在空中飘了几秒钟之后,我可爱的降落伞终于打开了,哎呀!我的妈呀!

该死,我忘了把装备包松开了。想到这里,我立刻松开了装备包,那个装备包垂下来挂在我身上。我就这样缓缓地降落到地上,轻轻一个翻滚后安全着陆,再收起降落伞。这下我终于安全了,我成功了(24英镑到手)。

接着我们又跳了四次,心里既害怕,又觉得很刺激,但不管怎样,我他妈的做到了。

乔迪男孩

我从纽卡斯尔中央商业街一家名为"窗口"的音乐设备商店买到了一套扩音系统。这条商业街历史悠久，可以追溯到爱德华时代①，整条街是一个有着玻璃屋顶的室内市场。我不记得买这套扩音系统花了多少钱，只记得当销售员问我是否需要分期付款时，我说了一句从未想过自己会说出的话："不用了，谢谢，我付现金。"

这是一套韦姆（WEM）扩音设备，有100瓦的音箱和四个直径约20厘米的喇叭——比如今韩国掀背车里的立体声音响功率要小，但在当时绝对是很牛的装备。我甚至还用剩下的钱买了一台回声效果器。哇，听起来很专业吧。我尽量克制自己，没置办太过花哨的设备——但回声器的确很重要，因为你能通过回声器

---

① 爱德华时代是指英国国王爱德华七世在位统治及之后的时期。——编者注

音量的大小来判断歌手的水平，越是糟糕的歌手，回声器的音量开得就越大。

扩音系统并不是让我自信心提升的唯一因素。现在我已经完成了七次跳伞，因此在一场特别的国民义勇军典礼上正式获得了"翅膀"帽徽。这是我人生中最伟大、最荣耀的时刻之一。更棒的是，我可以穿着全套的军服——红色贝雷帽、作战服和伞兵靴——昂首挺胸地回家了。这是作为伞兵最得意的事情——我们的军服看起来帅气又硬朗，上面没有闪亮的纽扣或绶带，也没有任何花里胡哨的装饰，但穿上这身衣服，你就像随时可以飞到敌国上空，从飞机上跳下去，然后爬过30千米的沼泽地去炸毁一座桥一样。我发誓，我爸爸第一次看到这样的我时，忍不住流下了骄傲的泪水，然后把我带到了他常去的俱乐部，向他的朋友们炫耀自己的儿子。看到他得意又骄傲的表情，我非常开心。

与此同时，我有了合适的音乐设备，所以是时候了——我要回到比应对冷战更重要的事情上。我需要加入一支新的乐队，并上台演出。

在说这件事之前，我得把之前的事情解释一下——在离开戈壁沙漠独木舟俱乐部乐队并结了婚之后，我其实并没有完全离开音乐圈。

有一段时间，我和两个来自锡顿德勒沃尔（Seaton Delaval）的小伙子，还有一个不知姓名、被叫作"虾"（Shrimp）的键盘手一起玩音乐。他们之前加入过一个叫"汉尼巴尔·肯普"（Hannibal Kemp）的乐队——也不知道他们为什么起这么个名字。所以他们想用同样的名字再组建个新乐队，因为这样可以留住原来的老粉丝。但问题是他们根本没有什么老粉丝。所以当我们定下第一场演出时，一个观众都没有。于是我们召开了紧急会议，打算给乐队起个新名字，经过几个小时的激烈争论和苦思冥想，仍没有合适的名字。"我们需要一些……新鲜的东西！"我说。对呀，那干脆就叫"新鲜"（Fresh）好了，于是乐队的新名字"新鲜"出炉。

我们的新鲜乐队是个很棒的小乐队，因为我们做的东西和走重型布鲁斯风的戈壁沙漠独木舟俱乐部乐队的音乐相比更流行，也更符合大众的品位。我们翻唱过一些歌曲，比如荒原狼乐队（Steppenwolf）的《魔毯之旅》（*Magic Carpet Ride*），披头士乐队的《回到苏联》（*Back in the USSR*）。这是一首很棒的摇滚歌曲，里面夹杂着强劲的钢琴乐段。但那时的我看上去完全不像个摇滚歌手，因为我还在接受伞兵训练，所以头发很短，如果换成几年之后我的样子，至少还像个朋克。实际上，作为一名乐队主唱，当时的我看起来确实很别扭。

尽管我们这支乐队很少凑在一起排练，但我仍然喜欢待在乐队里的那种归属感。

我们会像真正的乐队那样一起走在街上，有时会去酒吧，也会去中央商业街闲逛，买下那一周刚刚打入排行榜的热门新歌的乐谱。

新鲜乐队的水平达到了顶峰，因为我们招进来一个萨克斯手。他是帕森斯最顶尖的涡轮工程师之一，有绝顶聪明的脑瓜，只不过萨克斯吹得不怎么好。严格来说，他其实根本不会吹萨克斯，只是勉强能吹几个和弦。

但我们的这位萨克斯手却亲手打造了一套十分精巧的、几乎是平克·弗洛伊德①式的照明设备,这是他最大的成就。它是用一台旧唱片机改造而成的,我们的萨克斯手在唱盘上安装了10个微型开关,当唱片机旋转时,这些开关就会按照预先设定的顺序触碰不同的触点。这些触点再将电力信号发送到一块连接着10个插座的旧木板上,每个插座上都插着不同颜色的灯泡——不是那种家用灯泡,而是像探照灯一样的大灯泡。当他做示范时,我们几个人惊得目瞪口呆。那10个灯泡闪亮无比,就像闪光灯一样,而且是彩色的。效果绝对令人惊叹和震撼。

在一次排练之后,我们决定在接下来要演奏的这首歌——《魔毯之旅》的吉他独奏中使用这个秘密武器。我们很兴奋,排练的速度比往常要快一倍。然后,最精彩的时刻到了。当吉他独奏开始响起时,舞台灯光暗了下来。在那套被简单改造的照明设备上,唱盘开始旋转,微型开关依次被激活,接着……

每亮起一盏灯,巨大的灯泡都在瞬间爆炸,彩色的玻璃碎片四处飞溅。

我一直梦想着看到观众在台下尖叫,现在梦想成真了。

但不同的是,在我的梦里,观众只是尖叫,没有受伤和流血……

在这之后,另一个看似不大可能的机会却从天而降,提供这个机会的人也令人意想不到——一个名叫露丝·萨克森(Ruth Saxon)的黑人女子,她身形高大,打扮时髦,是一位年轻的喜剧

---

① 平克·弗洛伊德(Pink Floyd),英国知名摇滚乐队,曾获第37届格莱美奖最佳摇滚演奏奖。1996年入驻美国摇滚名人堂;2005年入驻英国音乐名人堂。——译者注

演员兼歌手，素以佩戴金色假发登台而闻名。

露丝来自伦敦，在工人俱乐部做巡回演出。她在所有表演者中鹤立鸡群，总是邀约不断。更重要的是，她的表现像一个十足的明星。她说话带着一点儿美国口音，租住在一套很大的房子里，甚至有一个经纪人。当时是70年代，我相信她一定遭受过种族歧视，但她在舞台上有种与生俱来的强大气场，不容轻视。

要知道，那个时候，嬉皮摇滚音乐剧《长发》(*Hair*)轰动一时。当时这部音乐剧很火爆。当然，如果表演者们在演出中脱掉衣服，那就更好了，这对演出和票房有利无害。

不管怎样，《长发》的大热给了露丝灵感和启发。我很高兴地告诉你们，我并不想脱掉衣服、赤身裸体地表演，而是想创造出完美的卡巴莱[①]表演，引起轰动，并在英国进行巡演。我想要的是一支带有音乐剧《长发》风格的摇滚乐队。

这就是我的目标……与我一起奔向这个目标的还有我在戈壁沙漠独木舟俱乐部乐队的一些老朋友。

买了新的扩音系统之后，我们的乐队彻底改头换面了，并更名为贾斯珀·哈特乐队（The Jasper Hart）。再说一次，我也不知道这名字是怎么来的。吉他手是肯·布朗；贝斯手是史蒂夫·钱斯；鼓手还是弗雷德·史密斯。唯一的问题是我们都有全职工作——而我就更忙了，还有老婆和孩子需要照顾——所以我们唯一能排练的时间就是上台演出之前。

至少我们还是有一些演出机会的，这在一定程度上要归功于

[①] 卡巴莱是餐馆或夜总会于晚间提供的歌舞表演。——译者注

我的扩音系统，但也有扩展了表演曲目的原因，那些并没有15分钟布鲁斯独奏的歌曲也被我们收录进来了。就连工人俱乐部也开始邀请我们去演出了。

在一次工人俱乐部的演出后，露丝的经纪人找到我们，向我们转达了她要跟我们合作的想法。我们乐队中没有一个人喜欢《长发》这部音乐剧，当然，音乐剧是给傻瓜和蠢货们看的，但是，嘿，有钱能使鬼推磨啊，让我们玩命翻唱吧。

但露丝跟我们合作是有条件的。第一，我们得雇一个键盘手，这样我们才可以演奏更多样化的乐曲。第二，我们要自己预定克莱顿街的第一排练室，在那里进行排练，因为露丝注意到我们缺乏练习。用她的话说，她希望我们"就像便秘了一样，保持精神紧绷的状态"。露丝还想让我们准备一些合适的舞台服装，好让我们看起来像那么回事儿。

这一切都令人兴奋，难以置信的兴奋……但是压力也很大。开心的是，我们真的找到了一个键盘手——一个名叫艾伦·泰勒森（Alan Taylerson）的家伙。艾伦之前曾跟肯、史蒂夫和弗雷德在另一个名叫"十字军"（Crusade）的乐队里合作过。然而，我们的压力真的很大，因为当我们预定了排练室，并开始四处寻找让露丝满意的服装时，我们发现账单上的数字在飞速上涨。我们甚至不得不一路开车到曼彻斯特（Manchester），因为露丝希望我们能去那里拍摄宣传照，可我们几乎连买车票的钱都没有啊。

尽管如此，我们还是要去巡演了。

等我们从曼彻斯特回来时，露丝告诉我们第一场演出已经确定了——在纽卡斯尔一家卡巴莱歌舞俱乐部举行,这是一次试演。主要是想看看我们是否已经准备好进行巡演了。

演出当天,露丝突然闯了进来,激动地说音乐剧《长发》中的那些明星演员这周将在皇家剧院进行演出,并说当晚会来听我们唱"所有耳熟能详的歌曲"。

"那是些什么歌?"我问道,我真的一头雾水。

"就是音乐剧《长发》里的歌。"露丝说。

"可我们没听过——"

"这是乐谱。"说着,露丝递给我一个活页夹。遗憾的是,乐队里没有一个人会看乐谱。

我们面面相觑,懊恼地呻吟起来。我们已经排练过一些歌了,却不得不在第一次演出前,花好几个小时的时间,匆匆听完像《水瓶座》(Aquarius)和《早安星光》(Good Morning Starshine)这样的新歌,再重新排练一次,还有许多听起来更奇葩的歌(如今再想演奏这些歌是绝对不可能的)。

最后,几乎所有的音乐剧演员都加入了我们这场演出。这真是太棒了,因为没人这么干过。那些男演员都在肩膀垫上了蓬松的东西;女孩们则脱掉了上衣。若是在20世纪60年代,这一定是很疯狂的行为,因为即便是在1970年的春季,这样的演出也同样劲爆。我们在舞台上表演——在一个几乎空无一人的房间里演奏我们不太喜欢的音乐,所有的歌舞剧演员们都在我们周围蹦蹦跳跳,载歌载舞。

真是浪费时间啊。

露丝看上去并不喜欢重型摇滚乐——然而我听的音乐却一天比一天"重"。1969年10月,在布莱登的中央青年俱乐部(Central Youth Club)里,我看到了现状乐队(Status Quo)的演出,这令我大开眼界,瞠目结舌。

我不记得我是和谁一起去看的了,但我幸好没有错过那次演出。

那个周五的晚上,我动身前往5千米以外的布莱登。我的交通工具是89路双层巴士,这辆车直达布莱登市中心。我在俱乐部大厅买了票,然后走进一个昏暗的地方,那里没有什么人——大多数人星期五都会去纽卡斯尔。但我仍然很兴奋。舞台上的灯光亮了一些,歌手们开始在舞台上表演——他们不是普通的歌手,而是音乐家。舞台中央立着一组超酷的鼓,和一些我从来没见过的镲片,扩音器也硕大无比。在我看来,这一切简直不可思议,那都是我梦寐以求的东西。

这时,吉他手里克·帕菲特(Rick Parfitt)不知从哪儿冒了出来,走到麦克风前,大声喊道:"我们只会他妈的大声演奏、大声唱,所以如果你们不喜欢,现在就滚蛋!还有,我们不会演唱那首该死的《想象中的火柴人》(Pictures of Matchstick Men)!"

哇,他在大庭广众之下骂脏话,而且声音很大。

然后,他们二话不说就开始演奏《烟斗之下》(Down the Dustpipe)……哦,那口琴吹得可真带感。如果说在偶遇小理查德的音乐之后,我的生命中还有火花迸发的时刻,无疑就是那一刻了。

这支乐队后来蜕变成了一只摇滚怪兽。我不记得他们弹唱了多久，但他们太棒了，太震撼了！哦，天哪！我立刻被迷住了，我深陷其中，无法自拔。我被他们激动人心的表演震慑到了，惊讶得目瞪口呆。可惜演出结束得太快，他们没有返场，直接离开了舞台。我猜他们一定在想，是谁让他们在这么个破地方演出的，得想办法把那个家伙揪出来痛揍一顿。

我们离开了演出大厅，在隔壁的酒吧喝了点酒，然后走到外面闲逛。大约一个小时后，一辆六轮的运输货车从街道拐角开了过来，我看到有几个现状乐队的人坐在前面，然后他们的车消失在街道尽头。我真想成为他们中的一员——让我干什么都行。

就在我们和露丝一起准备巡演的时候，一支风格更冷硬、更彪悍的乐队横空出世——黑色安息日乐队（Black Sabbath）。在20世纪70年代初，这支乐队的歌曲听起来极具革命性，我甚至无法用语言来形容他们的歌是多么的特立独行，多么具有颠覆性——尤其是他们的首支单曲《妄想症患者》（*Paranoid*）。在帕森斯的每一天，我都自愿去隔壁的餐厅——我确定那个地方叫帕多克（The Paddock）——替大伙儿跑腿买午餐——唯一的原因就是餐厅的点唱机里添加了《妄想症患者》这首歌，当时这首歌在排行榜上蹿升到了第四名。所有排队买肉馅饼的老家伙们肯定都恨死我了，因为我会把口袋里所有的零钱都倒进自动点唱机里，一遍又一遍地播放这首歌。有一段时间，我们甚至把《妄想症患者》这首歌加入了贾斯珀·哈特乐队的歌单里——尽管露丝并不喜欢这首歌。事实上，当时我们在各个歌舞俱乐部的舞台上一次又一次地演唱歌舞剧《长发》里的歌曲，台下始终没有什么观众，这让我重新开始认真地思考，到底还要不要成为一名职业歌手。

不过我根本不必担心。

因为在巡演开始前，露丝突然消失不见了，杳无音信。我们再也没有听到她的任何消息——可此时我们已经负债累累，因为我们已经买好了演出服装和所有装备。后来我才知道，那时候露丝成了 ITV 有史以来第一位黑人主持人。但当时我们完全不知情。

不过，对我们来说，露丝的不告而别却让我们侥幸逃离了痛苦，真的是这样。

在英国国防义勇军伞兵团服役期间，我们接到命令，要在西德进行一次大规模的军事演习。所以，我必须离开英国。这一军事项目的代号好像叫"红锤"，或者是别的什么滑稽的名字。

我们要在敌后待两个星期。敌人是由可怕的苏格兰黑卫士兵团[①]和法裔加拿大人假扮的。

我们要在夜里空降，尽一切所能给敌方制造混乱和破坏。当然，所有的弹药都是空弹，但仍然挺可怕的。

夜间跳伞从来都不是什么好主意。夜晚的飞机内部会呈现出一种幽灵般的、雾蒙蒙的颜色——那是噩梦一般的色调。你仿佛置身于一个充满噪声的管道里，扑鼻而来的是地狱般的血腥味。天气很糟糕，阴云密布。飞机晃动不止，我们也随之上下颠簸。我感觉刚吃进肚子里的晚餐正一个劲儿地往上涌，都快要冲出喉咙了。我使劲儿把它们又咽了回去——不然还能怎么办呢，飞机

---

① 黑卫士兵团（Black Watch）是英国陆军的一支步兵部队。——译者注

上又没有厕所！

当晚，我们中一个非常有经验的伞兵——代号是"探路者"——要先小心翼翼地跳下去，不能被人发现。如果他安全着陆，就会给飞机发信号；如果没收到信号，就意味着他已经死了，或者是身负重伤。那真是个勇敢的小伙子。

跳伞教官向我们打手势，示意我们按照常规步骤行动，然后我们纵身一跃，跳入了黑暗当中。

在夜里跳伞时，教官再三提醒我们要时刻警惕，不能有一丝一毫的松懈，因为在黑夜中，你看不到地面或其他的东西。所以跳伞时务必要保持膝盖弯曲，这个姿势至关重要，关乎你的蛋蛋是不是安全。

问题是，从飞机上跳下去之后，过一会儿你就会忍不住想地面究竟在哪儿，正当你走神的时候，就会听到砰的一声，你落地了！

当时正下着雨，冷得要命，我们收好降落伞和装备就要立刻走进树林。军官和中士把我们分成几个小队。前面的人知道要去哪儿，我们跟在后面一直往树林深处走。

到了目的地后，下士斯特林（Stirling）说："好了，准备露营。先吃点儿东西，然后睡觉。"

这话听着容易，但做起来就难了。首先，你必须找到四根树枝，把它们插到地上；其次，要把树叶之类的东西放在下面，就像铺床垫那样；最后，要把防水布支起来。简易的帐篷只有大约 0.46 米高，所以很难钻进去，不管怎样，你都会被淋湿的。

等我在黑暗中搭起这个糟糕的帐篷之后，我决定去看看晚餐有什么。于是我打开背包，拿出我的野战口粮，噢！真是痛苦的选择：是选一小罐香肠、豆子和硬饼干呢，还是选炖熟了的不知名的肉，或者是选一管奶酪、一管果酱再加一大块巧克力呢？我还有几包速溶汤——正在加热呢。为了生起火来，我们用了一些白色的块状物，闻起来带一点儿小便池的味道。你要做的就是把这些小白块点着，用水壶里的水把马克杯倒满，然后放在火上烧开，但一定得盖上盖子，水得煮好一会儿才会开，最后再用烧开的热水泡速溶汤或者茶。

在接下来的几天里，我们一边行军一边躲避敌人，还要伏击卡车车队，但所谓的车队从来没有出现过。雨一直在下。前一周我还在乐队里唱歌，下一周我就挎着一把步枪去了德国。我俨然成了 25 年前的爸爸，不同的是，爸爸那时差点儿挨枪子，我的处境没有他当时那么危险。

在漆黑的树林里，我有种不知自己身在何处的感觉，也不知道要往哪儿去。这一天过得漫长又疲惫，我只想睡觉。部队里有规定，我们不能抽烟、不能点火，四周漆黑一片，天空都被郁郁葱葱的树木遮住了。

"约翰逊，"中士低声对我说，"跟我来，我要派你第一个站岗放哨。"

哦，不会吧，我困得不行，刚要睡着。

我跟跟跄跄地走了一会儿，他说："就在这儿吧，给我睁大眼睛，竖起耳朵，警惕点儿，两个小时后我带人来替你。"

"遵命，长官。"我说。

我趴在地上警惕地看着外面，四周黑黢黢的，什么都看不见。大约 30 分钟后，我开始犯困，迷迷糊糊的时候，我好像在黑暗中看到了什么。那是什么鬼东西啊？像一个戴着一战时的头盔、身穿乳白色衣服的士兵。那人伸出一只手，像是在讨水喝或乞求帮助，要不然就是……哦，该死，那是鬼吗？我转过身去，急忙往脸上泼了点水，好让脑子清醒一些。然后我转过头再仔细看，哦，那家伙还在那儿呢。就在这一刻，我突然变成了一个极度害怕的小女孩，撒腿就跑，以最快的速度跑回了小队。中士很生气，他问我："你他妈的怎么跑回来了？"

我对他说我看见了鬼。他架起我的胳膊，把我拖回刚才"闹鬼"的地方。那里什么都没有，也许从来就没有过什么东西，我还得独自留在那儿待90分钟，看我的那个"新朋友"会不会回来。不过，我还是不相信有鬼。

谢天谢地，这一切很快结束了——多亏了一个身材高大、毛发浓密的苏格兰人，他是黑卫士兵团的人。他们一直在监视着我们，并且突然向我们发起了进攻。那人在离我不到1米的地方用步枪对着我的肚子开火了。感谢上帝，枪里是空弹，不会真的把我打死，但那该死的冲击力还是把我打倒了，我被震得喘不上气来。正在这时，仲裁员对我说："你死了。"然后给了我一条小丝带，让我把它贴在自己的制服上。我们这些"死去"的人，都被押进一辆三吨重的卡车的后车厢里，被集中运往"战俘营"。到了那儿之后，他们给了我一杯茶和一个三明治。要知道，我们已经在树林里冒着大雨睡了10天，所以这种待遇对我来说简直是奢侈，我终于不用再睡到野地里了。我心想，我怎么没有早点儿"死"呢。

回家之后，由于和露丝·萨克森的卡巴莱之旅夭折了，我们的乐队在经济上也受到了巨大的打击，这让史蒂夫·钱斯和艾伦·泰勒森感到很失望。于是他们俩没过多久就离开了乐队。听说艾伦后来在桑德兰经营着一家DIY连锁店。但乐队的其他人还没打算放弃，而且我们放出消息，乐队要招兵买马。很快我们就找到了两个非常有才华的人——汤姆·希尔（Tom Hill）和布莱恩·吉布森（Brian Gibson），他们在当地小有名气，之前都是喷嚏乐队（Sneeze）的成员，分别是贝斯手和鼓手。我们和他们两个意气相投，一拍即合。

很快我们就组成了一支有密集演出的乐队，这就是我一直梦寐以求的事情。我们每周都会在工人俱乐部和夜总会有两三场演出，有时一个晚上演两场。除了当制图员赚的工资以外，我又有了一笔不错的收入。更可喜的是，我们终于不需要再唱歌舞剧《长发》里的歌了……

这时，另一个机会不期而至。

这一次，给我们机会的是一个叫迈克·福斯特（Mike Forster）的人。他是个经纪人兼词曲作者，也是音乐圈里一位有抱负的大人物。他创办了一家名为"西拉卡2000唱片"（Circa 2000 Records）的公司。看了我们的演出之后，他想让我们录三首他写的歌，然后把这些歌卖出去，给我们签下唱片合约。于是我们回到了克莱顿街——这一次是在排练室旁的录音棚里，唱的是比较大众化的、大多数人都能接受的歌。这是我第一次在录音棚里唱歌。我的面前立着一个大麦克风，磁带在录制着——那种感觉棒极了。时至今日，肯依然保存着其中一首歌——《沿河而下》

（*Down by the River*）的母带，你可以在网上搜索到它的片段。你听的时候会发现，作为一支乐队，我们是多么充满渴望。当时的我们已经达到了较高的水准，但有些地方还不够饱满，因为实力还不够。

然而，最终我们并没有机会把我们录制的小样送到任何唱片公司里去，因为在接下来的几个星期里，贾斯珀·哈特乐队几乎失去了所有的成员，只剩下一个人。

并不是大伙儿都离开了。

而是我们的人被挖走了。

挖人的是维克·马尔科姆（Vic Malcolm），一个来自南希尔兹（South Shields）的吉他手。在英国东北部，他虽然不是摇滚明星，但也算个传奇人物。他曾在一个叫"影响"（The Influence）的乐队里待过一阵子，那支乐队里还有约翰·迈尔斯（John Miles）和鼓手保罗·汤普森（Paul Thompson）。约翰·迈尔斯后来因史诗级前卫摇滚歌曲《音乐》（*Music*）而声名鹊起。而保罗·汤普森后来加入了洛克西音乐乐队（Roxy Music）。这支乐队在1969年还发行过一支单曲，名叫《我要活下去》（*I Want to Live*）。维克和保罗·汤普森在其他几支乐队里也合作过，比如黄色乐队（Yellow）和烟道隆隆乐队（Smoke Stack Crumble），这两支乐队也都发行过单曲。他甚至还在绳索街[①]上著名的十佳俱乐部（Top 10 Club）里进行过为期两周的常驻演出。

维克是个有真本事的人——这一点毋庸置疑。

[①] 绳索街位于德国汉堡（Hamburg），是汉堡夜生活的中心，也是德国最大的红灯区，在20世纪60年代初，尚未出名的披头士乐队曾在汉堡绳索街的几家夜总会演出。——译者注

总之,当汤姆·希尔跟我说他被邀请到维克的新乐队——U.S.A.乐队去试演时,我才意识到出事了,而那时他已经被录用了。

接着,布莱恩·吉布森说他也去那儿试演了,而且被录用了。

我心里非常难受。汤姆和布莱恩·吉布森刚刚加入贾斯珀·哈特乐队不久,此时的我们比以往任何时候都更强。而且我们刚刚录制了歌曲,我觉得我们应该可以一直这么顺顺利利地走下去。

"我无法拒绝维克·马尔科姆,"汤姆叹了口气说,"那家伙很有可能会成为下一个皮特·汤曾德。"

"是啊,我知道,我知道,"我难过地承认,"如果我是你的话,可能也会这么做。"

"很高兴听到你这么说,"汤姆咧嘴一笑,说道,"因为维克也想让你参加乐队的录用试唱。"

我的试唱是在一个童子军营地里进行的,而且是在南希尔兹的一片市属住房区里。新乐队的选拔和组建都很低调。在电话里,维克只是说:"过来唱唱看吧。"

然而,当我走进屋子的那一刻起,我就看出来这件事不简单,这支新乐队也不简单。

维克是另一支乐队的吉他手。他几乎可以加入世界上任何一支重要的乐队,并完全融入其中。他演奏的歌曲和即兴片段都是他自己创作的,非常动听,朗朗上口,让人觉得既悦耳又熟悉,仿佛在收音机里听过似的。而且他本人看起来也很有魅力,无论是他手上的那把芬达吉他,还是发型和低领 T 恤,都和他的音乐风格极为匹配，更不用说他身上那些带有基思·理查兹①风格的配饰了。

我对自己说："放手去做吧，布莱恩，但千万别搞砸了。"

维克给我写了三四首歌，其中包括《别那样做》（*Don't Do That*）和《继续摇滚》（*Keep on Rockin'*）。

在开始试唱之前，我甚至从没有想过唱一首全新的歌会是什么感觉。但拥有一支别人没有的、且有潜力登上排行榜的单曲，这种感觉是独一无二的。当然，我心里也明白，俱乐部永远不会让我们演奏和演唱这些歌曲，因为他们想让我们翻唱老歌以提高上座率。但是维克并不在乎，他的目标远不只是俱乐部的演出。在他看来，如果没有自己的歌，便永远都得不到唱片合约。

"加入我们吧，"维克在我唱完歌后对我说，"当然，前提是你愿意……"

接着他向我说起了他的计划，他要带领 U.S.A. 乐队走出工人俱乐部，让乐队变得更好、更强大，然后录制小样，再把小样寄到伦敦几家唱片公司的一些熟人那里，获得唱片合约，成为专业音乐人，发行新单曲，最终成为"流行音乐之王"。这话说起来似乎很简单，而且他说得好像的确很容易。

但只有一个问题——肯。这个可怜的家伙是唯一一个没有被维克的乐队录取的人。毕竟他是个吉他手，而维克唯一不需要的就是吉他手，因为他本人就是东北部地区最好的吉他手之一。还有个特别尴尬的事情，肯和我的小姨子在一起了。事实上，贾斯

---

① 基思·理查兹（Keith Richards），英国歌手、制片人、作曲家，滚石乐队的创始人之一。——译者注

珀·哈特乐队已经走到了尽头。这太残忍了——尤其是在我们经历了露丝·萨克森的事情之后。但不论怎样，我的音乐道路还要继续走下去。

1972年初，U.S.A.乐队进行了第一场演出。

我记得演出地点是在达勒姆郡的彼得利镇（Peterlee），这是英国创建的诸多"新城镇"之一。在这里，辨别方向和定位简直就是噩梦，因为这里被划分为许多街区，每个街区的街道名称都一样，所有的红砖房子也都一模一样。我们要去的地方是一个工人俱乐部，但这里有五六个工人俱乐部，而且看上去都差不多，只是名字略有不同而已。等我们找到要去的那个俱乐部时，已经迟到了好一会儿。俱乐部的"音乐会主席"（这些人总喜欢给自己安上响亮的头衔）很不高兴。这可不该是我们第一次演出的开场方式，更让我紧张的是，演唱的还是原创新歌。

进入表演场地几分钟之后，我们的紧张情绪就慢慢消失了。维克的歌写得太棒了，几乎没有人注意到这些歌都是原创的。当我们再次唱起《别那样做》时，台下有些人甚至跟着唱了起来，令我非常惊讶。

接下来，那些曾拒绝为贾斯珀·哈特乐队提供演出机会的俱乐部和歌舞厅，也争先恐后地向U.S.A.乐队抛出了橄榄枝。六个月后，我们在克罗夫特公园（Croft Park）——布莱斯斯巴达人足球俱乐部的主场——举办了一场露天表演，那里能容纳5000人。当晚我们甚至邀请了两个乐队担任嘉宾——一个是莱特·普林斯乐队（Lyght Plynth），另一个是黄铜巷乐队（Brass Alley）。黄铜巷乐队的主唱名叫戴夫·迪奇伯恩（Dave Ditchburn），是当地的明星（直到今天，他仍是我最喜欢的歌手之一）。他和维克在一个叫文斯国王和风暴者（Vince King and the Stormers）的乐队里合作过……他们成名的主要原因是，1963 年，他们赢得了一场比赛后，曾在米德尔斯伯勒（Middlesbrough）的阿斯托里亚舞厅（Astoria Ballroom）和一支来自利物浦的热门新乐队一起演出。

没错，维克为披头士做过暖场表演。

而现在我站在舞台上，身旁就是这位大名鼎鼎的维克。

我们用不到两个月的时间就准备好了小样。然后维克和汤姆把小样带到了伦敦，看看能否引起唱片公司的兴趣。他们开着乐队的六轮福特面包车直接去了苏荷区，并且把车停在了瓦杜尔街①。在当时人们可以这样做，因为那时候还没有发明车轮锁和每小时收费 10 英镑的停车计价器。

我本来要跟他们一起去的，但那天是工作日，我得上班，所以去不了。

维克和汤姆刚把车停好，整个伦敦就停电了。这是典型的 20 世纪 70 年代的英国。所以，他们最初去的几家唱片公司都没有办法播放小样。我不知道他们有没有把小样留下，维克也不记得了。但毫无疑问，当电力恢复的时候，他们刚好到达一家名叫红色巴士（Red Bus Records）的唱片公司，这是一家新成立的公司，刚刚与百代唱片公司签订了合约，正在寻找新的乐队。这个时机

---

① 瓦杜尔街是伦敦的一条街道，是英国电影行业的集中地。——译者注

布莱恩的传奇人生

真是再好不过了。

维克和汤姆见到了一位名叫埃利斯·伊莱亚斯（Ellis Elias）的人，这个人举止得体、穿着时髦，是个标准的演艺圈人士。红色巴士唱片公司是他和一位名叫埃利奥特·科恩（Eliot Cohen）的人共同创办的。

"啊，小伙子们，这个小样里的歌很棒，是的，我很喜欢。"埃利斯听了磁带之后说道。

"所以，呃……你们会考虑……给我们打电话通知结果吗？"维克问道。

"哦，我认为没有那个必要。"埃利斯说。

当天夜里，我听到有人敲我家的门。是汤姆，他刚从伦敦回来。我被吓了一跳。

"我们他妈的成功了。"他说。

"你把小样送出去了？"我问。

"没有，但我们成功了。"

"你把我搞糊涂了，"我说，"你没把小样送出去吗？"

"我们得到唱片合约了！"

这时，我突然想起我已经结婚了，还有孩子，还有份全职的办公室工作。我当然很高兴，但与此同时，我心想……该死，我现在该怎么办？

我只有48个小时的时间作出决定。红色巴士想让U.S.A.乐队尽快赶到伦敦，录制我们的首张单曲——总共两首歌，A面和B面各一首——之后还会录制一张专辑。但他们并不保证这张专辑百分百会出。如果单曲没有激起水花，谁也不知道后面那张专辑还会不会有。我们也只能碰运气了。

卡萝尔很担心，这是当然的。一想到万一出了岔子，我们的日子会比现在还艰难，她就忧心不已。制图员的工作可能不是很赚钱，但至少是稳定的。有一份固定的工作意味着我可以养这个家，并且时常能和她一起分担家务。可如果我出去玩摇滚，卡萝尔就得留在家里，独自照顾四岁的乔安妮。不仅如此，乔安妮的妹妹卡拉也即将出生，家里又要多一个孩子，事情也就更多了。所以，这对卡萝尔来说是个很糟糕的现实。当然，除非U.S.A.乐队一炮打响，我们功成名就，过上衣食无忧的生活。

所以，现实就是这样。

这是我人生中最关键的时刻之一。如果是你，你会选择一条大多数人都会走的路，还是想搏一把，伸手抓住机会？

不过，出乎意料的是，最困扰我的事情是如何告诉周围的人我要辞职，去做一名职业音乐人。他们听了这话绝对会笑掉大牙，觉得我脑子进水了。不过话说回来，帕森斯这家公司因为业务逐渐不景气，正在裁员，所以我有了一个完美的借口，而且看样子今后还会有更多的员工被裁。纽卡斯尔的劳动力成本变得越来越高，而日本产的类似产品，价格连我们的零头都不到。帕森斯跟他们的客户解释："我们生产制造的涡轮机具备劳斯莱斯的品质，可以永远使用下去，不会坏。"但客户们知道，如果他们购买日本的涡轮机，即使用了20年之后再度更换，总费用也比帕森斯的要少很多。

我离开帕森斯的另一个原因是我们的工会代表哈里·布莱尔

（Harry Blair）是个傲慢又固执的人，他不管说什么都喜欢用战争打比方。

我是说，我挺喜欢哈里这个人，但我们总是针锋相对，话不投机，因为我无法忍受他的政治主张。有一次他甚至威胁我要把我"送到考文垂"①——这种事情在 70 年代的英国确实发生过，所以这并不是一句俏皮话。当时我坚决反对把我们工会的名称从"制图员和相关技术人员协会"（DATA）改为"技术、行政及监察科"（TASS）。我反对的理由是，TASS 也是俄罗斯国家通讯社的名字（即塔斯社②）。

"这就对了！"当我指出这一点时，哈里很激动，他甚至说，"我们正是在向他们表达兄弟般的情谊，与他们团结在一起！"

我曾当面告诉他我的感受——尤其是作为一名英国国防义勇军成员的感受。结果，他把我晾在一边，故意冷落和排挤我，整整一个星期都不跟我说话，甚至向整个办公室宣布要跟我冷战。

不过，其实哈里也是个有趣的家伙——尤其是几杯啤酒下肚之后。

比如，每年圣诞节，帕森斯的所有制图员都得"动起来"，都得在圣诞晚会上表演节目。哈里表演的节目是唱一首纽卡斯尔的传统歌曲《乔迪小伙儿弄丢了玻璃球》（*Geordie's Lost His Liggie*），这首歌写的是一个小伙子弄丢了"玻璃球"（或者玻璃珠、

---

① 考文垂（Coventry）是二战期间英国遭受轰炸破坏最大的城市，由于战争，这座城市人口锐减，工业迅速萎靡，一度沦为贫困地区的代名词。所以这句俗语一般有"把你送到荒无人烟的地方"的意思。——译者注

② 塔斯社，即俄通社－塔斯社（Information Telegraphic Agency of Russia-TASS），是苏联国家通讯社，国际性通讯社之一。——译者注

弹珠），为了找到玻璃球，他竭尽全力，用尽各种方法，包括用扫帚在厕所里找，甚至用炸药炸了厕所，最终他发现玻璃球"在自己那该死的口袋里，啦啦啦"。哈里唱得声情并茂，令全场为之倾倒——我永远感激他，因为是他让我知道了这首歌，后来，我和维克以及乐队的小伙子们还录制了一个翻唱版本，每次唱起这首歌我都会很开心。

裁员是上帝的恩赐，因为我一次性得到了 800 英镑的遣散费——对一个每周只挣 36 英镑的人来说，这是一笔巨款。我心想，万一唱片合约黄了，我还可以靠这笔钱过一段日子，同时在别的地方找一份制图员的工作。当然，这只是我一厢情愿的想法，毕竟整个英国东北部的重工业都正在衰退，而制图员这类工作就像涡轮机的订单一样在大幅度减少，甚至迅速消失。不过，这也让我对自己的冒险行为感觉好了那么一点点。

几天后，《纪事晚报》上刊登了一篇名为《未来之星》（*Stars of the Future*）的专题报道，在诸多的"未来之星"中，U.S.A. 乐队赫然在列。报道还附上了我们乐队的照片。然后我们开着那辆六轮福特面包车驶往伦敦。车上载满了我们的装备。汤姆开车，布莱恩·吉布森坐在副驾驶座上，我和维克坐在后面。每次刹车时，我跟维克的脑袋都会撞上那些扩音器，它们会像雪崩一样纷纷砸在我们身上。这趟行程并不轻松——尤其是我还得半夜出发，赶在第二天早上九点前到达伦敦，但我们一点儿也不嫌累，一路上心花怒放，笑声不断。

等我缓过神来时，才发现我们几个已经昂首阔步地走进了红色巴士唱片公司的大门。

而这也是我们从美梦中跌回现实的时候。

接下来发生了下面的事情。

"关于乐队的名字,小伙子们,"埃利斯同情地皱着眉头说,"我们不敢确定'U.S.A.'这个名字是否合适……我是说,感觉好像有点儿在暗示你们来自大洋彼岸。你们不觉得吗?"

"不……我不这么认为,"维克说,"这只是在暗示我们玩儿的是美式摇滚。"

"嗯。"埃利斯说。

"我喜欢 U.S.A. 这个名字。"我插嘴附和维克。

"我也是。"汤姆说。

埃利斯又"嗯"了一声,说:"我们正在想一个……更能体现你们特点的名字。"

"嗯……我觉得……这样做很合理。"维克说。

"我们的确是一支很有特点的乐队。"汤姆也表示赞成。

"有了!"埃利斯拍手说,"我想到了,咱们就改叫……乔迪人乐队吧。"

一阵诡异的沉默。

我们几个人震惊地看着彼此,不敢说出心中的想法。我心想,这名字也太直白了吧。对英国以外的人来说,这个名字完全没有意义,他们根本不知道乔迪人就是来自纽卡斯尔的人,也不会知道乐队里的四个小伙子都是乔迪人。更不用说,在英国的一些地方,乔迪人备受歧视,并不受欢迎。比如在桑德兰,如果我们开着一辆侧面印有"乔迪人"字样的面包车,然后把车停在桑德兰锅炉工人俱乐部（Sunderland Boilermaker's Club）门外，那么我们几个能活着走出去都是幸运的事。但埃利斯似乎完全没有考虑这些。估计这家伙除了去机场，根本没出过戈尔德斯格林[1]。

也许我们应该说点儿什么，但事实是，我们几乎不敢相信我们录唱片真的可以赚钱——现在我们要做的就是赶紧抓住这个不但不用花钱还能赚钱的机会，而不是为了这点儿小事就跟他们翻脸。

于是，会议很快结束。

我们就叫乔迪人乐队了。

---

[1] 戈尔德斯格林（Golders Green）是伦敦传统的富人区。20世纪初，这里是伦敦中产阶级犹太人喜欢居住的地方。——译者注

12

瓦杜尔街

历史上名字很烂的乐队有很多,但乔迪人乐队的名字绝对不是最烂的——毕竟还有各种奇奇怪怪的乐队名称。而且当我们第一次尝到成功的滋味时,对新名字的顾虑和担心也就消失了。

我们一离开埃利斯的办公室,就被送出了公司大楼。拐过街角,我们来到卡纳比街的一家商店,一群眼里只有钱的店员正在等待着顾客的到来。明眼人一看就知道,我们四个傻小子是来自英国东北地区的土包子。等我们从商店出来时,已经改头换面了:维克脚下穿着一双马丁靴,外面披着一件缝有许多金属亮片的及膝大衣;汤姆头上戴着一顶黑色的丝绸帽子,搭配一件宽大的棒球夹克;而我穿着一条山地风格的工装裤,脚下蹬着一双和维克一样的马丁靴,唯一的不同是鞋子侧面印着一个闪电图案。(这双靴子后来被偷了……谢天谢地,偷得好)。只有布莱恩·吉布森不愿意赶时髦,坚持穿普通的T恤和牛仔裤。最后他实在招架不住我们的攻势，被迫换上了一件带有亮片的白色连体裤。

我不敢相信一切就这么成了。我是说，我成了真正的摇滚明星。这不是梦，也不是谣言。我们穿着新买的衣服，感觉一切都很新鲜。当时的我们可真幼稚啊。

购物之旅结束后，我们特地拍了张照片留念，然后回到了红色巴士唱片公司，签了几份文件。这时我才发现，我们的"工资"是每周 45 英镑。

我记得当天下午接下来的时间里，我们一直在瓦杜尔街来回溜达，神情恍惚。

当天晚上，埃利斯要带我们出去吃饭，打算边吃边聊。在去饭馆的路上，一辆又大又豪华的轿车停在我们身旁，几个打扮入时的家伙下了车，大摇大摆地走进了一家意大利餐厅。他们是小脸乐队（Small Faces）——或者叫脸孔乐队（The Faces）——的人，在罗德·斯图尔特[①]（Rod Stewart）成为乐队主唱以后，他们开始变得出名了。我发誓我还看到了史蒂夫·马里奥特（Steve Marriott），他是我最喜欢的歌手之一，不过当时他已经离开小脸乐队，组建了内脏馅饼（Humble Pie）乐队。

这是一个令人难以置信的时刻，尽管我们刚刚签下了一份唱片合约，但我们仍然还是来自纽卡斯尔的追星族。我记得我们几个站在餐馆外面，脸贴着玻璃，看着一支最酷最顶尖的乐队的成员在与餐厅经理谈笑风生。

猜猜埃利斯当天晚上带我们去哪儿吃饭了？没错，就是小脸

---

① 罗德·斯图尔特（Rod Stewart）是 20 世纪 70 年代活跃在摇滚音乐界里最成功，并能长久保持活力的乐手。——译者注

乐队去的那家餐馆。我们也和餐馆经理开怀畅谈，他知道来这儿的所有顾客的名字。但对我们来说，这有点儿假，因为我们都是无名之辈，他们知道我们名字的唯一原因，是埃利斯办公室的一个秘书提前告诉了他们。在乔迪人乐队的时候我经常想，我们距离酷已经很近了，但还是差那么一点儿。但是当然了，我们到最后也没酷起来，而且永远不会了。

据我所知，我们出去吃饭以及其他的所有费用都是埃利斯和他的生意伙伴支付的。作为来自纽卡斯尔工人阶级家庭的穷小子，我们从来没有想过这些钱会从我们未来的版税和门票收入中扣除——每周 45 英镑的工资只占我们实际收入的一小部分，而且如果我们没有演出，工资就会暂停发放。当然，即便如此，我们还是会签署合约的。因为只要我们感兴趣，别的因素和条件都不成问题，不管摆在我们面前的是什么合约，我们都会签的①。

同时，当我们被安排在华盖俱乐部演出时——十多年前滚石乐队的首秀就是在这里——我们高兴极了，俱乐部说我们可以借用他们的室内扩音系统，不用大老远地从纽卡斯尔拖着自己的扩音系统来，这可再好不过了。我们以为他们这么做只是出于好心，但是，当然，等我们演出之后，他们狮子大开口，向我们收取了一笔巨额的"扩音系统租赁费"，并从我们的演出报酬里扣除了这笔钱，结果是我们费了半天劲，几乎没拿着一分钱。

但是不管怎样，我们可是在华盖俱乐部演出啊——《新音乐

---

① 在这份合约的第 10 页上有一个盖着红色印章的签名，声明艺术家的收入永远不超过所有收入的 10%，我们从来没有读到那么靠后的位置……——作者注

快递》甚至刊登了我们的演出广告！所以暗地里被坑了一笔钱只是个小小的损失。

我们在华盖俱乐部的演出并没那么热闹，毕竟，那些追赶潮流和时髦的年轻人，怎么可能去看来自纽卡斯尔的乔迪人乐队的演出呢。但我尽了最大的努力使全场气氛活跃起来，还蹲下来让人高马大的贝斯手汤姆·希尔趴到我的肩膀上。然后我站起身来，背着他，像疯子一样在舞台上跑来跑去。这当然引起了观众们的兴趣。华盖俱乐部的老板非常喜欢我们，还邀请我们再演几场，尽管那儿距离纽卡斯尔非常遥远。有几次，我们晚上演出之后，还会去酒馆喝杯啤酒，然后开着我们的面包车驶上那条开往伦敦中部的 A1 公路，沿路行驶大约 480 千米回家。在深更半夜，当你精疲力竭地完成演出并且喝了酒之后，开着一辆破旧的面包车大老远地赶回家，其实是件非常危险的事情。

一天晚上，我们开着车打算离开苏荷区，当时浓雾笼罩，我们找不到 A1 公路，不得不在伦敦最北部的某个地方靠边停车。当时在我们面前就有一家很大的餐厅——大雾中我们几乎看不到它。餐厅门口挂着的标志上是一个身穿白色西装、留着胡子的老头儿。更奇怪的是，尽管当时已经是夜里十一二点了，这家餐厅还在营业呢。

原来我们误打误撞地发现了英国第一家肯德基餐厅（麦当劳餐厅是 1974 年底才进入英国的）。

出于纯粹的好奇，我们走进餐厅，点了一份全家桶，然后抱着"一桶鸡肉"回到了面包车里，一边吃着鸡肉，一边喝着棕色艾尔啤酒。我们本以为这种桶装的鸡肉跟其他那些装在桶里的食物一样恶心难吃，但是，哦，我的上帝啊……这东西味道真不错。我们狼吞虎咽地吃了起来。之后又买了两三桶。这真是意料之外的惊喜。当然，我们一点儿也不在乎什么卡路里、饱和脂肪酸之类的东西，倒不是因为我们年轻或者不懂节制，而是我们压根儿不知道卡路里和饱和脂肪酸是什么玩意儿。

那个年代的无知真是一种福气。

对我们来说，最重要的时刻，是我们开着破面包车，停在赛文桥（Severn Bridge）旁边，等着跨过桥去进行演出的那一刻。当时，连向来成熟稳重的维克都像个大男孩一样上蹿下跳的。

那是1972年9月中旬，我们的第一支单曲《别那样做》即将发行。

我们已经在大理石拱门①附近的派伊录音室（Pye Studios）和荷兰公园附近的兰斯顿录音室（Lansdowne Studios）录制完了整张专辑，包括我们翻唱的老歌《乔迪小伙儿弄丢了玻璃球》——就是哈里·布莱尔在圣诞节晚会上唱的那首歌。埃利斯是制作人，还有一个非常厉害的意大利人罗伯托·达诺瓦（Roberto Danova）协助他。这个意大利人留着一头黑色的长发，还蓄着大胡子，看上去神气十足。他和汤姆·琼斯②合作过很多次，这合情合理。③

---

① 大理石拱门（Marble Arch）是一座建于19世纪的白色大理石面凯旋门，是伦敦的知名地标之一。——译者注
② 汤姆·琼斯（Tom Jones），英国歌手，自1965年出道以来，售出了过亿张唱片。——译者注
③ 我只记得罗伯托带我们去教堂大厅排练，然后问维克我们有没有更多的歌。"我有一大堆该死的好东西。"维克回答道。从那以后，一切就顺理成章了，我和维克都忘记了那些美好的时光，这让我很生气。当时，和大多数年轻的音乐家一样，我们张扬、自信、犯了不少错——但我们还很天真，犯什么错都没关系。——作者注

这张专辑将于第二年的年初发行，专辑名叫《希望你喜欢它》（*Hope You Like It*）——它的封面看起来像一份礼物，用丝带包扎，用蝴蝶结作为装饰，名称印在标签上。没错，现在看来有点儿老土，但红色巴士想把我们塑造成嬉皮笑脸的、爱闹腾的摇滚乐队，想吸引孩子和青少年。

《别那样做》这首歌完美地融合了以上这些特点。除此以外，那张专辑里都是热情奔放、动感十足的硬摇滚歌曲，还有乐队的呐喊声和掌声，中间还穿插了一些带有乡村音乐风格的间奏，"抓住你伴侣的手 / 来吧，到乔迪人的地盘来 / 大家都来 / 拿起手里的棕色艾尔啤酒，一起跳舞"。专辑的 B 面有一首歌叫《弗朗西斯是个摇滚狂》（*Francis Was a Rocker*），它的曲风更加激情热烈，表达的情感也更加纯粹直接，中间的即兴独奏当然出自维克之手。

我们把车停在赛文桥旁，坐在车里，像往常一样听着第一频道的广播。我非常确定当时正好是诺艾尔·埃德蒙兹（Noel Edmonds）的节目，因为他的节目固定在每周五的这个时段。那时候，他会在节目里播放一些他认为很不错但尚未发行的新单曲。通常情况下，只要新歌被选中，就一定能进入下周新歌排行榜的前 40 名。

"接着我们介绍下一首歌曲，它来自一支从纽卡斯尔远道而来的新乐队，"诺艾尔说，我们惊讶得下巴都快掉了，"不得不说，这首歌让我听得很开心……"

还有另一支从纽卡斯尔来的乐队吗？我们怎么不知道……

他说的那支乐队不会是我们吧……？

诺艾尔接着说："如果你们听这首歌的时候不用脚踩着地面

打拍子,那你就不是个正常人。好了,下面是——乔迪人乐队!!"

他后面还说了什么我们已经听不到了,因为车里的所有人都激动得大声尖叫起来。

这可真是……怎么说呢,在 1972 年,听到第一频道的节目播放我们的音乐时的那种巨大的兴奋感,我真不知道该怎么形容。

我高兴得差点儿哭出声了。

事实上,所有人都哭了,个个泪流满面。我们成功了!我们他妈的成功了!

车外面的人一定很好奇到底发生了什么,只听见车里的四个小伙子欢呼雀跃、大呼小叫、上蹿下跳,以至于车子都晃了起来。这时,交警挥手示意,让我们过桥,但我们不得不靠边停车,因为我们太过亢奋和激动,根本没法开车。然后我们就坐在车里,盯着收音机,听着我们自己的歌。

我们很幸运,遇到了诺艾尔,他是真心喜欢我们的歌。几天后,当轮到主持人托尼·布莱克本(Tony Blackburn)播放《别那样做》这首歌时,他说:"有时候你并不喜欢你播放的歌,但你不得不那么做,所以就这样吧……"是的,谢了,托尼。借助诺艾尔的肯定和支持,我们的单曲在那一周的排行榜里直接进入了前 40 名,排第 32 位,这样的佳绩也让我们有机会上比第一频道更大的节目。

那个节目的名字叫《流行音乐之巅》(*Top of the Pops*)。

20 世纪 70 年代的《流行音乐之巅》是一个预先录制的电视节目,每周四晚上 7:30 在 BBC 一台(BBC One)播出。它不仅仅是一档电视节目,还是一种文化呈现,是英国人成长过程中不可或缺的一部分，更是 BBC 一流的娱乐节目！几乎每个英国孩子吃完晚餐后都会观看这档节目，那本应是他们完成家庭作业的时间。而且节目的收视率非常高，观众群非常庞大，每周大约有 1500 万人。因此，在这个节目上表演——尤其是对口型演唱（我们必须这么做）是一件压力很大的事。

第一个困扰我们的问题是——上这个节目时穿什么。

我已经穿着我们在卡纳比街买的衣服拍了大约 100 张不同的照片，所以我需要新的演出服。但红色巴士不会再带我们去购物了（看到上次的购物账单后，我惊得差点儿犯了心脏病）。

最终是妈妈救了我。她用一卷原本打算用来做婚礼服装的白色布料，和一卷做晚礼服用的黑色布料，通过裁剪缝制，做成了一件具有摇滚风格的、类似纽卡斯尔联队队服[①]的上衣，我穿上这件衣服，搭配了工装裤和那双带有闪电图案的马丁靴——很遗憾，那双靴子当时还没被偷走。穿着这身衣服的我，看上去就像一个行走的三明治式广告牌[②]。但我妈妈觉得很不错，并且引以为傲。"我儿子——他太有名了，太有名了，"她向每个愿意听她炫耀的人吹嘘道，"我还给他做了一套特别的演出服，他还要穿着这套衣服上《流行音乐之巅》呢。"

至今我仍保存着那套衣服——我一直没把它们扔掉。

《流行音乐之巅》当时是在位于白城（White City）的 BBC 电视中心录制的，就在牧羊丛（*Shepherd's Bush*）的北边。于是我们开着那辆面包车出发了。现在我们已经对 A1 公路很熟悉

[①] 纽卡斯尔联队的传统队服是黑白相间的。——译者注
[②] 用三明治式广告牌进行宣传时，要将广告牌挂在人的胸前和背后。——编者注

了。一路上，兴奋之情难以抑制。当然，我们以为大家都会在演出前后互相聊聊天、打打台球，喝点儿啤酒什么的。我甚至想，结束后我还可以跟当时只有 14 岁的迈克尔·杰克逊（Michael Jackson）一起来段即兴二重唱，而维克可以跟他的伙伴们玩儿喝酒猜拳什么的。

当然了，不用说，我这是白日做梦，注定是要失望的。

最奇怪的是，BBC 与音乐家工会之间总是纷争不断，在节目开始前，我们必须在得到工会授权认可的录音棚里重新录制歌曲。当然，必须有工会成员参与录制。所以相当于和一个新的制作团队合作，而且重新录制的歌听起来必须和排行榜上的歌完全相同。对了，整个重新录音的过程必须由工会的官员监督，他们只是站在那里看着，却照样会得到报酬。这简直太荒唐了——简直是个彻头彻尾的骗局（当然，一切都是由工会来运作的）。

然而现实情况是，我们一走进录音棚，唱片公司里就有一个人去和工会代表见面，然后他们就去苏荷区或科文特花园（Covent Garden）喝酒吃饭。与此同时，我们只能干坐在录音棚里，无所事事地等待。等唱片公司的人和工会代表回来的时候——此时他们都已经醉醺醺的了——工程师会交出一份原版母带的备份，工会代表就假装那是重新录制的歌曲，尽管他很清楚那根本不是。实际上，任何唱片公司都不可能冒险为一首已经红了的歌重新录制唱片。而 BBC 也绝不会接受这样的做法。他们让我们对口型的原因很简单，就是担心歌手在现场真唱会把自己的歌搞砸（请注意，这并不是官方给出的原因——如果你要求现场真唱，他们会告诉你，吉他音箱的噪声和鼓的震动会导致镜头在给特写的时候出现抖动)。

当《别那样做》的虚假录制之旅结束后,我们就要去电视中心排练了。那时我才意识到,对于我这样的摇滚歌手——一个唱歌真的不跑调的人来说,假唱真的很难。我必须不出声地唱,而不是跟着音乐真唱,否则从我嘴里出来的声音就会传到录音棚的麦克风上,与录好的歌声冲突。我本来还期待从电视中心的扩音系统里能传出震撼嘹亮、令人兴奋、带有夜店式嘶吼的声音——但当我们把这首歌反复播放了几遍,准备上台表演时,我感觉这更像是在家里听别人唱歌。所以整件事挺令人失望的。

最终,在晚上五六点钟的时候,"现场"观众入场了,节目开始录制。就在这时,我们发现这一周的主持人竟然就是之前在广播中对我们的歌表示不满的那个家伙——托尼·布莱克本。而且,在节目中,录制工作绝大多数时候都是围绕着布莱克本进行的,工作人员负责搬运各种舞台道具,指挥伴舞女孩进场退场,以便把舞台尽快腾出来,让主持人皮笑肉不笑地进行串场和出场嘉宾介绍。那时候的布莱克本一口大白牙,穿着高领毛衣,头发看上去就像一块粘在脑袋上的乐高积木,而观众里的年轻女孩似乎大多都是常客,对乐队根本不感兴趣。

或者说,至少对我们的乐队不感兴趣。

我们尽力保持笑容,把节目进行下去。

突然间,一切就结束了,我们回到演员休息室。途中我看到了布莱克本,于是停下来把我的想法告诉了他。我对他说:"你是个主持人,不是乐评人,所以还是把你的想法憋在肚子里吧。"——不过这是白纸黑字面面上的话,而实际说的话嘛……(大家自行脑补吧）。他听了我的话，只是嘟囔了几句，然后摇摇晃晃地穿过了走廊。

演员休息室里的气氛冷若冰霜，大家都很疲惫。我依稀记得杰克逊五兄弟乐队（Jackson 5）的几个成员过来跟我们打了招呼。他们经常上节目，早就是老手了，不过是客套而已。

由于受到了不友好的对待，我们的心情都不太好，于是决定去休息区的酒吧喝几杯啤酒，然后在演员休息室凑合睡一夜。喝了几杯之后，酒保关闭了酒吧，把我们请了出去。我们刚走出去，他又把酒吧的门打开了。

这意思再明显不过了。我们本来能进入排行榜的，可惜还是没能如愿。

那期节目在三天后播出。不过一切早已被人遗忘——也许是件好事，这样就没人能看到我在节目中假唱时那副像吃了屎一样的表情了。BBC 有个规定，他们要定期清理磁带，便于重复使用。所以从 1964 年《流行音乐之巅》节目首播开始到 70 年代中期，这个节目的大部分录像都被删除了，其中包括披头士在该节目播出以来唯一的一次现场表演。

虽然整个录制过程让人很沮丧，但能上电视还是很令人兴奋的。

"我他妈的看见你了！"当我回到家走在大街上的时候，总有人对我这么说，"看着还挺精神的，不过，你得把头发剪剪了，在电视里看着乱糟糟的！"

当然了，我妈妈特别为我感到骄傲，尤其是我穿着她做的那套衣服出现在电视上。爸爸却不以为然。在节目播出的那天晚上，他和往常一样，晚上 7 点要去他常去的俱乐部喝酒。"我这辈子从来没看过什么《流行音乐之巅》,"他气呼呼地说,"现在我也不会看,如果连你都能上那个节目,肯定也没什么好看的。"

乔迪人乐队的第一次巡演开始于 1972 年底,就在《希望你喜欢它》这张专辑发行之前。在英国站,我们乘坐一辆红色双层巴士穿梭于各个演出场馆之间,那车是唱片公司从一个住在顶楼的富豪嬉皮士那里租来的。我们相继去了比利时、荷兰、斯堪的纳维亚半岛和德国,并且得到了许多大牌乐队的支持。在曼彻斯特,我们和无与伦比的苏西·奎特罗(Suzi Quatro)同台演出。在伦敦,我们在帕拉迪恩剧院(Palladium)为斯莱德乐队(Slade)当演出嘉宾,还很荣幸地见到了诺迪·霍尔德(Noddy Holder),他对我非常友好。

那个月的月底,也就是 1 月 27 日,我们原本计划要开始德国巡演,首站是在法兰克福展览中心(Messe Frankfurt),将为查克·贝里做暖场演出。但很可惜,那场演出被取消了。我们不得不再等五天才能和这位传奇吉他手同台演出。五天后,期盼已久的时刻终于来了。1973 年 2 月 1 日,也就是我们在彼得利首次登台亮相的整整一年后,在汉诺威(Hannover)的汉诺威会议中心(Hannover Congress Centrum),我们终于和自己的偶像查克·贝里站到了一起。查克每天晚上都会来,并要求提前付款——他一拿到钱就立即装进口袋里,然后走上舞台,拿着我们的设备,跟我们一起表演。

2 月 2 日,在杜塞尔多夫(Düsseldorf)的菲利普音乐厅(Philipshalle),我坐在舞台一侧的道具箱上,身旁是维克·马尔科姆。查克·贝里和他的乐队的演出正值高潮，但鼓架没有固定好，鼓手用力打鼓时，鼓架开始侧移。

这一切正好被我们看到了，于是赶紧告诉巡回演出的随团经理查理·威克斯（Charlie Wykes），让他把鼓架修好。他带人像突击队队员一样嘴里叼着钉子、手里拿着锤子，匍匐着爬过舞台，以为这样就不会被人看到了，但舞台上那么明亮，全场观众可都在看着呢。那个场面真的很滑稽。他们钉钉子时，查克正好唱到一半，他突然停下来，转头对他们说："你们在干什么呢？"

他们立刻解释了一通。查克说："你们钉钉子至少得跟着音乐的节奏吧！"

一曲终了，查克向大家致谢，他说："这场演出能顺利进行，应该感谢一个人——请为这位先生热烈鼓掌。"他指着查理说，"来，到这儿来。"查理不情不愿地走上舞台，接受了大家的起立鼓掌。

在路德维希港弗里德里希·艾伯特大厅的最后一场演出结束后，我抓住机会凑到了查克·贝里身边，向他要了签名。

他每天晚上都要用我们的设备，我想要个签名也不为过。但他的反应让我很生气，他说："我每天只签一个名，今天的已经签完了。"

也许有句老话说得对：偶像只能闻名，不可见面。

我们说说查理·威克斯吧，他的故事很有趣。作为一名巡回演出经理，他根本不知道该如何管理乐队，但他多的是力气，能扛能举，干活很卖力。他渐渐学会了修理器械设备，还学会了架鼓等颇有技术含量的工作。我们还是 U.S.A. 乐队时，当时的音乐会主席曾说："我听说过你们这几个小子，你们的歌很吵。如果你们再这么闹腾，我就让你们滚蛋，让你们再也不能在这个圈子里混下去。"

我们需要钱。所以维克·马尔科姆说："查理，今晚你在前面看着点儿，如果哪儿出问题了，比如发现我们太吵了——不管有什么问题，只要你朝我们挥挥手，我们就停下来。"

我们唱到第三首歌的时候，查理开始拼命地挥手。维克说："停下，快停下！查理，出什么事了？"

"棕色艾尔啤酒卖完了！"查理说。

我们的交通问题最终由埃利斯帮我们解决了——他送给我们一辆崭新而漂亮的奔驰面包车。他可真大方啊，后来我们才知道，要想拥有这辆车，我们必须给奔驰做广告宣传。①

不过我们并没有抱怨。这辆面包车不但让我们在出行时鸟枪换炮，也标志着我们这支乐队正在蒸蒸日上。

接着，我们又出了一支单曲，并且登上了排行榜的第 27 位，它的名字叫《一切皆因你》（*All Because of You*）。这又是一首节奏感很强的歌曲，有快速的人声伴奏，还有比之前更多的嘶吼和呐喊，中间部分的灵感来自披头士的《青春岁月》（*Twist and Shout*）——这让红色巴士公司喜出望外，破天荒地送给我们一辆全新的福特格拉纳达（Granada）。我们想，可以让巡演经理开着

---

① "新音乐特快"（The New Musical Express）是杂志和广告牌宣传活动中的标语，上面还有一张我们带着乐队装备站在那辆货车旁的照片。——作者注

面包车把我们的装备运走，我们则坐在这辆豪华的四门轿车里舒服又风光地抵达演出地点。

当我拿到那辆车的钥匙时，感觉自己开心得像个孩子。要知道，在那个年代，格拉纳达差不多跟捷豹一样豪华——绝对是一辆豪车。后来，我们在不巡演的日子里经常为谁能把这台车开回家而争吵——"嗯，这个周末我要开"，"滚蛋，你上周已经开过了"。人人都想把那台车停在自家门口。作为一个已婚男人，我不需要用豪车来泡妞，但我至少也可以开着这辆车风风光光地带我老婆去兜风。

唯一不争不抢的是维克。作为词曲主创，他得到了自己的版权合约——肯定也拿到了一笔数目可观的预付款。因为他给自己买了一辆全新的里来恩特弯刀（Reliant Scimitar）——这是有史以来最酷的跑车之一，与三轮汽车里来恩特富豪（Reliant Regal）是同一家制造商。

与此同时，维克开始和一个在奇西克（Chiswick）有自己的公寓的女孩约会。奇西克可是伦敦西区的富人区。要知道，我们每次去伦敦，都得住在红色巴士为我们租的一间位于哈克尼（Hackney）的脏兮兮的小公租房里，那实际上就是一个空荡荡的房间，里面摆着四张床垫，而维克却在城市的另一边过着锦衣玉食、舒心惬意的小日子。在录音室度过了漫长的一天后，维克可以回到公寓享受女朋友为他烹饪的美食，我们却只能在苏荷区附近的一家意大利餐馆买一份最便宜的意大利面。

尽管我们都认为维克那家伙的运气真的很好，但没人忌妒他。

没过多久，一切开始分崩离析。

你敢相信吗？在《流行音乐之巅》中首次亮相之后，乔迪人乐队后来又在节目里出现了至少 14 次。

我们的第二次亮相是为了宣传《一切皆因你》这张专辑。对我来说是这最难忘的一次——主要是因为节目嘉宾中有我的摇滚偶像罗杰·多特里。在那一周，他的首支个人单曲《付出所有》（*Giving It All Away*）登上了排行榜。

我们简直不敢相信，自己的运气竟然这么好，能和真正的摇滚之神出现在同一个节目上。

再次到白城录节目之前，我们又假模假样地重新录制了一次单曲。然后，当我们走进电视中心时，我看到一辆炫目的黄色捷豹 E-Type 车停在外面，车牌号前两位是 00，这让我不寒而栗，因为能毁了这么漂亮的汽车的人只有一个——可怕的吉米·萨维尔①。他是那一周的节目主持人。

我们在走廊里看着萨维尔从身边走过。这家伙披着一头亮眼的金发，穿着长长的皮衣，脖子上戴着一条大奖章似的项链，走起路来叮当作响。我很庆幸不用跟这人说话。他走过时没人敢靠近，从这一点就能看出这家伙是个怪人。即使是在那个年代（几十年后他令人发指的行径才被揭露出来），我也从没觉得他这个人有什么吸引力。我的意思是，不管他是在电台里，还是在主持《流行音乐之巅》的时候，或者是干别的什么事时，他都说不了一句完整的话，嘴里只会磕磕巴巴、断断续续地蹦出些词来，要

---

① 吉米·萨维尔（Jimmy Savile），BBC 电视台音乐节目主持人。2011 年，他的性侵丑闻在英国社会引发轰动。——译者注

不然就是说一些语气词，比如"好，好，好，朋友们，嗯，哦，啊，我的天哪，那后来呢？"简直是胡言乱语。但不知道为什么，BBC一个劲儿地捧他，不断给他上节目的机会，他得到的报酬也越来越多——英国人也很吃他那套，都觉得他挺好。

节目录制结束后，我们又去了演员休息室，喝了几杯啤酒，担心一个小时后会再次因为不够出名而被赶出去。但这种情况并没有发生——可能是因为罗杰在酒吧里出乎意料地跟我们打了招呼，并做了自我介绍。"伙计们，你们好吗？"当时我吓了一跳，心想，这家伙一看就是明星——他穿着最时髦的喇叭裤，领口敞得老大，露出晒得黝黑的胸脯，脖子上挂着一个金色的十字架——但没想到他这么平易近人，没有架子。他还特意对我说，我有"厉害的大嗓门"——这句话出自唱《不会再上当了》[①]的那位老兄之口，是我得到过的最高的赞赏。我不记得我们接下来又聊了什么，只记得他问我在伦敦住哪儿，我告诉他我们几个合住在哈克尼一个脏兮兮的公租房里，房间里只有四张地铺，别的什么都没有。当天晚上我们分别之前，他把我拉到一边，对我说："周日来我家吃午饭，一起聊聊天好吗？"

我心想"裤衩里点火——当然（裆燃）了！"

于是他把自己乡间别墅的地址和附近村庄的名字写下来给了我。我心想，这就是在报纸杂志上看到的那种明星聚会吧，各路明星聚在一起喝酒狂欢，想干什么就干什么。尤其是摇滚明星，我听说他们可疯狂了。

---

① 《不会再上当了》（*Won't Get Fooled Again*）是谁人乐队的作品。——译者注

那个周末，赢了格拉纳达争夺战的人不是我，所以我不得不开着那辆奔驰面包车去罗杰家。车上仍然装满了我们的装备。路程很长，实际上，我几乎开到了南部海岸，那里的风景真是美不胜收。我记得车道变得越来越窄，而我的面包车似乎变得越来越宽。最后，我终于到了……我来到一扇大门前，门后是一条长长的砾石车道，通向那座令人惊叹的17世纪庄园别墅。

我按了门口的门铃，心里嘀咕罗杰不会不记得我是谁了吧（一想到我来到了罗杰的家，我自己都觉得怪怪的）——更不用说他邀请我吃午饭了。

"你好。"一个女人的声音从对讲机里传出来，"请问是哪位？"

"你好……我叫布莱恩，布莱恩·约翰逊，是乔迪人乐队的……"

"哦，罗杰现在不在，你把车开进来，停在房子前面好了，他很快就回来。"

于是我把车开了进去，在车里等他。突然，我听到了马蹄声。抬头一看，见到了有生以来最激动人心的一幕——一匹美丽而矫健的白马向我飞奔而来，一个光着上身的赤脚男子正骑在没有马鞍的马背上，他只穿了一条浅蓝色的牛仔裤，留着一头长长的金色卷发。他似乎抓住了马的鬃毛，让马停了下来。

我心里暗暗赞叹，这样的人要不是摇滚明星，还能是什么人物呢。

"你好, 伙计，"罗杰把马停在我面前，说，"你来了多久了？"

他把我领进一个谷仓，那里被改造成了当时最先进的录音棚。

"汤曾德这次超越了自己,有了很大的突破,"他说,"这是我刚拿回来的,你听听,说说你的感觉。"那是谁人乐队的新专辑《四重人格》(*Quadrophenia*)。

这太令人惊讶了。

我们听了几首歌,当然,这张专辑里的歌都很棒,而且很快就成了经典歌曲。然后罗杰问我饿不饿。实话实说,开了这么长时间的车,我已经饿死了,于是我们回到了别墅里。

无论是他的庄园还是那顿午餐,都跟我想象的一样,甚至更棒。餐厅里有巨大的壁炉,铺着厚厚的木地板,天花板很高,透过窗户可以看到广袤辽阔的田园风光。别墅既庄严气派,又温馨舒适。餐厅里的餐桌简直像一个足球场那么大。我吃了有生以来最美味的一顿午餐,有烤牛肉、约克郡布丁,还有本地蔬菜。我感觉像做梦一样。罗杰的妻子希瑟——就是通过对讲机跟我说话的那位女士——十分亲切和善。

就在我要告辞的时候,罗杰终于解释了他当时为什么要邀请我。

"你跟我说你住在哈克尼一间脏兮兮的公租房里,"他说,"这种生活我和我太太以前也经历过。所以,我想请你到这里来,让你看看如果你坚持下去,将来会过上什么样的生活。因为音乐这条路真的没有捷径可走——如果今后我们再也没机会见面的话,我只想告诉你,我真的希望你一切顺利,梦想成真。"

最让我震惊的是,你可以看出来他句句话都发自肺腑,非常真诚。这是歌手间的交心之词——即便他已经是摇滚明星,而我只是一个籍籍无名的、来自一支不知名乐队的主唱。他真心实意地希望我能成功,还对我说:"成功的秘诀是不放弃,永远不放弃。"

接下来的一周,由于我们上了《流行音乐之巅》节目,《一切皆因你》这首歌一下子升至排行榜的第六名。这是我们乐队的第一首进入排行榜前十的歌曲,也是最后一首。

后来,当我多年沉寂,潦倒落魄,名气就像政客的承诺一样消失了的时候,罗杰的话仿佛成了遥远的回忆。但我仍然坚持着,从未放弃希望。即使在我即将三十而立,距离20岁越来越远,甚至不得不放弃做音乐,重新找一份"正经工作"的时候,我的音乐之梦始终没有磨灭。

当然,罗杰的话说得很对——音乐就像生活中的所有其他事一样,真的没有捷径可走。

不过,我很高兴地告诉大家,我们后来又见面了。

事实上,直到现在我们还经常联系。

当时我只有26岁,但我已经结婚了,后来又有了小女儿卡拉——她出生时,我正在萨默塞特(Somerset)巡演,演出结束后我急匆匆地赶回了家。我成了两个小女孩的父亲,我深深地爱着她们。所以我唯一能做的就是在一旁为我那些单身又自由的乐队伙伴们欢呼,小子们,出去疯吧,玩得开心。

但我的婚姻一直都不幸福,再加上我长期不在家,所以我和卡萝尔的关系开始分崩离析。我敢肯定,不只我一个人在想,如果当初没有选择结婚,生活会是什么样子。

这让我想起我们第二次登上《流行音乐之巅》节目后不久的一个晚上。

当时我们正在英国南部的一个美丽的乡村演出。一个女孩走到我面前,用朱莉·克里斯蒂[①]一样婉转美妙的声音对我说:"天哪,你唱得真是太棒了。"我一下子就被她迷住了。那女孩很漂亮,二十出头,一头黑色短发,自信而有魅力。我忘了她的名字,这不太好,但也没什么。总之,我们聊了起来,喝了几杯酒之后,她对我说:"布莱恩,周末请一定来找我,我住在萨里郡(Surrey)的巴格肖特(Bagshot)。我非常想让你见见我的爸爸和妈妈。"

我不知道巴格肖特在哪儿——当然也不知道它就在桑德赫斯特皇家军事学院(Royal Military Academy Sandhurst)旁边。我当时唯一的一套服饰就是我的马丁靴、乡巴佬似的工装裤,还有黄色套头衫。和以往一样,格拉纳达被别人抢走了,我仍旧开着那辆奔驰面包车去赴约。

大约一个小时后,我把车停在了一座豪宅外的砾石车道上。女孩把我介绍给她的妈妈,她妈妈40多岁,气质优雅,风韵犹存。然后我见到了她的爸爸……天哪,他是位高级军官。我心想,布莱恩,你他妈来这儿干吗?我是说,当时我头发乱糟糟的,出了一身汗,衣服还是头天晚上参加节目时穿的那一身——我恨不得找个地缝钻进去。但她爸爸对我十分友好。他有一辆市面上最豪华的菲亚特(Fiat)四门版132,我非常欣赏他对车的品位,因为像他这样的人最喜欢的车通常会是路虎,他选择的却是漂亮的意大利四门轿车。

"留下来吃晚饭好吗?"女孩的妈妈问我。

[①] 朱莉·克里斯蒂(Julie Christie),英国演员。——译者注

"好吧，如果可以的话，"我说，"我暂时不需要回伦敦。"

"哦，那就别回去了，"她说，"你跟约翰去酒吧喝两杯，回来的时候晚饭就准备好了。"

于是我和女孩的父亲一起去了酒吧——我可不敢直接喊他的名字约翰——果然，等我们回来的时候，漂亮的餐桌上早已摆满了美味佳肴，什锦炖菜的香味飘满了房间，桌子上还有昂贵的法国红酒。

吃晚饭的时候，我们喝了不少酒，我有点儿醉了，女孩一直在对我抛媚眼。这时女孩的妈妈说："哎呀，别回伦敦了，布莱恩，在这儿睡一夜吧，我们这儿有间客房。"约翰将军也说："是啊，今天是星期六，没必要赶回去，回去也是浪费时间。"

当然，当晚半夜里，我听到了敲门声。

当然，我也忘了和那个女孩说我已经结婚了。

但女孩已经猜到了。

"既然你不爱你的妻子了，为什么不离开她呢？"

"因为她会把一切都带走。"我叹了口气说。

"哦，别傻了，"她带着迷人的微笑说，"你本来也什么都没有啊。"

她说的一点儿都没错。

13

未知之路

在《一切皆因你》成功进入排行榜前十的一个月后,我们来到了德文郡(Devon)海岸的托基(Torquay)。那是 1973 年 4 月 23 日,复活节后的星期一。那一天发生的事一直存留在我的记忆中,因为在那一天,上天似乎在给我启迪,向我预示一些事情。

托基距离法国只有大约 80 千米,与法国隔着英吉利海峡。听说这里的气候接近热带,街道两旁都是高大的棕榈树。作为一个土生土长的乔迪人,我们对这个传闻深信不疑,于是在海边的一家民宿订了房间,并带上了泳裤和防晒霜。

结果那是托基历史上最冷的一个夜晚。从英吉利海峡呼啸而来的冷风和从北海刮来的风一样凛冽,天上下的不是雨,而是雨夹雪。清晨的时候,外面的地上甚至结了一层霜。

我们四个大男人挤在一个房间里,每个人都睡在一张小沙发床上,夜里一翻身就会从床上掉下来。房间里的墙皮都脱落了,床单是尼龙布的,一动弹就会有静电。当然,屋里没有暖气——除非你往房间的暖气表里扔进 5 便士的硬币。但随后我们意识到 5 便士只能供暖五分钟,于是我们就放弃了。冷风持续不断地从窗框边的缝隙里灌进来。

不过至少我们还有地方睡觉。毕竟,在那个年代,民宿的老板通常不守信用,即使你预定了房间,也有可能被转卖给别人,尤其是你晚到的时候。

房东太太并不欢迎我们。

"我会在午夜准时锁门,如果那时你们还没回来,就自认倒霉吧。"房东太太说,"至于早餐,这里有烤面包机和面包,天亮后会供应 20 分钟左右。"

"要是错过了使用时间呢?"我问。

"那就自己想办法吧。"

当晚我们的演出在托基市政厅(Torquay Town Hall)举行。从滚石乐队到谁人乐队,所有人都在那里演出过,几个月之后,大卫·鲍伊[①]也会在那里演出。

我们把车停在市政厅门口,随即注意到停在外面的一辆大巴车。那不是普通的大型公共巴士,而是一辆产自 20 世纪 50 年代初的美式巨型大巴车。车的侧面是不锈钢的,后部呈子弹状。我认出那是福莱希宝(Flxible)的克里普(Clipper)巴士,是一家澳大利亚旅游公司设计制造的,难怪是右舵的。我真不敢相信,居然有人能把这种尺寸和形状的车开到英国来。

---

① 大卫·鲍伊(David Bowie),原名大卫·罗伯特·海伍德·琼斯(David Robert Haywood Jones),英国摇滚歌手、演员。——译者注

"那是谁的车?"

"肯定是助演乐队的。"维克耸耸肩说。助演乐队通常比我们还穷,怎么租得起这么大、这么另类的车呢?

我们走进演播大厅,助演乐队还在舞台上,大约还需要表演15分钟——于是我们买了些啤酒,坐在吧台听了一会儿。

这支乐队来自澳大利亚。一年前,当他们搞砸了在英国的首演之后,便把原来的乐队名字"兄弟会"(Fraternity)改为"毒牙"(Fang)。我目不转睛地盯着乐队的主唱,因为他长得像只流浪猫,是我见过的长相最野性的人。他留着椰棕色的蘑菇头发型,少了一颗牙,有亚伯拉罕·林肯(Abraham Lincoln)式的胡子。他看起来就像个精灵。但是,我的天哪,这家伙真会唱歌,虽然唱的并不是摇滚乐,而更像是……前卫民谣。他的风格类似杰思罗·塔尔(Jethro Tull)的《活在过去》(*Living in the Past*),只不过更前卫,也更有民谣范儿。演出过程中,他甚至拿出一支木制竖笛吹了起来。要是我小时候的老师帕特森太太听了,一定会热泪盈眶。最后,他把竖笛换成了一个看起来像是把水烟枪和火箭筒结合在一起的东西,显然,那是巴松。

毒牙乐队的表演结束时,我们喝光了啤酒,然后走向后台。

"刚才那个主唱是谁?"我问一个穿着"兄弟会"T恤衫的人,不过这个名字已经成了过去时。

毫无疑问,这个叫邦·斯科特的家伙显然不是个寻常的歌手。

我想告诉你的是,我很快找到了邦所有的作品,并一一记录下来,但毒牙乐队玩的音乐真的不是我喜欢的类型。晚上演出结束的时候，我们都筋疲力尽，再加上白天一大早就开车过来，我们实在累得不行了。于是我们回到民宿，冻得直哆嗦。最后我们一咬牙，决定砸开暖气表上的硬币盒，这样就可以把五便士投进去，五分钟后再拿出来，然后再投进去，一遍又一遍重复地投。

没想到这招还真管用。但就在我们开始感觉暖和一点的时候……

突然听见了"啪——啪——啪"的声音。

"什么声音？"汤姆问。

他说这句话的时候，又传来了"啪——啪——啪"的声音。

"见鬼！"维克咬牙切齿地说，"肯定是房东太太听见我们把硬币盒砸开了！快！快把它放回去！"

我们手忙脚乱地忙活了一通，赶紧把砸开的硬币盒放回去，随后却发现那声音不是从门口传来的，而是从窗外传来的。

接着我们听到了一阵低语声："喂，喂，伙计们，听到了吗？快把窗户打开！是我们，毒牙乐队！"

当时我喝醉了，不记得发生了什么。据说，我们拉开窗帘，看见邦和几个毒牙乐队的小子站在大街上瑟瑟发抖。他们的旅游巴士坏了，里面没有暖气——因为巴士的侧板是不锈钢的，所以里面已经成了冰箱。他们说机械师正在修车——当时是夜里11:30，而且是复活节后的星期一，外面一个人都没有，真不知道他们从哪儿找来的人，正好会修理这辆巨型大巴。不管怎样，他们需要找个地方避寒，尤其是后来还下起了雨夹雪。我们只好撬开窗户，把这几个家伙拖进屋里。同时尽量轻手轻脚地行动，以免吵醒房东太太。

布莱恩的传奇人生

最后，毒牙乐队的巡演经理敲了敲我们的窗户，说他终于把那辆巴士修好了，车能发动起来了。

第二天晚上，我们在普利茅斯市政厅（Plymouth Guildhall）演出，毒牙乐队再次为我们暖场。

我对这场演出没什么印象了，只记得在演出进行到 2/3 的时候，我突然觉得肚子剧痛无比，疼得我倒在舞台上直打滚，从呻吟变成了号叫。观众们以为这是表演的一部分，被带动得激动无比，甚至开始变得疯狂。所以我强迫自己重新站起来，继续唱歌，但仅此而已——我们提前 20 分钟结束了演出，因为我得去医院进行急救。

我犯了阑尾炎。不过谢天谢地，还没有严重到需要马上做手术的地步——但我确实得长期服用抗生素了。

不管怎样，巡演还是得继续，我们一晚接一晚地演出，一周要演六七天，每天至少要开车行驶几百千米，有时开格拉纳达，有时开面包车。但当时我们还年轻，心气很高，又有冲劲儿和干劲儿，天天都像打了兴奋剂似的。那真是一段神奇的岁月。

不过很遗憾，从那之后，我没能再见到邦。但我有种很奇妙的感觉，我预感到，托基海边那个寒冷的夜晚似乎会把我们的命运交织在一起。

我真希望能再多了解他一点。

在音乐的道路上，乔迪人乐队逐渐分化出两种不同的风格，就像两支完全不同的乐队，这种分化变得越来越明显。第一支乔迪人乐队更具流行性，走的是少年颓废派路线，唱的是《别那样做》和《一切皆因你》这种曲风的歌，主要在一些时尚少女杂志上刊登报道，并且组织一些像"和乔迪人乐队同逛游乐场"这样的活动；而另一支乔迪人乐队则摒弃了偶像的包装，延续的是《黑猫女人》（Black Cat Woman）和《继续摇滚》的风格，与齐柏林飞艇[①]乐队或黑色安息日乐队有很多相似之处。媒体似乎只对第一支乔迪人乐队感兴趣，一直拿我们跟斯莱德乐队相比较。一段时间之后，这种情况变得越发令人沮丧。我们的乐队经理坚持认为我们应该走流行音乐路线。

我并不确定这样是对的。但发生在法斯兰（Faslane）潜艇基地的一件事让我心里有了谱。

当时，我们乔迪人乐队作为主角，要在基地的俱乐部演出，一支名叫"拿撒勒"（Nazareth）的乐队为我们助演。我此前从来没有听说过这支乐队，因为在格拉斯哥地区以外的地方，他们并不怎么出名，听说过他们的人并不多。在演出之前，我和这支乐队的主唱丹·麦卡弗里（Dan McCafferty）聊天，我们越聊越投机，因为我们都来自工人家庭，都是在公租房里长大的，而且都当过学徒。

台下的观众有穿着制服的水手，也有穿着便服的潜艇水兵。他们在舞池周围的墙边和吧台旁成排地站着，然后女孩们走了进来。这是个充满荷尔蒙和战斗欲的激情周五之夜，尤其是那些水兵和水手还互相看不顺眼，连空气里仿佛都充斥着暗涌的电流，

[①] 齐柏林飞艇（Led Zeppelin），英国摇滚乐队，1968年组建于伦敦。——译者注

一触即发。

丹说:"好吧,我们最好在他们打起来之前做点儿什么。"我想先看看情况再说,这时拿撒勒乐队的人已经走上舞台开始了表演。我一下子就被他们吸引了,他们狂热而豪放,声音震耳欲聋,劲爆十足,就像一道霹雳闪电,瞬间掀起了狂风暴雨。我心想,要是能加入这样的乐队就好了。先前的紧张气氛也烟消云散,所有人都被这支出色的乐队迷住了。一曲终了,观众们疯狂地呼喊着:"再来一首,再来一首。"真不知道下面就要上场的我们该怎么办。

轮到我们出场了。我们是一支颇具动感的小乐队,我们的单曲一直都在走轻摇滚流行路线。我们卖力地演出,台下掀起了一阵风暴,但跟之前的飓风和龙卷风相比,还是弱了一大截。

唱到一半时,我看到第一个啤酒瓶被扔了出去,飞向一个水手,接着是一把椅子,砸向一个水兵,很快整个俱乐部就乱作一团,打成一锅粥。再后来已经有鲜血飞溅。有人为了自保,跑到了舞台上,但他们可不是为了唱歌跳舞而上台的。

不知怎的,尽管整个俱乐部都快成疯人院了,我们居然还在继续表演。随后宪兵来了,打架的人陆续被带走,场地渐渐空了。丹走过来,给了我一杯威士忌,说道:"哦,别担心,上周那次闹得比这回厉害多了……"

1973 年余下的日子里,我们都在玩命奔波和全力拼搏,希望能够在《一切皆因你》成功的基础上更进一步。但我们的专辑《希望你喜欢它》销量持续低迷,无法让我们继续走红,这就意味着我们必须推出更多的歌曲来保持势头。那一年，我们又接连发行了三张单曲《你能做到吗》(*Can You Do It*)、《电音女郎》(*Electric Lady*)和《黑猫女人》。但只有《你能做到吗》进入了排行榜前 20 名。其他两首根本没有上榜。

这可不是什么鼓舞人心的好兆头，我们觉得必须得制作一张新专辑了。

于是我们回到了大理石拱门的派伊录音室和荷兰公园的兰斯顿录音室，请疯狂又古怪的罗伯托·达诺瓦再次操刀，为我们制作了《别被名字骗了》(*Don't Be Fooled by the Name*)这张专辑。在拍摄专辑封面照片时，我们打扮得就像阿尔·卡彭[①]式的黑帮成员——戴着黑色帽子、穿着黑色西装。我嘴里还叼着雪茄。我们的想法是，在动感轻快的《希望你喜欢它》之后，希望人们看到我们的成长。

对我来说，制作这张专辑最大的收获之一是认识了安德烈·雅克曼(André Jacquemin)。他是一位作曲家兼制作人，也负责编曲。他刚刚把自己的录音室从他父亲家的温室搬到了瓦杜尔街的红色巴士大楼里。他是巨蟒六人组[②]所有专辑的制作人——后来他还为喜剧电影《万世魔星》(*Life of Brian*)创作了詹姆斯·邦德(James Bond)式的主题曲。作为巨蟒六人组的影迷，我听过不少他的故事。对了，还有件事要告诉你，安德烈差点儿把我和他自己害死——他

[①] 阿尔·卡彭(Al Capone)，美国黑帮成员，因斗殴被对手打伤脸部留下疤痕，而拥有"疤脸"的称号。——译者注
[②] 巨蟒六人组(Monty Python)是英国六人喜剧团体，他们的"无厘头"搞笑风格在 20 世纪七八十年代颇具影响力。——译者注

有一辆邦德虫①，那是一款三个轮子的"迷你汽车"，车身造型就像一个楔子，车门是掀盖式的。整辆车看上去就像一瓣形状滑稽的橘子——因为那车恰好就是橘色的。安德烈太想炫耀这车了，非要开着它带我去兜风，结果我们差点儿被碾死在伦敦公交车的车轮下。②

在录音室里，令我难忘的还有我们录制翻唱版《旭日之屋》③的过程——那是我多年前在桑尼赛德工人俱乐部里第一次登台演出时唱的歌。我们唱了几遍，我觉得已经很好了，罗伯托却一直说："总是感觉……缺了点儿什么。"这时他突然有了灵感，开始在录音室里跑来跑去，到处都装上了麦克风，让麦克风发出嗡嗡的声音。弄完这些之后再开始录音，背景的声音也变得嗡嗡的，完全符合这首歌充满戏剧性的、阴郁的氛围。

当然，没多少人听过这首歌……因为这张专辑根本没人买。

去澳大利亚和日本巡演似乎是解决我们当下问题的最好办法。所以，1974年初，我们收拾好行李和装备就出发了。显然，我们得坐最便宜的经济舱。我们准备好了免税的烟和威士忌，以打发飞机上漫长而无聊的时间。（80年代飞机上开始禁止吸烟以后，飞往澳大利亚的航班也照样允许人们吸烟，因为没人能清醒着坚持坐那么久的飞机，不抽烟怎么受得了呢？）

我感觉好像飞了三天才到达目的地（实际上可能真的飞了三

---

① 邦德虫（Bond Bug）是70年代上市的一款造型奇葩的三轮汽车。——译者注
② 时至今日，人们仍然很喜欢这款车，在2021年的拍卖会上，有一辆1973年的原厂车以29582英镑的价格被售出。——作者注
③ 《旭日之屋》是动物乐队演唱的歌曲。——译者注

天）。我们先飞往巴林，然后转机前往新加坡，最后再到悉尼。但我们并不在意到底飞了多久，因为我们太兴奋了，特别是澳大利亚演唱会的赞助商对我们说，我们将会住在邦迪海滩（Bondi Beach）。简直不敢相信，我们即将住在南太平洋的海边，欣赏海滩上那些穿着比基尼的澳大利亚女孩。

不相信就对了，因为那完全是扯淡。我们住的房间里有两张上下床，既看不到风景，也没有空调，而且离大海足有 1.6 千米。

接着，其他的骗局和假象也开始一一暴露。我们不得不从替我们订房间的人那里又租了一套扩音设备，他从我们的门票收入中扣除了高得离谱的租赁费，而此时我们还连一分钱报酬都没看到。负责交通的人给我们提供了一辆破旧的邮政面包车，而不是真正的卡车。但我们没办法打电话给埃利斯让他帮忙解决问题，因为一旦你到了澳洲，你就他妈的被困在地球的另一端了，伙计！

我们的第一场演出是在 E.S.Marks 运动场举办的，那是一个有顶棚的露天场地，看上去就像在举办一场节日庆典似的。我们是主要演出乐队。表演时的感觉就像置身伍德斯托克音乐节（Woodstock）——巨大的舞台、超大的音响系统，成千上万的澳大利亚人聚集在一起欢呼呐喊。那感觉真是太棒了，对我们来说是极大的激励和鼓舞。

但是两天后，我们到了某个偏远地区的一个工人俱乐部演出。那是一个下午，即便在阴凉的地方，气温也有 48.9 摄氏度。那地方简直就是个垃圾场。里面全都是铁皮小屋和生锈的汽车。观众也寥寥无几，而且个个都大汗淋漓，还醉醺醺的，显然他们的心情也不怎么好。后来，我们在更衣室更换演出服时，一条巨蛇突然蹿了出来，吓得我们四个人穿着内裤、尖叫着从房间里冲了出来。要知道，我们是乔迪人，此前只在电影《人猿泰山》（*Tarzan*）里见过蛇。我们把这件事告诉演出场馆的经理，他咕哝了一句"该死"，然后大步走进更衣室，把蛇拎了出来，对我们说："你们这帮蠢货，这玩意儿根本没有毒。"这时我们才开始怀疑是有人故意把蛇放到那里的。

等回到悉尼时，我们开始犹豫这次巡回演出是不是一个明智的决定。不过，我们倒是发现了几个很不错的公园，可以带着啤酒和牛肉自助烧烤。我们还去电影院看了《驱魔人》（*The Exorcist*），被吓得屁滚尿流。

这次巡演的高潮出现在悉尼著名的小型俱乐部奇克斯（Chequers），我们在那里进行了两场演出。其中一个晚上，如果我知道马尔科姆·扬也在那儿的话，我一定能想办法见到他。我后来才知道，他去那儿是为了找回俱乐部欠他的一张支票，当他从邦那里听说了我对詹姆斯·布朗（James Brown）的模仿有多滑稽之后，决定留下来看我的演出。我不知道这是不是真的，但据说一周后，我们在悉尼郊外的霍恩斯比警察男孩俱乐部（Hornsby Police Boys Club）演出时，安格斯也来了，他不是专程来看我们演出的，只是凑巧。当然，这两次演出时，我都没有在地板上打滚扭动，也没有呻吟和号叫，不过汤姆·希尔还是在我肩膀上骑了半天。

接下来我们就该飞往东京了。我们在那里遇到了传奇的演出筹办人乌藤先生（Mr.Udo），他几年前组织筹办了齐柏林飞艇乐队在日本的巡演。

日本真是个令人难以置信的国度——街道上一尘不染；建筑工人会朝你鞠躬致敬；人人都戴着白手套；出租车的车门会自动打开。连我们订的酒店也好得不得了，每人一个房间，这待遇可是前所未有的奢侈。

乌藤先生带我们去一家日式铁板烧餐厅吃饭，那里的神户牛肉像棉花糖一样柔嫩。这无疑是我们这辈子吃过的最美味的一餐。我们还被推荐喝了点清酒，几乎是咕咚一声一饮而尽。清酒可真是好东西呀，如果你喝多了，会开始跟着别人用日语唱起日本民谣来。

如果我没记错的话，我们在日本进行了四场演出，乘坐子弹头列车穿梭于各个演出地点。我此前只听说过这种列车，但几乎不敢相信它真的存在——坐在时速超过160千米/小时的列车上，竟然感觉不到一丝摇晃，也听不到一点铁轨摩擦的声响。这真是一种非比寻常的体验。

不过我们在日本的演出现场却有点奇怪。我们每唱完一首歌，观众都会礼貌地给予我们掌声，之后就变得悄无声息，一点儿也看不出他们到底喜不喜欢我们的表演。在一次演出中，有个孩子非常兴奋，站起来激动地鼓掌。

结果他立刻被保安抓住并拖出去了。

这一年的年底，我们为深紫乐队[①]的德国巡演做暖场演出。这是我们的巨大荣耀，令人无比兴奋。但是我们所获得的成功与

[①] 深紫乐队（Deep Purple），英国摇滚乐队，是重金属和现代硬摇滚乐的先驱乐队。——译者注

传奇吉他手里奇·布莱克莫尔[①]的伟大成就比起来,就小巫见大巫了。尽管深紫乐队的阵容出现了不小的变动——大卫·科弗代尔(David Coverdale)从伊恩·吉兰(Ian Gillan)手里接过了主唱的位置,但他们的最新专辑《燃烧》(Burn)依然在大西洋两岸的众多排行榜上均挤进了前十的位置。

事实上,前来看演唱会的粉丝们基本都是冲着深紫乐队来的,所以即使我们唱得再好,乐队配合再默契,也没人关注我们。

那次巡演的另一支助演乐队名叫"耸人听闻的亚历克斯·哈维"(The Sensational Alex Harvey),这支乐队的领袖是来自格拉斯哥的疯子亚历克斯·哈维(Alex Harvey)。他的现场版《黛利拉》(Delilah)——用委婉的话说,比原版更重型,也更黑暗,很有视觉冲击力。第二年这首歌便成为他的十大热门歌曲之一。不过在那个年代,亚历克斯跟我们一样,被视为异类,且一直活在深紫乐队的光环背后。

"你知道吗,布莱恩,"亚历克斯在第一次演出前带着浓重的格拉斯哥口音对我说:"干这行,成功的秘诀就是你得引起观众的反响,对大家产生影响,这才是成功之道!所以我想今晚的演出我要稍微有一点改变……"

我一直没明白他所谓的改变是什么,直到晚上八点,我才恍然大悟。往常的表演中,亚历克斯会拿着一罐喷漆登上舞台,转过身面对昏暗的砖墙,用喷漆在墙上涂鸦,写下"万博"(Vambo

---

[①] 里奇·布莱克莫尔(Ritchie Blackmore),英国摇滚吉他手,曾先后创立深紫乐队、彩虹乐队(Rainbow)等重金属摇滚乐队,其深受古典音乐影响的吉他演奏风格及炉火纯青的个人技术,令其成为无人替代的新古典(前卫)吉他大师。——译者注

这个词（万博是亚历克斯想象中的某个超级英雄），写完后，舞台上的灯就会突然亮起来，然后亚历克斯以刺耳的吉他弹奏作为开场，乐队开始演奏《万博的大理石眼睛》（*Vambo Marble Eye*）这首歌。然而，在这个特别的夜晚，亚历克斯什么都没做，而是踢着正步走上舞台，头上戴着一顶纳粹军的尖顶帽，还留着小胡子。要知道，这场演出可是在德国进行的，那时二战才刚结束不久。震惊的吼叫声和难以置信的嘘声顿时震耳欲聋，椅子、眼镜等各种物品朝他飞过来，但他只是微笑着挥了挥手，然后迅速逃走了。

等他走下来的时候，我正站在舞台边上目瞪口呆。"瞧，这就是反响！"他从我身旁匆匆走过，朝我咧着嘴笑。接下来要演出的是我们。真是谢谢你了，亚历克斯……

不管怎样，这家伙真是不知道天高地厚。他是我见过的最天赋异禀的词作者之一。他的歌曲，比如《信仰治疗师》（*The Faith Healer*）、《锤子之歌》（*Hammer Song*）、《怒火中士》（*Sergeant Fury*）和《波士顿倾茶事件》（*Boston Tea Party*）等，都是绝对的经典。有兴趣的话你们可以把他所有的专辑都听一听。

我最后一次见到亚历克斯是在一次巡演上，我们共享一间更衣室，当时我正跟他的一个女朋友暧昧，那是一个黑发的德国姑娘，穿一身黑色紧身皮衣、黑色小皮裙和黑色及膝长靴。至少可以说，这姑娘很性感，尤其是她的德国口音，让我不禁想起我在沃克男孩俱乐部后面的草地上度过的那个夜晚。

那天晚上，这个女孩在亚历克斯演出的时候悄悄溜进更衣室，她发现更衣室里只有我和她两个人，于是给我打了个手势，我立刻心领神会。接着她脱掉了裙子，把我的裤子也拉了下来……就在这时，亚历克斯走了进来，我们俩被逮个正着。

"约翰逊，"他用手杖指着我，怒不可遏地吼道，"你他妈的居然敢在我的演唱会上造次。明天早上写份报告给我，一式三份放在我桌上！"

没有争吵，也没有恶劣的后果。他只是狡猾地对我眨了眨眼。

直到今天，我都没遇到过像他这样的人。愿上帝保佑，让你安息，亲爱的。

乔迪人乐队迫切地想要尝试点新的东西，因为《别被名字骗了》这张专辑没能引起反响，连一首热门歌曲都没有。但最后发生的一切却让我完全无法理解。

突然之间，维克不见了。直到今天我都不知道究竟是怎么回事——没人告诉我发生了什么事。前一分钟，维克还是我们的主要词曲作者和吉他手，转眼间他就离开了乐队。这似乎很不公平，因为这支乐队是他一手组建起来的。

后来乐队招进来一个主吉他手，名叫米基·本尼森（Micky Bennison）。他是汤姆的老朋友，是个不错的小伙子，吉他弹得也很好。他喜欢美国汽车，拥有一家做进口生意的公司，绰号叫"小弟弟汽车"。但当我们想把一些新歌放在一起，重新杀回排行榜时，已经没有人感兴趣了，而当我们演唱乔迪人乐队的老歌时，没有了维克的吉他声，所有的歌听起来都显得沉闷又平庸。最糟糕的是，现在我和一个几乎完全陌生的人挤在一辆面包车的后面，真是太尴尬无趣了。那种亲密无间的感觉荡然无存了。

显然，汤姆和布莱恩·吉布森也失去了对这支新乐队的热情。从德国回来之后，他们在纽卡斯尔开了一家名叫"乔迪精品店"的商店——就在皇家剧院对面，并且把大部分时间都花在了打理店铺上。汤姆是个时尚达人，会去伦敦采购商品，买些最新下架的服装——都是一些在英国北部地区找不到的服装，然后再转手卖掉。他们俩为此忙得不亦乐乎，似乎比在乔迪人乐队时还开心。

与此同时，我只能坐在家里等待时机降临。我已经好几个星期没有领到每周45英镑的薪水了，因为我们不再有定期演出——不是因为我们不想演，而是找不到任何演出机会。梦想开始被现实残忍地吞噬，显然，我们已经过气了。

一天晚上，百代唱片公司（EMI Records）的一个人来到纽卡斯尔，带我去吃印度菜。他问我这段日子在做什么。我回答："说实话，什么也没做。"然后他问我是否考虑去一家唱片公司工作。我对他说："我当然想去唱片公司工作，"不过我显然没有把这个问题当回事，于是接着说，"他们似乎总是比我赚得多……"

"那你可以做个经纪人。"他死死地盯着我的眼睛，回答道。这时我突然意识到他不是在跟我开玩笑。他其实是在探我的口风，而且真的想给我提供一个机会。

"你真的认为……我可以吗？"我问道。

"当然，"他说，"你是个有趣的家伙，为人也不错，而且上过《流行音乐之巅》节目。这正是我们需要的。你会成为公司一笔巨大的资产。"

"哦，伙计，"我尽量保持冷静，不让自己的声音显得太过激动，"这可真像做梦一样——"

"我们还可以给你配一辆公司的车。"

"好吧,我在哪儿签字?"我说。我可不是在开玩笑。

不过遗憾的是,百代唱片的那个家伙第二天晚上和电台主持人詹姆斯·威(James Whale)一起出去吃饭。出于对我的利益的考虑,詹姆斯说服了那个人不要给我这份工作。"哦,不,不,不行,布莱恩不适合做这个,他是个歌手!"他对百代唱片的人说,"你不能让他做经纪人,这样会毁了他的音乐事业!"我要说一句,詹姆斯后来成了我的好朋友,他也是城市电台《夜猫子》(*Night Owls on Metro Radi*)节目的主持人。

我知道这件事之后差点儿要掐死他,因为我那时太需要钱了。"你他妈的真是个蠢货,你为什么要对他说那些话?"但詹姆斯毫无歉意。他跟我说了原因,因为他真的相信我一定能成就一番更伟大的事业。哦,詹姆斯,我真不知道该谢谢你还是该骂你。

家里的情况很糟糕。我实在无法面对要灰头土脸地回到帕森斯重拾老本行这件事。哈里·布莱尔肯定会摆出一副得意的样子,奚落我:"我早和你说了吧。"那样的话我会更加难以忍受。再说,我以前的工作可能早就不存在了。至于靠政府救济金生活,算了吧,我这个人太骄傲了,不愿吃嗟来之食。

卡萝尔和我一样,已经束手无策了。这种经济上的压力自然也影响到了我们的婚姻。我们经常吵得不可开交。

有一天,电话铃声突然响起。

"我亲爱的摇滚明星,最近怎么样啊?"电话那头一个熟悉的声音传来。

"我穷得快揭不开锅了,埃利斯,因为你不给我发薪水。"我咬牙切齿地说。

"真的吗?天哪,好吧,那我跟会计说一声,这样可不对。好了,不管怎样,你愿意来伦敦制作新专辑吗?"

"什么新专辑?"

"乔迪人乐队的新专辑啊。"

"埃利斯……没有了维克,就没有乔迪人乐队了,这已经不是原来的乐队了。算了,我不想干了。这是个骗局,我们一次又一次被骗。我不干了,我得找份真正的工作。"

"嗯,"埃利斯想了想,说道,"可如果我能给你一套房子呢?也不行吗?"

哦,上帝啊,我心想,又来了……

14

偷渡客

那套房子位于泰恩茅斯高尔夫俱乐部（Tynemouth Golf Club）附近的普雷斯顿潘斯（Preston Grange）。那里的房子极其奢华，我可买不起。房子是全新的，有现代化的大窗户，有中央供暖系统和后花园，还有一个车库和一条车道——这对年轻的中产阶级家庭来说，简直完美至极。说实话，这真是太棒了，超乎我的想象，毕竟乔迪人乐队的唱片销量惨淡，只有一首歌进过排行榜的前十。

后来我对自己说，我一定要为埃利斯做出一张新专辑作为回报。在那个年代，沉寂后东山再起的乐队也不是没有——尽管曾经一手打造乔迪人乐队并推动乐队前进的维克已经不在了。

然而此刻，我们一方面要摆脱过去的乔迪人乐队，避免让人拿我们和斯莱德乐队进行比较；另一方面，又不能失去曾经的老粉丝——尽管我们并不知道如今的粉丝还剩下多少——这都需要我们更加谨慎地选择，以达到一种微妙的平衡。

至少红色巴士唱片公司对待这次合作还是很认真的，从他们花重金请来人称"皮普"（Pip）的菲利普·威廉斯（Philip Williams）担任制作人这一点上就能看出来。皮普曾与奇想乐队及忧郁布鲁斯乐队（The Moody Blues）都有过合作，还为现状乐队制作了《让世界摇滚起来》（*Rockin' All Over the World*）这张专辑。就这样，我们有了高水准团队的强力加持。红色巴士公司想节约成本，所以只给我们几天时间录制歌曲。不过，由于在维克被解雇之前，歌曲的创作就已经开始了，所以音乐素材倒是积累了不少。

这张新专辑的主打歌叫《她是个骗子》（*She's a Teaser*）——这是一首节奏很快的硬摇滚歌曲，在录音时加入了很多铜管乐伴奏，让它更容易被大众接受（这首歌早在制作专辑的主要部分之前就已经完成了）。

当我去伦敦录制专辑歌曲的演唱部分时，所有的背景音乐都已经制作完成了。这本身就是个预警信号。我是说，这样的作品里面完全没有乐队的精神。自然，当皮普把小样播放给我听时，我无法掩饰脸上失望的表情。

"我知道你在想什么。"皮普说，"歌曲确实没有达到最高水平。但这就是你来这里的原因……"

接下来的几天，是我与制作人合作以来关系最亲密的一段时间。这让我对这份工作充满了敬意。因为我发现要成为一名优秀的制作人，你必须既是一个音乐天才，又是一个技术奇才，同时还得是联合国级别的外交官。皮普具备以上所有的特点，甚至还有比这更多的优点。而且他很帅，身穿一件华丽的鹿皮夹克，袖子上有很多流苏，看上去就像一个美国西部拓荒者。这是我见过的最酷、最摇滚的衣服了。

于是我开始专心地记歌词，对旋律和谱子有一个粗略的了解，以便更好地发挥自己的优势和能力。当然，一开始我只是简单过了几遍，把整首歌顺下来——如果这首歌不是自己写的，那熟悉歌曲就是最基本的流程。然后我开始放松下来，在歌里加上点儿自己的即兴创作和小心思。

皮普的厉害之处在于，他能读懂我的想法，随即作出调整。他会说："咱们休息一下吧，布莱恩，咱们干活的时间够长了。你觉得晚饭后还能再来一个小时吗？虽然我并不喜欢让歌手在晚饭后唱歌。"

当然可以，那时我还年轻，所以我觉得自己任何时候都能唱歌。

最糟糕的是吃饭的时候。因为我没钱，去不起餐厅。皮普会说出他想去的一家餐厅的名字，然后看着我的脸，问道："呃……你觉得那里贵吗？"为了避免出现这种尴尬的情况，我自己带上了三明治。其实我本来也不习惯在餐厅吃饭。即便在乔迪人乐队最鼎盛的时期——时不时就上一次《流行音乐之巅》节目——我们去外面吃饭也很简单，随便找个餐厅就停车进去了，有可能是A1公路上的一家小快餐店，也有可能是开车路过的一家印度餐厅。

对了，说实话，即便是米其林星级餐厅的食物，也无法与小餐厅的"奥林匹克早餐"[①]相媲美，因为我们开了一整夜的车，

[①] 奥林匹克早餐，通常是指小餐馆里的大号早餐，包括两片培根、一根英国香肠、两个煎蛋，以及一份番茄酱烘豆，有时候还包括面包。——编者注

不到早上六点就已经饿得饥肠辘辘了。

我们在三天内录制了十几首歌。录完之后,皮普邀请我出去喝酒庆祝一下。

"我很想去,皮普,"我对他说,"但我得坐晚上 7 点的火车回家——所以我现在就得走了。"

"哦,那没有多少时间了。"他看了眼手表说,"走吧,我给你叫辆出租车。"

"不用了,皮普,我坐地铁就行。"

"坐地铁可就赶不上火车了,布莱恩。地铁在闹罢工呢。你得坐出租车去。"

这时我不得不承认,我的钱只够买张地铁票,以及回家路上的啤酒和三明治。皮普让我别再耽误时间了,说着从口袋里掏出一张 20 镑的钞票,相当于现在的 100 英镑。我告诉他这么多钱我不能要,但他还是把钱塞进了我的牛仔裤口袋里。"布莱恩,别这样,"他说,"拿着吧。"

几分钟之后,我们站在外面等出租车。皮普指了指我身上那件褪色的牛仔夹克——那还是我在戈壁沙漠独木舟俱乐部乐队时就开始穿的,它又旧又破。"这件衣服你穿多久了?"他问道。

"我也忘了,"我耸了耸肩说,"怎么了?"

"穿我的这件吧,"说着,他脱下了自己的外套——那件华丽的鹿皮夹克,"你穿着肯定好看。"

"皮普,我不能穿你的夹克,"我回绝道,"咱们才认识三天!再说这件夹克——你在哪儿买的?一看就知道很贵,花了不少钱吧!"

"布莱恩,在录音室里待三天已经是很长时间了。我们现在是朋友。这件夹克你穿着更合适。"

"皮普,这怎么行呢,我不能穿,我身上这件挺好的,不用给我!"

这时,一辆出租车停了下来,皮普把夹克扔在我面前,转身就走了。"再见了,布莱恩,"他回过头冲我喊道,"一路平安。把夹克拿上!你是个摇滚明星——所以得有摇滚明星的样子。"

对我来说,那是个很特别的时刻。当我拿起那件夹克的时候,感觉像是我偷来的,因为它让我身上的其他衣服显得更加破旧不堪——尤其是我脚上的那双鞋子。

"去国王十字车站。"我隔着车窗对司机说。司机点了点头,然后我坐进了后座……心中祈祷我弟弟莫里斯也在火车上。

你可能会纳闷,为什么莫里斯在我前面的讲述里都没怎么出现过。那是因为他大部分时间都不在我身边。

莫里斯 15 岁时,我刚开始在帕森斯做全职工作,他决定要成为一名厨师,于是去了纽卡斯尔中央车站对面的乡间酒店(The County Hotel)工作,先是做门童,后来成了餐厅的助理服务生,或者叫学徒服务生,然后慢慢成了初级厨师。他在家也经常练习。周日的午餐时间,他会给大家分餐,还会对妈妈说:"您要来点儿胡萝卜吗,女士?""需要煮土豆吗,女士?"

一天晚上,我们发现他在收拾行李。他说他要去海峡群岛(Channel Islands)的泽西岛(Jersey)。岛上的主要城镇圣赫利尔(St. Helier)有一家更大的酒店,他要去那里工作。我们一家人都是第一次听说这件事,因为莫里斯平时说话就不多。我们没有那些亲切而依依不舍的告别,他踏上火车就走了。

从那以后,我们一直没有莫里斯的消息,再后来,他回来了,给自己买了一辆时髦的兰美达(Lambretta)摩托车——有着银色的车身、双铬合金排气管,后面还有一个备用轮——真是太酷了。不过我第一次借他的车出去,就把他的备用轮胎弄坏了,直到今天我还觉得很抱歉。

然后莫里斯又走了,等他再回来的时候,给自己买了一辆凯旋(Triumph)喷火(Spitfire)跑车。

我记得有一天我回到家,看到那辆炫酷的跑车停在家门口,好奇地说:"这是谁的车?"因为附近没有人开这种车。这时莫里斯从屋里出来,我几乎认不出他了,他又长高了不少,还蓄了胡子。

在开车带我兜风之前,他还特意穿上一身老派的机车装,戴着人字纹的八角帽,还戴上了皮手套。他让我把身上脏兮兮的工作服脱掉,还让我把手洗干净再上车,洗一遍不行,得洗两遍。好吧,我不怪他。这辆喷火跑车真是太酷了,瞧瞧那控制盘、仪表盘、按钮和指示杆,还有换挡时引擎发出的邪恶的轰鸣声。

我一直很羡慕莫里斯。我在学校里一直都是品学兼优的好学生——可惜最后一次考试考砸了,后来我去了世界上最好的工程公司之一,同时还要兼职玩乐队,去外面演出赚钱。可尽管如此,我仍然身无分文。而莫里斯——这个考试从来没有及格过的人——却有钱开着这么炫酷的跑车到处兜风。

但莫里斯就是这样的。他表面上装傻,其实比任何人都聪明。

他是你见过的最可爱的家伙。从我记事起,就总有人问我:"莫里斯好吗?我可喜欢他了。"他就是这样的人。

总之……从泽西岛回来之后,莫里斯找到了一份新工作——在伦敦开往纽卡斯尔的火车头等舱里做首席乘务员。如果你跟他在同一列火车上,即使你买的是最便宜的火车票,他也会关照你。那时候,人人都想方设法利用职务之便照顾自己的家人。这是一种大家心照不宣的规则。莫里斯是个善良的小伙儿,他不仅帮助家人,对朋友也很照顾。我最好的朋友布伦丹·希利(Brendan Healy)经常去伦敦试镜(后文中对布伦丹和他的才华会有更多的介绍),他总是称莫里斯是"国王十字车站的好撒玛利亚人"。

我还没看见莫里斯本人,就先听到了他的声音。

"布莱恩?"

我立刻松了口气,然后环顾四周,发现他正站在头等舱车厢的外面。

"你要去参加牛仔和印第安人主题的化装舞会吗?"他盯着我的夹克问道。

"去你的,少贫嘴,莫里斯。"我笑道。

"来吧,自己过来。"

这是莫里斯惯用的套路。你要故意拿着票从餐车车厢走过,假装走向你坐着的经济舱,然后你旁边的车厢门会打开,你要立刻悄悄躲进去,坐在厨房靠墙的位置,不能让人看见,先抽根烟,等火车开动再站起来。这时候,他会跟你交换个眼神,给你个信号,然后领着你坐到餐车靠窗的位置上,餐桌上铺着白色的桌布,然后他会给你送来用银盘子盛着的牛排，还有啤酒，你想喝多少就喝多少。

"需要煮土豆吗，先生？"为了确保不让那些花钱的乘客怀疑，莫里斯会夸张地问你，"来点儿胡萝卜吗，先生？"

当然，火车旅途中最精彩的一幕出现在火车穿过泰恩河到达中央车站的时候——在这最后的几秒钟里，你可以看到泰恩桥最壮观美丽的景色——河面上波光粼粼。坐火车从国王十字车站到纽卡斯尔的一路上你会享受到悉心周到的服务，就像在家一样美好而舒适。

我们新出的专辑石沉大海，没有激起任何水花，连点儿波纹都没有。与玛丽·赛勒斯特号[①]不同，那艘船至少还带着点儿神秘色彩，而这张专辑简直就是个垃圾。

而且专辑的市场营销也做得很糟糕。

为了解决乔迪人乐队既要变化又不能让老粉丝感觉疏离的问题，红色巴士想出的办法是把它制作成一张"没有脸"的专辑——封面是一个裸体女人正冲出地球，手里还举着一盏闪亮的灯。主题就叫"拯救地球"，"主演"是布莱恩·约翰逊。当然，这张专辑既没有拯救地球，也没有拯救乔迪人乐队。

我记得，有一天早上，莫里斯开车去普雷斯顿潘斯。他问我："你的唱片怎么样了？我还没在收音机里听到过……"

[①] 玛丽·赛勒斯特号（Mary Celeste）是传说中的幽灵船，曾经于1872年在大西洋被人发现，当时，船上贵重的货物和值钱的东西都没有被人动过，食品和饮用水也足够人们坚持六个月，但上面却连一个船员或者乘客的人影都没有。——译者注

布莱恩的传奇人生

我跟他说这张专辑还没有正式发行——确实没有,不过通常在发行专辑之前就应该大肆做宣传了。我们发行了两首单曲,《她是个骗子》和《再见爱人》(*Goodbye Love*),却都没能进入排行榜。

"至少让我听听啊,可以吗?"莫里斯问道。

"我没有小样。"我耸了耸肩说。这倒是真的,因为别人都漠不关心,我就更不想理会了……

人们经常问我乔迪人乐队是怎么解散的,是什么时候解散的。事实上,这支乐队从来没有真正地解散过。我们既没有大吵大闹,也没有发布解散声明。而且,乐队里也没有人因为不良行为而被开除。我们甚至从来没有被唱片公司抛弃过。

只不过一切就这样无疾而终,没有下文了。

法院执行官

我作为歌手的职业生涯的第一次结束,是在普雷斯顿潘斯的家里,那一天,突然传来一阵敲门声。

我打开门,一个头戴圆顶礼帽的男人站在门口的地垫上问道:"我猜你就是约翰逊先生吧?"还没等我回答,两个身材魁梧、面容狰狞的年轻人就从那个男人身后冒了出来。几个肌肉发达的乔迪人在我面前站成了一堵墙,我吓得心跳都差点儿停住了。

"我叫某某某,今天由我来担任你的法院执行官[①]。"戴圆顶帽的男人说。我愣愣地站在原地,目瞪口呆。"现在,如果你不介意的话,这两位年轻人将进入你家,把你的家当搬走作为抵押——包括你的电视机,如果你有电视机的话。哦,还有冰箱。是的,我说的是搬走。等你把债务还清,我们就会立刻把搬走的

---

① 法院执行官是由英国郡法院法官任命的官员,其职责是在开庭时亲自或派其副手出席法庭,送达令状、执行拘传票,他们在郡法院的破产管辖权方面有相同的职责。——译者注

东西还给你。"

那是 1978 年的冬天——英国历史上最寒冷、最凄凉、最令人沮丧的冬天之一。连续不断的罢工使街道上的垃圾堆积如山——连死者都不能被好好安葬。与此同时,爱尔兰共和军正在各地制造炸弹袭击。

媒体称其为"烦恼的冬天"。这个名字再贴切不过了……而且与我的个人情况极其吻合。我已经好几个月没有演出了,这让我和卡萝尔陷入了经济危机,几近破产。取暖和饱腹之间我们只能二选其一。当然,我们之间的矛盾也愈演愈烈,只是可怜了十岁的小乔安妮和五岁的卡拉,两个女儿被夹在父母中间,不知所措。

红色巴士愿意为普雷斯顿潘斯的房子支付抵押贷款,这已经很不错了,简直出乎我的意料——但现在看着眼前的这位执行官,我意识到我应该听从自己的直觉。

"这到底是怎么回事?"我战战兢兢、磕磕巴巴地问道,害怕听到答案。

"我们这里有一份来自法院的命令,你拖欠了 500 英镑的抵押贷款,我代表利兹(Leeds)永久房屋互助协会[①],没收你等值的资产作为抵押。"执行官拿起一张带有法院签名和印章的文件解释道。

"可我没有贷款啊。"我对他说。

"嗯,我很欣赏你的诚实,"对方回答说,"大部分人都会声称贷款支票是被邮寄来的,肯定是邮政局把支票寄丢了。"

---

① 房屋互助协会是英国提供住房贷款及储蓄服务的机构。——译者注

"不是的,我的意思是……贷款是我的唱片公司负责支付的。"至少我是这么认为的。

我当着执行官的面打通了埃利斯·伊莱亚斯的电话——"你好啊,布莱恩,很高兴接到你的电话,天哪,我很抱歉,一定是搞错了,请让我跟这位执行官谈谈……"

埃利斯跟执行官叽里呱啦地说了一通屁话,我得到了48小时的"死缓"。

但法院并没有搞错。因为我没赚到钱,所以红色巴士干脆不给我还房贷了。由于抵押贷款用的是我的名字,房子也在我名下,所以我被套牢了。我早该知道会这样的,但我总是那么天真。

等我回过神来,才意识到自己已经被请到了纽卡斯尔刑事法庭。

有两件事我是幸运的。首先,法官很同情我这个即将失去房子,又请不起律师的倒霉蛋;其次,利兹永久房屋互助协会派来了一个傲慢自大又没本事的家伙担任他们的律师。

法官意识到我和红色巴士的合约是真的,不是我瞎编的,于是狠狠地教训了对方的律师。"既然约翰逊先生拥有这座房子并居住在这座房子里,那你为什么还一直给伦敦瓦杜尔街的那家唱片公司写信?"法官斥责道,"你四个月前就知道这家公司已经停止为他付贷款了!那你为什么不去找约翰逊先生本人呢?为什么要等这么久才有反应,然后给他一个措手不及,还威胁要拿走他所有的财产,把他和他的妻儿赶到大街上?我认为你们这么做就是想拿回你们的房子。你们根本不想给他机会!"

接着，法官回过头问我："约翰逊先生，你一个月能支付多少钱？"

正确的答案是："那还用问吗，这不是明摆着的嘛，法官大人。"但不知怎的，我竟然脱口而出："我每个月能付 70 英镑。"

"那么，你需要先找份工作，是吗？"他说道，"一份真正稳定的工作，而不是，呃……搞音乐。"

"是的，法官大人。您说得对，大人。"

法官敲了敲法槌，说道："兹令利兹永久房屋互助协会将欠款纳入本金余额中，并起草一份新的抵押贷款协议，规定借款人每月支付 70 英镑。约翰逊先生，你需要尽快找到一份工作，而且今后不能再延时支付了。"

为自己辩护并打赢官司的满足感，以及保住了房子的安稳心情，仅仅持续了几个小时。当卡萝尔说她要"和几个好姐妹出去庆祝一下"时，这句话不知怎的竟又引发了我们的矛盾，并升级成一场激烈的争吵。在那一刻，我们清楚地意识到这场婚姻已经没有挽救的必要了，我们必须分开了。这样的家庭环境对孩子们的成长很不利。于是我收拾好行李，上了车——我当时开的是一辆破旧不堪的大众甲壳虫（VW Beetle）——引擎的电池只有六伏，发动机的动静很小，连头上的帽子都吹不起来，更别提同时给两个车前灯供电了。我慢慢把车开走了。

当然，我只有一个地方可去——比奇大道 1 号。

那天晚上，我搬回了曾经与莫里斯和维克多合住的那个房间。我那本折了角的《莫利科学增高法》还静静地躺在床底下。第二天早上起床后，当我望向泰恩河畔的矿渣堆、铁轨和维克斯坦克工厂时，不禁纳闷，我好像不久前还和罗杰·多特里一起出现在《流行音乐之巅》里，怎么今天却沦落成这样了。于是，28岁这一年，我失去了一切，包括我的婚姻、我的事业和我的房子……不过，至少我的孩子们可以跟她们的母亲一起住在普雷斯顿潘斯。①

我至今仍然记得那种失败的可怕感觉，想起来恍如昨日。那是一段可怕、迷茫、颓丧的时期。我抑郁得睡不着觉，也吃不下饭，甚至不想去见我的朋友们，因为害怕看到他们眼中的怜悯，更不愿接受他们的好心施舍。

我也不想去看其他乐队的演出，因为那样会让我心里更难受，更希望自己也能有个乐队，跟他们做同样的事情。但是，当然，我知道我无法抗拒摇滚乐和乐队的诱惑。有趣的是，我记得，那段时间里，我看到了AC/DC乐队的演出，不是现场演出，而是他们在BBC二台一个叫《摇滚进大学》（*Rock Goes to College*）的系列节目中的表演——这个节目会直播英国各地各个大学不同学生会的演出，让大学生们尽情展示自己的风采。当时在埃塞克斯大学（Essex University）表演的AC/DC乐队在学生当中引起了巨大的轰动。不断有人对我说："你一定得见见这支乐队的那些人。"

他们的表演真是精彩得无与伦比。他们如此独树一帜，与其他乐队完全不同，我简直难以置信。安格斯简直太疯狂了，我敢肯定他那时候也就22岁左右，一身学生打扮，跟着《坏男孩布吉》（*Bad Boy Boogie*）的乐曲节奏跳脱衣舞。至于主唱，那是个天生

---

① 在接下来的几个月和几年里，我和我的妻子多次分分合合。后来，为了孩子，我们努力又试着复合了一次——尽管我们的出发点是好的，但事实证明，这样做还是有些太天真了。——作者注

的歌者，穿着黑色的紧身裤，手臂上有文身，手里拿着朗姆可乐之类的东西。我从来没想过，他就是我在托基遇到的那个人。事实上，即便有人告诉我那是他，我也不会相信的。这两个人根本没有任何相似之处，之前的他是民谣歌手，而现在的他玩的是摇滚乐。

我非常喜欢这支乐队，每一个音符都令我心潮澎湃。但是，当然了，这也提醒了我，我也有过机会，如今却一无所有。我的意思是，在摇滚圈，到了我这个年纪，早就应该混出个名堂了，如果没混出来的话，也就没什么前途了。就像法官跟我说的，是时候找一份真正的工作了。

即使我仍有勇气回到帕森斯工作，也已经太晚了。那里如今只剩下一个空壳，我得把目标放低一些。于是，我拿起了一份《纪事晚报》——就是那份曾经宣称我是"未来之星"的报纸，开始翻阅招聘广告。

我看到的第一条广告上写着："我们需要一名安装挡风玻璃的工人。"旁边还留了一个电话号码。我甚至不记得那页报纸上的其他工作是什么了。我只看到"挡风玻璃安装工"这几个字，然后心想……这能有多难？我曾为发电站绘制过蒸汽涡轮机的图纸，要知道，绘制过程中即使有千分之一英寸（约 0.0254 毫米）的测量误差，就可能会带来灾难，所以，在汽车上贴块挡风玻璃有什么难的呢，又不费脑子，不比制图简单多了？

于是我给负责招聘的人打了个电话，接电话的人叫彼得。他说"你好"时的声音可不是乔迪工人的声音。哦，不，彼得绝对不是个工人。至少他自己是这么认为的。"下午好，"他用一种非常浮夸的声音说，就好像他是一架即将飞往纽约的协和式飞机（Concorde）的机长。"我是彼得，挡风玻璃有限公司东北地区经理。有什么可以效劳的吗？"

听到他的声音，我真想用脑袋撞墙，然后大声尖叫。

可我非常需要这份工作，所以我放下自尊，继续问下去。

彼得对我说，我必须去挡风玻璃有限公司的"路边服务前方作业指挥部"进行一个"初步面试"。后来我才知道，他所谓的"指挥部"，其实就是他开的那辆福特汽车的副驾驶座，车就停在纽卡斯尔以南约 24 千米的 A1 公路上，在伯特利服务站前面。

听到彼得的"指挥部"在城外那么远的地方，倒让我松了一口气，因为这就意味着他认出我的可能性更小了。乔迪人乐队在纽卡斯尔曾经小有名气，我也算个二流明星，城市电台里也总播放我们的单曲——尤其是那首《乔迪小伙儿弄丢了玻璃球》。泰恩提兹电视台也经常在一档名为《乔迪万象》（*The Geordie Scene*）的节目里介绍我们。当然，我很难不引起别人的注意——我有一头醒目的卷发。

但是，我现在要夹着尾巴回归到原来的平凡生活了，我真希望自己会隐身术，能藏起来不见人。

面试的时间定在周五早上。

我最担心的是我的那辆甲壳虫打不着火。车钥匙早就折在钥匙孔里了，所以必须得用茶匙的把儿打开点火开关。

面试那天早上下起了雨，事实上，与其说是下雨，不如说是雷神出去喝酒，疯玩儿了一晚上，然后撒了泡尿，全都泼在我身上了。当然，甲壳虫车内的地板上有个洞，两支雨刷器的摆动速度也不一致，车头还时不时冒出滚滚浓烟，这很奇怪，烟肯定不是从引擎上冒出来的，因为引擎在后面。

按照约定，彼得把他的福特汽车停在了公路入口处。于是我把我的甲壳虫停在了他的后面，然后跳下车。豆大的雨点打在我身上，冻得我直打哆嗦。我敲了敲他副驾驶座的车窗，以为他会让我上车。

但我的人生从来都没有顺利过。

彼得抬头瞥了我一眼，伸出食指，用唇语对我说："等一下。"

我透过车窗看着他，完全不敢相信。每秒钟似乎都有几十升的雨水浸透我的衣服，灌进我的鞋子里。我心想，你他妈到底有什么重要的事，就不能先让我进你的车里吗？他甚至没有手机或笔记本电脑让他假装打字，因为那是 1978 年！他手里只有一个小记事本和一支铅笔。

我又敲了敲窗户，尽量敲得轻一点，没表现出我的怒气。

这一次，他连头都懒得抬了。

过了一会儿，等他打开车门时，我已经被淋得像一只落汤鸡一样。

"好吧，布莱恩，"他终于开口了。雨水顺着我的鼻尖滴下来，我不知道自己会不会因体温过低而死。"我在挡风玻璃有限公司的职责之一就是确保所有的装配工都有过硬的技能和敬业精神，以便胜任这样一项有极高要求的工作。所以，跟我说说吧，你有什么资质和能力？"

"我以前是个制图员,"我对他说,"所以我拿到了英国伦敦城市行业协会的证书和三级技术证书。"

我想他肯定会因此而对我满意的。毕竟这些都是很厉害的资格证书,需要做五年学徒并通过许多次考试才能获得。

"哦,"他转过头,茫然地看着我说,"我觉得你有点儿大材小用了。"

我心想,老天爷啊,快带我离开这里吧。

当天晚上彼得打电话告诉我,他已经把这份工作给了另一个有经验的人。"好吧,我知道了。"我对他说,然后挂掉了电话。几分钟后,他又打了过来,说那个更有经验的人拒绝了这份工作,因为觉得给的钱太少,所以,呃……他问我对这份工作还有没有兴趣。

几天后,我来到了位于达灵顿(Darlington)的挡风玻璃有限公司的仓库,接受彼得所谓的"为期一周的培训",用行业术语来说,就是"学习如何更换挡风玻璃"。

仓库里有许多种玻璃,你能想到的每一种汽车挡风玻璃这里几乎都有。另外,这里还有一排漂亮的白色福特面包车,车顶上有橙色的灯。第一次看到那些面包车时,我不得不承认,我对这份工作的期待值开始上升,迫不及待地想要开上其中的一辆。

接受培训的一周里,我要一直跟着一个叫诺曼的人学习。他是个沉默寡言的家伙,估计也就30多岁,戴着一副像罐头瓶底一样厚的眼镜,看上去就像个60多岁的老头儿。他似乎很不高兴我总跟在他身边。

他的对讲机响起来。我们接到的第一个任务是给一辆标致汽车换挡风玻璃，那辆车停在博尔登煤矿（Boldon Colliery）附近的一个车库里。于是我们坐上面包车一路赶了过去，路上我俩一声不吭，最后诺曼才嘟囔了一句，说他妻子给他做了午饭，他要回家去拿。

于是我们向他家驶去，又是一路沉默。

然后我们把车停在他家门口，他仍然一言不发。

我们在车里坐了一会儿，彼此还是没有说话。透过窗户，我看到他的妻子正在洗碗。然后，他叹了口气，说："天哪，她的脸就像一只正在草丛里舔尿的斗牛犬。在车上待着别动，把头低下去。"

我心想，这应该是我一生中最漫长的一个星期。

在接下来的几天里，我发现更换挡风玻璃似乎并不需要彼得所说的什么过硬技能、敬业精神和专业资质。

诺曼终于让我帮忙，而不是让我站在那里看着他了。我活儿干到一半的时候，他让我放下工具，开始"磨洋工"。根据之前的经验，我明白这就意味着他要喝一杯茶、吃点儿东西、上趟厕所，然后盯着报纸看上半天。

但是他不在的时候我觉得这么消磨时间实在太无聊，就把挡风玻璃装完了。

我实在控制不住自己，迫不及待地想干活，希望能重新谋生，养家糊口。

诺曼回来的时候看我的眼神就像看犹大一样。"你为什么要这么做？如果你干活儿太快的话，他们只会给我们更多的活儿！"

我很确定，从那以后他就完全不跟我说话了。

不过说实话，他理我和不理我实在没有多大区别。

228　　　　　　　　　　　　　　　　　　　　　　第二部分

16
上天的启示

等培训一结束，我就有了自己的面包车，上面有橙色的灯。他们告诉我要每两个晚上值一次班，随时待命。我还有自己的对讲机，更棒的是，我还有自己的呼叫暗号——"威士忌奥斯卡，1—1—1"。我承认这个暗号不怎么酷，而且，几杯酒下肚之后，如果你还记得这个暗号，我就服你。但我一点儿也不在乎，因为我非常喜欢这份新工作。

不仅仅因为我终于摆脱了红色巴士公司和音乐圈的那些骗人的把戏，更因为我终于有了稳定的生活，这可不是宽慰之词。当我开着我的小面包车出去的时候……我觉得自己在执行一项非常重要的任务。

你要知道，在那个年代，如果你正开车行驶在A1公路上，挡风玻璃突然坏了，你是无法立即拿起电话求救的，因为那时候还没有手机。你必须从车里出来，找到最近的电话亭，拨打紧急救援电话。如果你离电话亭很远，或者天已经黑了，又或是遇到倾盆大雨——就像我之前提到的"雷神撒尿"，这种天气很常见——那可就糟了，你会又累又怕，恰巧赶上冬天的话，你甚至可能会被冻死。而且，那可是70年代的英国，就算你走到电话亭，也很有可能赶上电话是坏的，这就意味着你得走到下一个电话亭去。打完电话后，你还得走回车里。

不用说，大多数人看到我的面包车停在路边的时候，都显得欣喜若狂——当我把奥斯汀·马克西（Austin Maxi）汽车的挡风玻璃修好，看着他们一家四口重新开车上路时，我感到无比欣慰，且有一种巨大的成就感。我甚至开始考虑自己创业——这就是我愿意接受并且想要获得的现实生活。但这并不意味着我要放弃唱歌——我只是说服自己，暂时把唱歌当作一种爱好。在内心深处，我仍然心怀希冀，想要证明自己能做得更好、更成功，能与音乐圈的顶尖歌手一起坚守初心。

当然，和其他工作一样，安装挡风玻璃也是件苦差事。

首先，这是一项极其艰苦的体力活儿——你会发现，自己回到家时头发上还粘着玻璃碎片和胶水，双手也因为粘了胶而黏糊糊、黑黢黢的。有时也会碰上脾气不好或性格古怪而难以应付的客户。

有一次，大约在晚上 11:30 的时候，我接到呼叫，在纽卡斯尔以南约 80 千米的斯科奇科纳（Scotch Corner），有一辆巨大的拖车，车的前挡风玻璃已经破了。那天的天气非常恶劣，狂风呼啸，暴雨如注。

拖车的玻璃又大又重，我只有站在车顶才能到够到前窗。我很害怕狂风会把我从车顶上吹下去,或者把玻璃掀倒。所以我对司机说:"你能不能帮我抓住玻璃的另一边,我好把它安上去?"司机转过头看了我一眼,然后拧开水壶的盖子,给自己倒了杯热茶,说道:"这可不是我的活儿。"

那真是个有趣的夜晚。

还有一次,我被叫去给一辆福特柯蒂娜汽车安装挡风玻璃,那辆车停在荒郊野地,我到了之后发现,司机正坐在后备厢里,里面堆满了小瓶装的威士忌,他已经喝得醉醺醺的了。我走近了仔细一瞧,前后两扇挡风玻璃都坏了。

当看到那辆车一片狼藉的样子时,我被吓了一大跳。

不管这辆车当时撞上了什么,肯定都是以极快的速度径直撞上去的,挡风玻璃都被击穿了。我从来没见过这么糟糕的场景。司机和他所有的酒都在后备厢里。他是来自爱丁堡(Edinburgh)的威士忌推销员,要把酒的样品送到A1公路沿线的所有酒店中去,进行推销。

不过当时这哥们已经神志不清了。

"兹……乌……"他连话都说不清楚了。

"砖……"我终于听清楚他说的话了。啊,难怪车的玻璃会被击穿。原来是在他前面的卡车上,有一块卡在那辆车两个后轮之间的砖头掉了下来,以飞快的速度击中了他的车,只差几厘米就打到他的脑袋了。

我回头看了看他,想知道他怎样才能清醒过来,开车回家。但那个年代与现在不同,那时候的人们每天都在做一些在今天看来会蹲监狱的事。我已经尽力去帮他了,他给了我六瓶威士忌作为小费。

1979年5月,玛格丽特·撒切尔(Margaret Thatcher)成为英国的新任首相。说实话,我认为,放眼整个英国,再也找不到比我更手脚麻利、更勤奋敬业的挡风玻璃安装工了。我对这一行了如指掌,而且真的在老实本分地赚钱。事实上,如果不是因为接下来发生的事情,我可能永远不会放弃这份工作……

当时是下午三四点——正是交通高峰期的开始,我的对讲机噼里啪啦地响了起来。"是布莱恩吗?"调度员说,"麻烦你快点儿,小伙子,我们在苏格兰角发现了一辆黑色福特柯蒂娜 Mk IV 汽车,他们急得要命。"

在那个年代,这算是一款豪车,如果是黑色的,就更贵了。所以当我跳上面包车,朝 A1 公路飞驰而去的时候,我已经知道将要面对的是上流社会的顾客。

我果然猜对了。

从我看到那辆车的那一刻起,我就能感觉到这次的工作有些不同寻常。只见车后面站着两个男人,其中一个戴着一顶巴拿马草帽和一副墨镜。还有两个家伙靠在引擎盖上。他们都身穿黑衣,抽着烟。看着他们,我突然有种感觉……一种自由的感觉。好像他们不属于这个朝九晚五的正常世界。他们身上有种我很久都没有接触过的东西,或者说是某种我错过的东西……

很多我错过了的东西。

"你叫什么名字?"其中一个抽烟的人用一种平缓而又颇具

威严的声音问道。

"布莱恩。"我回答说。

"好的,布莱恩,"他说,"是这么个情况。我们的车后面坐着一位贵宾,他今晚九点要在哈默史密斯剧院(Hammersmith Odeon)登台演出。现在已经四点一刻了——开车到伦敦有五个小时的车程……如果抓紧时间的话,也许能更快一些。"他指着那辆挡风玻璃严重损坏的柯蒂娜说道:"你最快要多长时间能把新的挡风玻璃装上?有3500人等着我们准时到达演出现场呢。"

该死,我心想。

"大概15分钟吧。"我说。

"得了,小子,别蒙我了,说实话,到底……还要多久?"

"15分钟。"

我干得很快,仿佛进入了一种忘我的状态,两分钟就把破了的挡风玻璃清理好了,小菜一碟。接着,我拿着便携式吸尘器钻进车里,同时克制住了想看一眼后面那位贵宾的冲动。然后我跑到面包车里,找到替换的玻璃和玻璃胶。把绳子缠在沟槽里,把新的玻璃搬到车旁,再把它放到合适的位置,叮叮咣咣地折腾了一通,终于把挡风玻璃装上了。

"好了。"我说,汗水顺着脸颊流下来。

"还不到15分钟呢,"那人说,"好像只用了12分钟。多少钱?"

"25英镑。"

那人立刻掏出钱包,拿出两张崭新的20英镑钞票,塞进我手里,说:"不用找钱了。"

我的天呐。

接着,他跳上驾驶座,发动引擎,准备离开……这时我才突然发现自己忘了问那位贵宾的名字。

但我还是知道了他的身份,因为那辆车刚准备开走,突然在我身前停了下来,后车窗缓缓落下,一条白花花又毛茸茸的胳膊伸了出来,那人手里拎着一件T恤。

"这个送给你。"那人说道。一听到那口纯正的伦敦腔,我瞬间感觉脊背发凉。

那声音我太熟悉了,绝不会听错。那时候,世界各地的电台,几乎时时刻刻都在播放这个人的歌。我简直不敢相信。我得到了这个人送的一件T恤——那可不是别人,而是伊安·杜里[①]……他的最新单曲《用你的节奏棒击打我》(*Hit Me with Your Rhythm Stick*)当时正在英国流行音乐排行榜上名列榜首。

我拿着T恤,呆呆地盯着自己在杜里的眼镜上反射出的影子。

车窗又被摇了上去……

轮胎摩擦地面发出了刺耳的声响,这辆柯蒂娜汽车随之呼啸着朝哈默史密斯剧院的方向驶去了。

我心里真希望坐在车里的那个人是我啊。

我低头看着手里的那件衣服——这件黑色的T恤上用白色的字写着"伊安·杜里和傻瓜们"。我努力屏住呼吸,全身的神经末梢都像着了火一样。这不仅是因为我遇到了一位摇滚明星,还因为在那个瞬间,我很清楚,自己还可以再来一次——即使我已

[①] 伊安·杜里(Ian Dury),英国男歌手,于35岁时出了首张专辑,这张专辑在英国音乐排行榜上停留一年之久。——译者注

经 30 多岁了，即使我已经尝试过一次，而且失败了。

当然，事实就是如此，我甚至不需要作出选择或取舍。

那种能量、那种自由的感觉——是我的本性。

它不仅仅是我生命的一部分，

它就是我本身。

我必须想办法重返舞台。

PART 3　　　　　　　　　　　第三部分

　　我的脑海里一片寂静。我能看到灯光，就像我第一次从飞机上跳下去时一样。我觉得自己准备好了。我给自己加油打气，暗示自己要豁出去大干一场。我这辈子从来没有过这样的冲动。从来没有过。

　　人群、音乐和乐队——它们就是我的降落伞。

17

罗比利山

伴随着一声巨响——就像一只大型动物被阉割时发出的哀嚎一样，一扇钢制的卷帘门被拉了起来，我的那套旧的扩音系统就堆放在这个仓库里。

我费了九牛二虎之力，问遍了几乎所有我认识的人，才把它找了回来。我给乔迪人乐队以前所有的巡演经纪人和司机都打过电话，问我的那套扩音系统在哪儿，但谁都不知道。最后还是埃利斯告诉我，那套设备在伦敦郊外的一个仓库里。他对我说，我随时都可以去拿——毕竟这套设备就是我的，但他不能保证那玩意儿还能用。毕竟距离上次乔迪人乐队演出已经过去快两年了。

扬声器上布满了蜘蛛网，由于多年来在路上颠簸、磕碰，上面还有不少凹陷和划痕——但所有的零件和配件都在，完好无损。这套系统不断被升级和改进，现在已经有300瓦的功率，还有一个调音台和一对巨大的JBL环绕声喇叭，足以应付大型舞台的演出。不过，好吧，我得承认，这套设备现在早就过时了，而且有些损坏，但只要插上电，它就还能用，即使有些瑕疵也没关系。

把扩音器和大音箱从仓库拖到面包车后面是一项艰巨的工作——毕竟这些设备又大又沉。我找了一个渴望成为乐队巡演经纪人的家伙来帮忙，那是一个说话轻声细语的金发男孩，名叫德里克·安德希尔（Derek Underhill），他当时才十几岁，就喜欢围着乐队转。

很快我们就把这堆东西搬进了面包车，然后把车开上了回纽卡斯尔的 A1 公路。

现在，你可能纳闷，为什么我要把旧的扩音系统取回来呢？

当然是因为我要组建一支新乐队了……

不过这次是半职业乐队，这样我就可以继续日常的工作——做一名流动的挡风玻璃安装工。

那乐队的名字是什么呢？

乔迪二世乐队——多么遵循传统啊。

除了我以外，乔迪二世没有任何老乐队里的人。

其他成员包括吉他手德里克·罗特姆（Derek Rootham）、贝斯手戴夫·罗布森（Dave Robson），鼓手是个可爱的疯子，名叫戴维·惠特克（Davy Whittaker）。他们之前都在纽卡斯尔的一个名叫"福格"（Fogg）的乐队里，主唱叫克里斯·麦克弗森（Chris McPherson），来自伦敦。福格乐队在 1974 年发行过一张专辑，名为《就是这样》（This Is It）。我们曾在一些俱乐部和酒吧里一起演出。

克里斯是个很有个性的人，操着一口伦敦腔，这口音在英国东北地区太突兀了，而且听起来很有舞台效果。说到舞台效果，我指的是在舞台上制造烟雾[①]——考虑到这支乐队的名字，这样做也很合情合理。

事实上，有一次我去看克里斯的新乐队演出，当时他们正试着用喷雾机制造一个全新的开场。他们的想法是，在表演之前，要把所有的灯都关上，然后会响起《2001 太空漫游》（*2001: A Space Odyssey*）的主题曲，同时，舞台的地板上会升起缭绕的烟雾，这时乐队成员会从后台走出来，戏剧性地跃过桌子，跳过椅子，来到舞台上。这样的设置听起来很炫酷，感觉效果也会很劲爆。但这几个小伙子没有想到的是，他们租来的那台喷雾机功率太强，而天花板又太低，雾气一旦在地板上蔓延开来，缭绕着上升（对市政厅和皇家剧院来说，情况肯定会是这样的），就会闷在室内，久久无法消散。

后来，演出的时候，所有的灯熄灭后，《2001 太空漫游》的音乐响了起来。然后——嘶嘶嘶嘶嘶——烟雾喷了出来，先是覆盖了地板，又蹿上了天花板，不到两分钟的时间，整个演出大厅烟雾弥漫，大家就像被困在了一间着火的屋子里一样，伸手不见五指，太他妈的可怕了。当然，乐队那几个家伙既看不见自己在哪里，也分辨不清方向，所以只能被困在后台。当《2001 太空漫游》的音乐结束时，乐队成员一步都没动，压根儿没迈上舞台。台下的人不停地咳嗽，泪流满面，一边擦着眼睛，捂着鼻子，一边向

[①] 福格乐队英文名为 fogg，和英文里的"雾"（fog）相似。——译者注

出口跑去。俱乐部经理不得不重新打开灯和所有的窗户，让烟雾散去，乐队才能重新回到舞台上。这是我见过的最滑稽的一幕。

乔迪二世乐队只需要一个扩音系统就行了，多亏我找到了以前的旧装备，我们的演出一分钱也没花。

首场演出是在一个周五的晚上，地点是普雷斯顿潘斯不远处的西雷默工人俱乐部（Shiremoor Working Men's Club）。

这里有着典型的俱乐部风格，演出大厅里摆着一排排的长桌和塑料椅。前面是一个闪闪发光的小舞台，还有一个男士专用酒吧、一片情侣专区和一个现场演出剧场。我们进行了几次排练，很快就配合得十分默契。这可太棒了，我们真的很期待能尽情而投入地摇滚一回。这时我的扩音系统却出了故障。

不过我们有个很棒的乐队管理员弗朗姬（Frankie），还有他的得力助手德里克，他们想办法把扩音设备修好了。

如果我说，重新回到俱乐部这种小地方演出对我来说一点儿失落感都没有，那绝对是骗人的。毕竟以前的乔迪人乐队也辉煌过，我习惯了在大型场馆和大学里演出。不过，在小场馆演出了几场之后，我也渐渐适应了。

你要一直唱下去，尽管在唱前面四五首歌的时候，你可能得不到任何回应或反馈——因为没有人想成为第一个鼓掌的人。即使现场有一些回应，也是有人在喊："太吵了，声音小点儿！"但是，只要观众席上没有传出嘘声，就证明你已经做得很好了。然后，在上半场结束的时候，主持人会冲上舞台，让你闭嘴，赶紧下台，因为宾果游戏马上就要开始了。

毕竟宾果游戏在当时是工人们最热衷、最投入的事情，所以一切都得为宾果游戏让道。游戏结束后，我们才能再次回到舞台上进行表演。

此时的人们已经喝够了，也玩够了，终于可以放松下来安心享受演出了。如果你讲笑话，他们会笑得尿裤子；如果你给他们唱熟悉的歌，他们会鼓掌欢呼。当然，你永远都不能在他们面前演唱或弹奏原创歌曲，因为任何人在周五或周六的晚上都想尽情放松，最不想做的就是集中精神，听一首陌生的歌。不过我们找到了解决的办法，就是演奏大家耳熟能详的歌曲，比如《别让我被误解》和《我们要离开这个地方》（*We Gotta Get Out of This Place*），但都加上了摇滚乐的元素。另外我们还会演奏一些鲜为人知的歌手或乐队的作品，比如博兹·斯卡格斯（Boz Scaggs）、鲍勃·西格（Bob Seger）、布鲁斯·斯普林斯汀（Bruce Springsteen）、白蛇乐队（Whitesnake）、深紫乐队和AC/DC乐队等，他们的歌是人们平时从广播里听不到的。

但有一首歌我们永远都不会唱，那就是罗德·斯图尔特的《我们在航行》（*We Are Sailing*）——后台真的写了"不许航行"几个大字——一旦唱起这首歌，人们就会过于兴奋，最后情不自禁地站上桌子，张开双臂，跟着乐队一起大声合唱。是啊，我敢肯定第一次发生这种情况的时候，大家都笑得很开心，但这首歌一旦唱起来，想停就很难了[①]。

总之……随着时间的推移，尽管我们勉强算个半专业的团队，

---

① 在马尔维纳斯群岛战争（Malvinas War）期间，这成了一个更大的问题，因为这首歌是英国海军的非官方军歌。——作者注

而且都是在这些又小又不起眼的场所演出,但我对此却有了一种全新的认识。

那是我一生中最美妙的时光。

一天晚上,我在家里接到了克里斯·麦克弗森的电话。当我第一次听到他那纯正的伦敦腔时,惊讶得心跳都漏了一拍。我以为他是想把他之前乐队里的老伙计们都拉回去。

但是他并没有这么做,而是告诉了我们另外一个消息。

"好吧,布莱恩,"他的语气听起来很轻松,看来心情不错,"我明天要去瑞士了。"

"哦,你小子运气真好啊,"我说,"去干什么?"

"加入彩虹乐队,"他回答,"龙尼·詹姆斯·戴奥(Ronnie James Dio)离开了彩虹乐队,所以他们需要一个新的主唱。我们将在日内瓦进行试唱。你知道……我觉得我能被选上,也感觉自己属于那里。你明白我的意思吗?他们看到了我在福格乐队的演唱,所以就来找我,向我发出了邀请。"

"臭小子,这么好的事竟然让你碰上了!"我的意思是,这家伙唱歌是真的不错……但这件事也太棒了。"他们就这么突然找上你了?"我问道,心里仍然震惊无比,脑子一片混乱。

"哦,不是的,不是的。他们在《新音乐快递》杂志上登了一则广告,我回复了。不过我就是他们要找的人。老实说,我觉得他们一直都有意让我加入。"

"嗯,这真是个好消息,"我说,"小子,一定要把他们震了。"

几天后,我在中央商业街看到了试唱回来的克里斯。"我真是不明白,"他耸了耸肩说,"该死,真是浪费我的时间。不过我被刷下来之后提了一下你的名字……"

"什么?真的吗?"

"兄弟,如果你被选上了,有生之年我喝酒的钱你都得付。"

我惊讶极了。虽然克里斯有点儿自以为是,但他胸襟宽广,是个不错的小伙子。他说:"我把你的电话号码留给他们了。"当然,我对自己能被选上这事儿持怀疑态度,毕竟,在乔迪人乐队这么多年,我不但没成名,反而疲惫不堪。不过我还是不由自主地感到有些兴奋,不仅仅因为我受到了大牌乐队的关注,还因为我有机会免费出国旅行了。

最后,那个电话终于打来了(的确打来了),但并不是布莱克莫尔打来的,而是一个苏格兰人,他连名字都不肯告诉我。他说他"为一支乐队工作",请歌手飞到瑞士参加试唱的费用太高,所以他们要换一种方式。这让我感到很失望,我不太明白他们换了什么方式。

"好吧,"我问道,"那你们想怎么做?要我录制一个小样给你们寄过去吗?"

"不用,"那人说,"只要在电话里唱歌就行了,等你准备好了就告诉我,我就在电话里听着。"

我立刻感受到了自己那么厌恶音乐行业的原因。

"你在开玩笑吗?"我有点儿冒火了,"我是不会在电话里唱歌的!"

"哦,那你就不用试唱了。"

"你到底是谁?"我问。

"听着,你到底要不要在电话里唱歌?"

那一刻我勃然大怒,于是双手握住听筒,深吸一口气,冲着电话咆哮,恨不得变成一只鬣狗,冲着电话那头的那只豪猪的屁股上咬一口:"你他妈的去死吧!"然后我砰的一声挂了电话。

说来有趣——我最后果然没有被选上。

乔迪二世乐队在各个工人俱乐部的演出可能都不算很轰动,但在 70 年代——尤其是在英国东北部地区,我们这种专门玩儿现场的乐队也算凤毛麟角,所以很受欢迎,邀约不断。最初这些俱乐部只关注请来的人红不红,但后来他们已经完全接受了现场演出这种形式,也就不太在意乐队火不火了。

在伦敦工人俱乐部和工会的监督下,英国各地都有俱乐部的分支,全国有数千家俱乐部,拥有将近 400 万会员,另外还有许多人在排队等着成为会员(如果我没记错的话,甚至连伦敦的国王路上都有工人俱乐部)。会员费和其他收入(更不用说还有酒水收入和宾果游戏带来的盈利)让俱乐部赚得盆满钵满,钱多到他们都不知道该怎么花了。而且由于这些俱乐部是以合作社(co-operatives)的形式经营的,所以利润全部用在了提升会员福利上,而不是被投资者拿走。

因此,他们可以邀请当时最红的艺人。雪莉·贝西[①]曾在巴特利综艺俱乐部演出,汤姆·琼斯和蒂娜·特纳也曾在俱乐部表演。就连路易斯·阿姆斯特朗(Louis Armstrong)也去过。最令人难

[①] 雪莉·贝西(Shirley Bassey),英国演员,也是英国历史上最成功的女歌手。——译者注

以置信的是，罗伊·奥比森（Roy Orbison）有一张专辑，里面的所有现场演出都是在俱乐部录制完成的。要知道，那可是一个建在西约克郡老旧污水处理厂上的俱乐部啊！

更引人注目的是，这些俱乐部由一群糟糕的委员会成员管理着，这些人可恶至极，最爱多管闲事，没事就指手画脚，而且心胸狭隘。你通过他们的着装就能一眼认出他们来：深蓝色的双排扣西装，带有俱乐部名字的领带和领针。俱乐部外面总是停着全新的斯柯达（Skoda）或者拉达（Lada）汽车，都是那些委员会成员的。有个臭名远扬的家伙——我忘了他是哪家俱乐部的头儿了——被指控挪用公款，于是，有一天晚上，他走上舞台当众宣布："我发现俱乐部里有人对我提出了严重的指控，在这儿，请这些家伙都站出来。"

是啊，你当时要对付的就是这些精明又狡猾的人。

当然，也有那么几次，我们没有屈服于俱乐部经理的淫威，而是跟他们对着干。特别是有一个家伙，他不断警告我们，如果我们不把扩音器声音关小，就要起诉我们，把我们交由纪律委员会仲裁。这种威胁和恐吓并不是空穴来风，如果被判定有错，我们就会被要求"禁止进入该区域"，因为这是他们的权力，他们可以让你永远上不了俱乐部的舞台。最后，他们自己弄了个分贝仪，亲自坐在观众席的第一排，举着那玩意儿进行监测，确保我们的音量没有超过他们所认可的范围。不过，当他们这么做的时候，我们故意不发出一丁点儿声响，只是安静地走下舞台以示抗议。那个家伙最后被愤怒的观众团团围住，因为他一个人毁了所有人原本美好的周六夜晚。

乔迪二世乐队在工人俱乐部取得了成功，因为我们并不是一支典型的摇滚乐队。这些俱乐部通常都很讨厌摇滚乐，因为声音太大，而且摇滚乐队也太自以为是。这会让一些年纪大的俱乐部成员感到厌烦。但我们不同，我们很有幽默感。比如，在演出过程中，戴维·惠特克会突然从他的凳子上站起来，把我推到一边，然后唱起《今夜无人入睡》（*Nessun Dorma*）的第一句，唱完就说结束语"非常感谢"——因为他只会唱第一句。我们会在艾弗·比格干（Ivor Biggun）的《我是个笨蛋》（*I'm a Wanker*）的音乐声中结束表演，离开舞台。整个俱乐部的人都会哈哈大笑。这一切都是我们刻意营造的效果，以表达我们真诚的善意，因此，就连最挑剔、最自负的俱乐部经理也很少找我们的麻烦。

到了1979年底，我们每周都有三四场演出，出场费也越来越高。演出太频繁了，导致我们经常会忘了自己正在哪儿表演。我们的演出时间通常是在周五、周六和周日的晚上，当我们的出场费涨到每场250英镑时，每周的这三天都被邀约排满了，于是很多俱乐部开始询问我们是否可以在工作日的晚上演出，连周二都被安排上了（那天的价格更低）。我们当然非常乐意。

这是我人生中最美好的一段时光。

我们应该在晚上10∶30结束演出，但从来没有准时过，通常都得延迟15分钟左右。然后，我们会收拾好所有的东西，回到家已是午夜时分。第二天一早还要起床去上班。有时候我们会更晚一点儿回家，会去吃印度菜，或者去迪恩街尽头的塞尔瓦烧烤店吃饭——这里是纽卡斯尔唯一一家营业至凌晨1点的饭馆。

在俱乐部演出的那些日子，我的喜剧天赋也被挖掘出来了——有几次我还开玩笑说,如果乔迪二世乐队解散了,我还能做一名喜剧演员。

我之所以这么说,是因为我看到了我的朋友布伦丹·希利的表演,那简直让我不敢相信。他从没想过自己会成为一名喜剧演员。他一开始是个键盘手和长号手,后来成了专业的音乐会指挥。但这家伙聪明又幽默,某段时间他突然发现自己说话妙语连珠,能吸引身边的所有人。于是他走上舞台说道:"女士们,先生们,很抱歉我来晚了。因为我的车坏了,只能坐公共汽车来。不过没关系……我故意假装哮喘发作了。"之后是一阵寂静无声的沉默,每个人都在琢磨他说的笑话。然后有人听懂了,并且笑出声来,接着所有人都反应过来,开始捧腹大笑——布伦丹接着说:"好吧,接下来这个笑话你们肯定也听不出来……"

从那时起,他就成了炙手可热的喜剧明星,把观众逗得哈哈大笑,所有人都被他迷得神魂颠倒[①]。

我想起了我的扩音设备寿终正寝的那个晚上——这次再也修不好了。那天晚上还有另一支乐队跟我们一起演出——主唱是一个叫马尔科姆·怀利(Malcolm Wylie)的当地人。他有两辆冰激凌车(并不是卖冰激凌用的),我们只好去问他,能否借用一下他们的扩音系统。当然,他们很乐意让我们用,但我突然发现了他们乐队里的明星——主吉他手。令我惊讶的是,这个主吉他手

[①] 布伦丹·希利曾对我说,他去看鲁契亚诺·帕瓦罗蒂(Luciano Pavarotti)的演唱会,却被赶了出来,并被终身禁止参加帕瓦罗蒂今后的任何音乐会。我问他为什么,他耸了耸肩答道:"显然,他不喜欢你掺和到他的演出里。"——作者注

竟然是个来自卡勒科茨（Cullercoats）的年仅十七的孩子，从学校辍学了。他一登上舞台，我就能感受到他那种与众不同的气质。然后他独奏了一段吉他，技术出神入化，我很好奇这么复杂的弹奏技法他究竟是怎么学会的——后来才知道，他竟然师承戴夫·布莱克（Dave Black）。

在那之后，我就没再留意这个孩子，直到几年以后，我在美国，正看电视时，突然看到杜兰杜兰乐队[1]《拯救灵魂》（*Save a Prayer*）的音乐短片出现在屏幕上。

我的天……竟然是他！

我一下子认出他就是我在俱乐部里见到的那个孩子——年轻的安迪·泰勒（Andy Taylor）[2]。

乔迪二世乐队的演出事业发展得很顺利，而我也攒够了钱开始自己做生意。这次可不是什么挡风玻璃了，而是为汽车安装定制的乙烯基塑料顶棚。对做音乐的人来说，这是份很棒的工作，因为车库要到早上九十点钟才会开门，有时甚至更晚。这样一来，如果我演出到半夜，回家就有时间补觉了。毕竟每周的大多数晚上我都要演出。

一开始，我是和一个叫吉姆（Jim）的家伙合伙创业，他的哥哥给我们买了一辆面包车。后来，我得了流感，病了一个星期，好几天没有工作，吉姆便把我解雇了。从那以后，我就自己干了。我没有再找合伙人，而是雇了一个给我打下手的小伙子，他叫

---

[1] 杜兰杜兰乐队（Duran Duran），20世纪80年代红遍大西洋两岸的超级乐队。——译者注
[2] 安迪·泰勒是杜兰杜兰乐队的吉他手。——译者注

肯·沃克（Ken Walker），我们在纽卡斯尔码头区的拱门下开了一家店。

肯最大的一个优点就是声音好听，优雅而富有磁性，尤其是接电话的时候。他听话、聪明、勤劳肯干，总是乐呵呵的，而且在管理方面做得也非常出色。

多亏了我的这门生意，我差点儿就找到了新老婆。

我就不提那个女孩的名字了，因为她后来嫁给了别人。有一天晚上，她和一个朋友去看乔迪二世乐队的演出，她们就在舞台前面跳舞。你一眼就能看出她是个气质出众的女孩。她长得很迷人，穿得也很漂亮，她们玩得很开心，但没有喝得太醉。总之，后来我们聊了起来，我邀请她在演出结束后跟我和乐队里的几个小伙子一起去吃印度菜。于是，我们收拾完装备之后，她和她的朋友开着车，跟在我们的面包车后面，到一家印度餐厅去吃饭。

吃晚饭时，我告诉了她我在做什么生意。她说她刚刚给自己买了辆全新的达特桑彻利（Datsun Cherry）汽车，但那车没有塑料顶棚，现在后悔不已。我告诉她，我为盖茨黑德的所有达特桑汽车都做了塑料顶棚，每次收40英镑的服务费——之后那些商家就会把这些加了顶棚的车重新标注为"豪华级"轿车，并把价格提高到令人咋舌的250英镑。如果她把车开到我的店里，我会免费给她安装塑料顶棚。

于是，在那个周六，女孩把车放到我的店里，就去逛街了。我给她的车装上了超豪华的"美式"顶棚，边缘装饰得很漂亮，还加上了细条纹图案。当然，我没有收她的钱。一个小时后，当她看到装饰一新的顶棚时，惊讶得难以置信。这就是我做这门生意的原因——我很享受我的客人们在看到崭新的汽车顶棚时那种既惊讶又欢喜的表情,这让我有了强烈的自豪感和满足感。我给许多车做过顶棚,有的车已经开了两三年,有些旧了,但是装了新顶棚之后会立刻焕然一新。

女孩正要把车开走,我立刻过去问她,想不想去伯特利再看一场我们乐队的演出。她笑着对我说:"我很乐意。"还说她就住在伯特利附近的切斯特勒街。

接下来的几个星期,我们一直在交往,我了解到她是天美时(Timex)手表店的经理,那家店在商业区,离她家不远。几年前,她年仅二十五的丈夫死于癌症,那是一段令人伤心的往事。现在她也快 30 岁了,并且厌倦了独自一人的生活。于是,后来的一天晚上,她邀请我到她家过夜……从那以后,我们就在一起了。考虑到我只是和卡萝尔分居,距离办完离婚手续还有好几年的时间,所以我们尽量低调地保持着恋爱关系。她最想要的是结婚、生儿育女、过安定的生活。如果我一边做顶棚生意,一边和乐队成员一起参加演出,我们或许能够安稳地生活在一起。但是,摇滚乐还给我安排了更大的事情,在前面等着我呢。

我们的演出越火爆,我接到的试唱电话就越多。

这可有些难办了。尽管我很想与戴夫、戴维和德里克待在一起,但当一个更大牌的乐队邀请我去试唱时,我是无法拒绝的。所以当曼弗雷德·曼的地球乐队(Earth Band)找到我,问我是否愿意当他们的新主唱时 [他们的主唱——伟大的克里斯·汤普森(Chris Thompson)刚刚离开并组建了自己的新乐队],我实在想不出拒绝的理由，反正我也得去趟伦敦买些生意上用的材料。

他们寄给我一盘磁带，里面有一首《被光遮蔽》（Blinded by the Light），是他们几年前的热门单曲。我跟着唱了几遍，一边记歌词，一边心想，这真不是我的风格。

试唱是在伦敦的一个录音室里进行的，时间是上午10点左右。我和肯经常要去伦敦采购塑料顶棚，这两件事正好可以一起做了。我走进录音室，看到的第一个人是个胖乎乎的嬉皮士，留着长长的头发和胡子，他对我说他刚从布特林（Butlin）度假村回来。我问他是不是去那儿度假，其实我心里想的是，这是你的事，跟我有什么关系。他说："哦，不是，我去那儿演出。我们不巡演的时候就去各处演出，赚点儿小钱。"

这时我才意识到，地球乐队不过是一群由曼弗雷德·曼花钱雇来的人，只是以他的名义组建在一起而已。曼弗雷德是个键盘手，来自南非，在60年代有过不少大热的作品。这时，曼弗雷德走了进来，戴着约翰·列侬（John Lennon）式的眼镜，下巴上留着小胡子，头发乱蓬蓬的。他正在大声朗读他母亲写给他的一封信，里面讲了很多生活琐事，这些琐事我永远都不想听我妈妈跟我念叨。我一刻也待不下去了，只想尽快离开那里。

"听着，"我对曼弗雷德说，"我很感谢你的邀请，也很想礼貌地过来唱一唱磁带里的歌，但我觉得你需要的是一个愿意翻唱歌曲的人。你有原创的歌曲吗？"

曼弗雷德——或者曼先生，或者随便叫什么——用不可思议的眼神看着我，就好像我疯了似的。其实，这家伙事业成功靠的就是翻唱，所以他一定以为我是在开玩笑。我甚至不确定自己那天早上唱的是什么，但很显然，这种事我干不了。

过了几天，我回到自己的店里，正在装塑料顶棚时，电话又响了。

"你好，我是尤赖亚·希普（Uriah Heep），不知你是否愿意——"

他的话还没说完，就被我打断了，然后我说出了最解气的三个字："不，谢谢。"

1978年，法院执行官敲响了我家的大门，标志着我职业歌手生涯的第一次终结。1980年初的一个晚上，在罗布利山社交俱乐部（Lobley Hill Social Club），我的职业歌手生涯再次开启——或者，更确切地说，是在那个俱乐部里的某个人这么告诉我的。鉴于乔迪二世乐队进行了那么多场演出，并且十分火爆，非常受人欢迎，我只能相信那个人的话。

那天晚上，我从自己的店里出来就直接去演出了——当时我和镇上的几个汽车经销商都签订了合同，生意很红火，所以我的头发上总是有胶水和乙烯基碎屑，两只手也总是脏兮兮的，脚上的白色运动鞋几乎要被我穿烂了……

当然，像罗布利山这样的俱乐部没有带浴室和储物柜的更衣室，所以我别无选择，只能穿得像个工人一样上台表演。这种情况经常发生，因为我总是放下工作就赶去演出，根本没时间换衣服。

然而，幸运的是，我们的乐队经纪人助理德里克——那个说话轻声细语的金发男孩——发现自己的皮包里有一件多余的T恤，他说可以把这件T恤借给我穿。那件T恤看起来像美式橄榄球衫,黑蓝相间,胸前印着白色的数字"22",肩膀和手臂的位置有黄白相间的条纹。不过这件T恤很干净,嗯——就像乐队经纪人的备用T恤一样干净——而且这件衣服的确很适合我,所以我一直穿着它进行表演。

那天晚上的演出令人震撼。

很多年轻人从东北地区各地赶来看乔迪二世乐队的演出,俱乐部门口站满了人,队伍排了大半条街,水泄不通,热闹非凡。我看见俱乐部经理满头大汗地跑来跑去,不敢相信他的俱乐部生意竟能如此火爆。

当晚我弟弟莫里斯也挤在人群里——还有红色巴士公司派来的一名代表,这是谁都没有料到的。瓦杜尔街的人肯定是听说了乔迪二世乐队现在成了东北地区最火爆的现场表演乐队之一。

这是个工人俱乐部,玩宾果游戏时肯定会有中场休息时间。当俱乐部经理带着"闭嘴,赶紧消失"的表情走上舞台时,我就得出去结出场费了。这时莫里斯找到了我。

一看见我,他一下子愣住了。

"你怎么了?"他问我。

"你在说什么?"我纳闷地说,"我没事啊。就是有点儿累,但是——"

"瞧你的眼睛,"莫里斯说,"又红又肿的。"

"哦……这个啊。"我说。我在演出的时候大汗淋漓,和平常一样,头发里的胶水、玻璃碎片,还有其他乱七八糟的有毒的东西,和着汗水一起流进了眼睛里,我只能用手背把它们擦掉。

由于我每次都是在结束店里的工作后直接上台演出,没时间洗澡、换衣服。所以每次演出之后,我的眼睛都会刺痛一两天,然后就没事了。

"给,"莫里斯摘下他的布面鸭舌帽递给我说,"把这个戴上,这能止住你脸上的汗。你不能老是这么揉眼睛,布莱恩,这可不行,时间一长你的眼睛会瞎的!"

"我可不想戴着这玩意儿上台!"

"你宁愿毁了眼睛也不戴帽子吗?"

"莫里斯,如果我是个送报纸的,或者猎松鸡的,戴这顶帽子绝对合适。但我是个乐队的主唱。"不过后来我改了主意,因为我的眼睛疼得越来越厉害,而且谁在乎我戴不戴帽子呢?

"哦,好吧,给我吧……"

我戴上了帽子,感觉自己穿得不伦不类:一件美式橄榄球衫,搭配一顶几百年来纽卡斯尔工人一直都戴的帽子。这一身看起来太奇怪了。说实话,看着有点可笑,尤其是当我戴上帽子之后,两侧的卷发和后面的头发都被帽子压得翘了起来。但当我回到舞台上时,观众们都热情地喝彩,像疯了一样。

"嘿,乔迪小子!"人们大声叫喊,兴高采烈地欢呼。

更令人欣喜的是,这顶帽子的确止住了汗水,再也没流进我的眼睛里。

当晚,演出的最后,我们再次以一首《性感女人罗茜》(*Whole Lotta Rosie*)作为结束。自打当年看到邦在《摇滚进大学》节目里唱过这首歌之后,我就对这首歌情有独钟了。我想把帽子还给莫里斯,但演出结束后,那顶帽子已经像一块湿抹布一样了。我想不能就这么还给他，太恶心了，先留着吧。于是我把帽子留了下来。德里克也不想要回他的那件T恤了，即便我把T恤洗干净给他，他也不要了。他说那件T恤太大，穿着松松垮垮的。其实是因为他太瘦了。

不过我真的很喜欢那顶帽子。白天我戴着它出门，它就像一件隐形斗篷一样，能把我的脸遮住。东北地区的小伙子们都戴这样的帽子。在舞台上，戴这样一顶帽子也很有特点，尤其是当我把它和T恤以及无袖牛仔夹克搭配在一起的时候，真的很酷。事实上，这顶帽子我几乎天天戴着，以至于几周后帽子就坏了，我不得不买了顶新的。

从那以后，我就一直戴着帽子，并且开始喜欢买帽子，不戴帽子的时候反倒觉得不舒服。

还有一件令人疯狂的事情——AC/DC乐队"地狱公路巡回演唱会"的倒数第二场演出将在纽卡斯尔的梅菲尔舞厅（Mayfair Ballroom）举办，那是我最常去的地方。由于之前梅菲尔舞厅遭遇了一场大火，所以这场演出被推迟到了1月25号，这几乎和我在罗布利山俱乐部的演出同时进行。我们都是在周五演出，只不过地点不同。

换句话说，如果你那天晚上在纽卡斯尔，你可以去某个地方看AC/DC的演出，主唱是邦；你还可以坐公交车去城市另一头的工人俱乐部看乔迪二世乐队的演出，你会看到身穿印有"22"字样的T恤、戴着布帽子的我，和邦唱着同一首歌。

这些事情在当时看来似乎并不重要。我只记得当晚我戴着帽子、穿着 T 恤演出的情景，甚至不知道同一时间 AC/DC 乐队正在附近的另一个地方演出。

红色巴士公司又一次抛出橄榄枝，想和我们签约。但我想的却是乔迪二世的未来。

"听着，你们真的很棒，我们要带你们去伦敦录制专辑。伙计们，我认为乔迪二世乐队很有可能会比之前的乔迪人乐队更成功……"在罗布利山俱乐部演出结束之后，埃利斯找到了我们，对我们说了这番话。戴夫和德里克听了非常高兴，他们以前从来没有遇到过音乐经纪人，也从来没听过他们天花乱坠、夸夸其谈的游说。

18

华丽转身

1980年初的几个星期里，我店里的电话响个不停，有涉及六辆新车订单的商业电话，有试唱邀请，有多个俱乐部的演出邀约，有妈妈的电话——她让我周日带孩子们去吃午饭，还有从埃利斯的办公室打来的电话。我忙得晕头转向。

三月初的一天早上，我接到一通电话，对方是一个说话带着浓重东德口音的女人。也许是我看了太多的战争片，感觉她就像在对我进行严刑拷问。

"似（是）布莱恩·扬翰森（约翰逊）吗？"她问道。

"你是哪位？"我回复说。①

"则（这）并不重要。重要的似（是）你一定得来伦顿（敦），跟野（乐）队沉（唱）歌。"

---

① 战争电影里的第一条规则是，你最好用另一个问题来回答别人的提问。——作者注

"沉歌？"

"沉（唱）歌。你似（是）布莱恩·扬翰森（约翰逊），似（是）个歌叟（手），对吧？"

"哦……你是说歌手啊……是的，我是。呃……你想让我做什么来着？"

"沉（唱）歌。"

"哦，这两个字我听明白了……"

"跟一个摇滚野（乐）队。"

"好吧，听着，我很抱歉，但我不再参加试唱了。我已经有乐队了，我们就要……"

"我不能告诉你则（这）个野（乐）队的名字。"

"好吧，你不说也罢，因为我刚刚已经说了，我不会再参加试唱了。"

对方沉默了许久，然后说道："如果你知道这个野（乐）队的名字，你就不会说不了。"

我开始有些生气了，因为我真的要回去工作了……但我也很好奇，便问道："听着，如果这个摇滚野（乐）队真的很厉害，那你能不能给我点儿提示？"

对方又沉默了半天，然后重重地叹了口气，说道："我想我只能告诉你乐队的首字母。"

"那好吧……"

"A.Z."

我绞尽脑汁，想了半天也没想到是哪支乐队，于是说道："对不起，可我真的不——"

"还有 D.Z."

现在轮到我说不出话来了。我简直不敢相信自己的耳朵。我心想，这个女人不会是……

"你是说……AC/DC？！"

"糟糕！我说得太多了！"

在继续把故事讲下去之前，我应该提一下，从我们在罗布利山俱乐部演出到我接到这通电话的那段时间里，我的心情真的非常沮丧。

这主要是拜戴维·惠特克的老板所赐，他总是固执己见，坚决不让人在工作日休息，所以我们就没办法去伦敦录制专辑了。红色巴士公司现在有了自己的录音室，他们希望我们能到那里录音。但戴维周五晚上和周一早上要打卡上下班，所以我们得开车将近 500 千米去伦敦，再开车赶回来。太匆忙了，所以我们根本没有多少时间录音。但我们还是费了九牛二虎之力录了一首歌——《跟男孩们一起摇滚》（Rockin' with the Boys），这首歌是德里克和戴夫·罗布森共同创作的——红色巴士坚持要等整张专辑的所有歌曲都准备或录制完毕之后再发行这首歌[1]。然而，直到我们的单曲进入排行榜的那一刻，戴维都没有离开自己的本职工作——他的老板也从来没有给他放过一天假，没有为他的音乐事业提供什么帮助。这是典型的"第二十二条军规"[2]。

---

[1] 这首歌从未发行过，但在我加入 AC/DC 之后，它在美国大受欢迎，现在，你仍可以在网上找到这首歌，甚至还会找到一个关于这首歌的动画视频。——作者注
[2] 《第二十二条军规》(Catch-22) 是美国作家约瑟夫·海勒（Joseph Heller）创作的长篇小说。——译者注

最终，我决定亲自出手，给戴维的老板打电话——这可能并不是一个好主意。戴维是卡洛尔燃气公司的一名送货司机，他知道公司所有客户的信息，比如他们住在哪儿，分别需要哪种型号的汽油，以及什么时候需要，等等，所以他的老板是绝对不会让他离开的。

在戴维的老板接起电话的那一刻，我意识到自己根本没有立场说话。毕竟我又不是什么名人。我唯一能做的就是唤起他的良知。

"你好，我叫布莱恩，"我说，"我跟戴维在同一个乐队，是乐队的主唱。我们得到了一个在伦敦录制唱片的机会，只需要在周日晚上开车去伦敦，然后在酒店住几天就行了。戴维星期四就能回来。"

"不行。"对方回答说。

"……我能问一下为什么吗？"我问道。

"不能。"

"你不考虑一下就说不行吗？"

"昨天不行，今天不行，明天也不行，不论你什么时候问我，答案都是不行。"

"哦，别这样，给这孩子一个机会不行吗！"我急得脱口而出，"他是个很出色的鼓手，这对我们来说是个巨大的机会。当然，你肯定能找到人替他一下，对吧？只需要四天就可以了，然后他就会回来，实在不行你还可以让他加班。"

这位老板说："如果他敢去伦敦，我就解雇他。"

我觉得这样太过分了，便义愤填膺地说："你知道吗，你他妈的就是个混蛋。"

"你说什么?"

"你……他妈的……是个混蛋。"

砰的一声,电话被挂断了。

后来,戴维一直都在卡洛尔燃气公司工作,直到退休。这一点我实在是想不通。

接到 AC/DC 的电话让我的心情十分复杂,即便用百感交集这个词来形容都是远远不够的。实际上,当我听到这支乐队的名字时,我突然想起了几星期前的一个噩耗。

是我在店工作里时肯告诉我的。

"嘿,布莱恩,你知道你唱的那首歌——《性感女人罗茜》吗?"

"怎么了?"

"那首歌的原唱者死了。"

"不,不可能。我前几天还在《流行音乐之巅》节目里看见他了。电视里的他壮得像头牛。"

"听说他被人发现死在了某个人的车里,他们对外宣称是'意外死亡'。"

"什么?不可能吧……"

我从他手里接过报纸,亲眼看到了这则消息,但我实在不明白这到底是怎么回事。那时候,我完全不知道过量饮酒和滥用药物的危险。部分原因是,在我生活的圈子里,没有人有钱买毒品,我们大多数时候都得每天起早贪黑地上班,所以不可能整天喝得不省人事。而且,我也从来没试过抽大麻——以及更烈性的毒品。

这种事完全超出了我的认知范围。像邦这样的小伙子，才比我大一岁，正值壮年，身强力壮，竟然就这样死了，真的很令我震惊。

然而，最重要的是，这个悲剧深深地震撼了我——这不仅仅对邦的家人、乐队成员和朋友来说是个打击，对所有热爱摇滚乐的人们来说，都是一个沉重的打击。在我看来，《性感女人罗茜》是有史以来最伟大的摇滚歌曲之一。从《来摇滚吧》（*Let There Be Rock*）到《龌龊事干起来得心应手》（*Dirty Deeds Done Dirt Cheap*），邦与AC/DC乐队一起创作和录制了那么多经典作品，这首歌就是其中之一。当然，邦和他的乐队成员已经完成了他们的新专辑《地狱公路》（*Highway to Hell*）。多亏了这张宝贵的专辑，以及那首关于旅途中艰辛生活的主打歌，他们才在不间断地表演了六年之后脱颖而出，成为一线明星乐队。与此同时，这张专辑在英国流行音乐排行榜上一路攀升至第八位，在美国流行音乐排行榜上的排名是第17位——他们在美国的影响力比在欧洲还要大。他们甚至凭借第二支单曲《极致的抚摸》（*Touch Too Much*）登上了流行音乐排行榜的榜首。就在几周前，我在家看了这首歌的音乐短片，短片中的邦看起来正在享受人生中最美好的时光。毕竟，他肯定知道，凭借《地狱公路》，AC/DC必将成为耀眼的巨星乐队。

但我仍然没有意识到，邦就是七年前跟我一起挤在托基的旅馆房间里，冻得瑟瑟发抖的家伙。这件事我得过一段时间才会想起来……

打电话给我的那个东德女人不肯告诉我她的名字，于是我给她起了个名字——"来自伏尔加的奥尔佳（Olga）"。据我所知，奥尔佳曾负责巡演的财务工作，后来转行当了经纪人。但不论我问她什么问题，她要么沉默不语，要么就对我说："则（这）个嘛，我不能说。"

令我困惑不解的是，他们怎么会想起来找我试唱呢？这说不通啊。乔迪人乐队为数不多的热门单曲，发行时间距今已经有七年了，但仍然默默无名，除了我的家人，没人知道我的名字。

后来我才发现（那是很久以后了）——实际上，有好几个人推荐了我，其中包括一位在克利夫兰（Cleveland）的AC/DC歌迷，他看过乔迪人乐队的演出，于是给彼得·门什写信，向乐队推荐了我；还有一个来自南非的制作人罗伯特·兰格（Robert Lange），《地狱公路》就是他制作的，他也知道乔迪人乐队，还向安格斯和马尔科姆提起过我。而且，后来我才知道，在托基的那次"寒冷"遭遇之后，邦也向他们介绍过我。

我脑子里盘旋的另一个问题是，失去了邦，安格斯、马尔科姆和乐队里的其他人是否还愿意把乐队继续做下去。这个问题我也得过一段时间才能知道答案。事实上，如果没有邦的父母艾莎（Isa）和奇克（Chick）——奇克是查尔斯（Charles）的简称——这支乐队早就完了，至少当时乐队肯定是坚持不下去的。3月1日，在澳大利亚弗里曼特尔（Fremantle）为邦举行的那场葬礼上，邦的父母把安格斯和马尔科姆拉到一边，告诉他们邦希望AC/DC乐队能继续发展，将他们刚刚开始制作的专辑完成。至少，他们认为这对乐队来说是个分散注意力、缓解痛苦的好办法——能给乐队带来安慰，也能减轻悲伤的情绪。

至于我——在跟奥尔佳通完电话之后，我的脑子便飞速地运转起来。

当然，接到这样的电话令我很兴奋，也备感荣幸。收到一个世界知名乐队的试唱邀请，这简直是从天而降的好运，让人难以相信。但我知道，至少有几十个人在竞争 AC/DC 乐队主唱这个位置。我不确定自己是否有勇气承受所有的期待和失望，尤其是在我的乔迪二世小乐队蒸蒸日上，发展得颇为顺利的情况下。

坚持住，布莱恩，打起精神来，看清事实。你已经 31 岁了，还和父母住在一起；你经营着一门不错的小生意，还有一支成功的小乐队；你和你的女朋友浓情蜜意；你还有两个可爱的女儿，也有钱养活她们——一切都很顺利。所以何必去冒险呢？

我来告诉你为什么——因为我他妈的必须这么做。

但是，时间这么紧，我怎么去伦敦呢？

我的事情本就多得忙不过来，如果去参加试唱，必须得把已经定好的那些安装塑料顶棚的活儿取消。而且，用车也是个问题，我的那辆捷豹 XJ（Jaguar XJ）时不时就会出现故障，可另外一辆车——肯还要用它来跑业务。

"我想我可能去不成了。"我对肯说了电话邀约的事。

"哦，你应该去试一试，布莱恩。"肯对我说。

"算了，反正也选不上，"我回答说，已经开始说服自己放弃了，"他们肯定会找个熟人，很可能会是个澳大利亚人。"

"为什么不多考虑考虑再决定呢？"肯建议说。

我还没来得及给"来自伏尔加的奥尔佳"回电话，告诉她我的决定,另一个电话就突然打了过来。

这次是我的老朋友安德烈·雅克曼。我们一直都有联系,后来他在伦敦创立了雷德伍德录音室(Redwood Studios)。

"想赚 350 英镑吗?"他问。

"听着,安德烈,"我说,"只要你给钱,让我干什么都行。"

"好极了,"他呵呵地笑着说,"你只需要来一趟伦敦,为胡佛(Hoover)吸尘器广告录一首广告歌就能拿到钱。现在我还不能保证他们一定会采用——因为你还有一个竞争对手,是个唱福音歌曲、身材高大魁梧的女士。但不管怎样,你肯定会得到报酬的。"

他的话还没说完,我的脑子就飞速转动起来。

"……你什么时候需要我过去?"我问道。

他说了日期——跟 AC/DC 的试唱竟然是在同一天。

"我得先跟我的生意伙伴谈谈。"我笑着说。

我之所以欣然接受,不仅因为可以参加 AC/DC 的试唱,还因为我之前从来都没录过广告歌。而且,我很想参观最先进的录音室,比如安德烈的雷德伍德录音室。

正在这时,肯走了进来,看到了我脸上的表情。

"有什么好事啊,瞧你这么高兴?"他问道。

我对他说了安德烈打电话的事。

"布莱恩,我觉得老天爷都在帮你。"他笑着说。

讨论了一番去伦敦的最佳路线后,我决定豁出去了,于是我开着我的捷豹沿着 A1 公路驶向雷德伍德录音室,与安德烈见面。

唱完了宣传吸尘器强大吸力的广告歌之后，我感觉棒极了。我的合同里甚至有重播费，这对一个在20世纪70年代的摇滚行业里摸爬滚打过的人来说，是一个非常陌生的概念。

终于，到了下午3:30左右，我要驱车朝西南方向行驶将近5千米，穿过伦敦，前往皮姆利科（Pimlico）——这段路程只需要开15分钟。他们对我说，在一个收费车库的后面有一个香草录音室（Vanilla Studios），里面有排练场地和录音设备。那就是我跟AC/DC见面并参加试唱的地方。

等我到了那里，找到停车的地方之后，我突然感觉很饿——天刚亮我就起床了，开车行驶将近500千米来到伦敦，早就又累又饿了。不过离下午五点的试唱还有一段时间，我可以做点儿别的事情。于是我躲进了一家破旧的咖啡馆，那是一个充满了战前伦敦风情的地方。我点了一杯茶和一个肉馅饼。柜台后面的那个女人——至少在我看来是个女人，毕竟当时天色有些暗，所以看不清楚——嘴里叼着烟，一边说话一边随地弹烟灰。这可不是什么讲究卫生的好兆头。事实证明的确如此。这里的馅饼皮坚硬如铁，我用牙咬、用刀切、用指甲划，用尽各种办法，馅饼还是完好无损，足以证明它是多久以前的陈年旧货——简直是馅饼皮界的老祖宗。所以，为了健康和安全着想，我立刻站起身，戴上帽子离开那里，决定到街对面去碰碰运气。

香草录音室藏得太隐蔽了，我能找到入口简直是个奇迹。

但是，还别说，真的让我找到了——我一进去就受到了AC/DC巡演管理人员的欢迎，他们当时正在打台球，我随即加入了他们。我们聊得很开心，玩得也很尽兴。我以为乐队正在忙，过会儿就会来找我了，但是他们始终没出现。他们待在排练室里，不停地看着手表，正纳闷那个从纽卡斯尔来的家伙在哪儿，怎么还没来。最后，他们派乐队的巡演经理伊恩·杰弗里（Ian Jeffrey）出去找我。

"有人见过那个乔迪小伙儿吗？"

"哦，我就是。"我说。

大家一脸惊讶地看着我，说："你就是布莱恩？"

我点了点头。

"哦，我的天哪，我们都等了你一个小时了！"

可我来了半天也没人问过我是谁啊，因为我看起来就像个打工仔。

即使乐队成员们生气了，也会把情绪隐藏起来。事实上，他们并没有生气，反而友好又客气，让人觉得宾至如归。"我想这是你们当地的酒吧？"马尔科姆递给我一瓶纽卡斯尔棕色阿尔啤酒问道。这的确符合马尔科姆的性格，既和蔼友善又慷慨大方。

"哦，是的，我肯定得来一瓶。"我咧嘴笑着说，"谢了，伙计。"

"你想唱什么？"马尔科姆漫不经心地问。

哦，上帝啊。这个问题问得好。我不想直接唱 AC/DC 的歌，因为那是他们自己的歌，他们早就烂熟于心了，我肯定唱得不如他们熟练，所以这样对我来说不公平。于是我决定唱蒂娜·特纳的经典歌曲《纳特布什城市界限》（*Nutbush City Limits*）。安格斯没说话，看上去有点儿不高兴，但也没说不行。

"嗯，这是考核你的第一关。"马尔科姆面无表情地说。

"什么意思？"我问道。

"你竟然没选《水上烟雾》（*Smoke on the Water*）。"

"《纳特布什城市界限》这首歌挺不错，"他接着又说了一句，"大家准备好了吗？"

"起什么调？"安格斯终于开口了。

"A 调吧，行吗？"我回答。

马尔科姆看着我，说道："A 调？你确定？"

"是的，我确定。"

要知道，A 调在摇滚乐里算是很高的调——那可是罗伯特·普兰特（Robert Plant）的音域，单从音调来说，称得上摇滚乐中的摇滚乐。

马尔科姆说："等等，我想我找到调了。"

接着，不知不觉间，菲尔和克里夫也加入进来，安格斯也进入了状态，大家开始随着音乐摇头晃脑，我开始唱起来，他们就等着听我的声音呢，想看看我的表现值不值得他们花费时间和精力。这是我人生中最心潮澎湃的时刻。

在此之前，我只和还算不错的小乐队一起表演过，还从来没有和这样的顶级乐队配合过，所以对此毫无准备。但这一次我有种前所未有的感觉，真的太棒了，一切都完美至极，我开始放开喉咙唱歌，仿佛要把所有的生命都投入进去。

"这真是太棒了。"我说。一曲唱完之后，我激动得几乎要热泪盈眶，因为这感觉真的太美妙了，无与伦比。

接下来真正的考验来临了。

"你能唱一首我们乐队的歌吗？"马尔科姆问道，"随便说一首，哪首都行……"

我想都不用想，立刻说道："《性感女人罗茜》。"

唱《纳特布什城市界限》的感觉非常好，但只有《性感女人罗茜》能释放出我的所有激情，甚至让我有种灵魂出窍的感觉。当音乐声一响起来，我就开始浑身颤抖，身体里仿佛有电流穿过。我甚至觉得邦就在这个房间里，跟我们在一起，一边微笑一边喝着朗姆可乐。他已经离世一个多月了，而我就在站这里，在这个小小的房间里，唱着他独具个人风格和鲜明特色的歌曲，安格斯就在我身旁，给了我一种无形的力量。当他开始独奏的时候，声音激昂响亮，透着倔强的骄傲，我兴奋得汗毛都竖起来了。乐队的每个成员都在忘我地弹奏，就好像将自己的生命融入音乐中。这就是AC/DC打动人的方式。他们的音乐听起来充满动感和激情，这就是摇滚乐，这就是生命的力量。

然后，突然间，声音戛然而止，一切都结束了。我准备走出房间。

"谢谢你们，伙计们，"我说，我以为事情就要这样结束了，"我老家的人绝对不会相信我竟然和你们一起合作过。我迫不及待地想告诉他们这件事……"

一个年轻人跟着我一起走出来，他说他叫彼得·门什（Peter Mensch）。他有着浓密的眉毛、蓬乱的头发，说话带着纽约腔——那时他最多也就27岁。作为一个音乐经纪人，他看起来很酷，也很随和。

"嘿，布莱恩，你要去哪儿？"他问道。

"哦，我得开车回去了，"我对他说，"我店里有三辆福特柯蒂娜和一辆达特桑彻利等着安装塑料顶棚呢，本来昨天就应该装完的。"

"不,不,别走,"彼得说,"他们很想让你留下来……"

"啊,我也希望能留下来,"我说,"但店里只有我会装顶棚,所以我真的得走了。"

此时已经是晚上八点半了,我真不敢相信时间竟然过得这么快。

"好吧,至少走之前进屋再跟我们喝一杯纽卡斯尔棕色阿尔啤酒啊。"

"伙计,从 A1 公路开回纽卡斯尔至少需要五个小时,所以我凌晨一点半才能到家,而且我明天早上九点就得开门营业。然后晚上还有一场演出……"

彼得举起双手,露出失望的表情。

"至少你回家以后让我给你打个电话,行吗?"他问道。

"当然可以,随时。"我说。

我心想,那应该是这家伙最后一次和我联系了吧。

19

全国赛马日

　　回纽卡斯尔的途中，与其说我是开车回去的，不如说是飘回去的。这并不是因为我自认为被 AC/DC 乐队选上了。恰恰相反，我比以往任何时候都更加清醒，这是个遥不可及的童话——我年纪太老，个子太矮，也不是澳大利亚人。但这些都不是最重要的，重要的是，能和一支 AC/DC 这样超级棒的乐队一起演唱，能有这样短暂的一次经历，我就已经很兴奋了。当然，现在我口袋里还有一张 350 英镑的支票，并且还有"重播费"，今后安德烈还会给我介绍更多的工作。

　　这样的生活已经很美好、很顺利了。

　　事实上……我的日子从来没像现在这么好过。

　　我迫不及待地想把我在伦敦的疯狂经历讲给乔迪二世乐队的伙伴们听。因为试唱已经结束了——而且显然不会有任何结果。所以我的伙伴们不需要担心这次试镜会影响我们的乐队，以及我们正在开始制作的专辑。

但是当我第二天早上准备开店营业时,电话响了。

"喂?"

"彼得·门什先森(生)想要和你谈谈。"

原来是奥尔佳。我最不想接到的就是她的电话,尤其是在这个时候。

"呃……那好吧,"我说,"什么时候合适?"

"请补邀(不要)挂电话。"

接着电话那头传来一个男人的声音:"嗨!早上好,布莱恩,我是彼得。"

"哦,你好,彼得,"我说,"听着,昨晚的事情我很感谢你们,那是我人生中最美妙的经历之一,请替我谢谢乐队里的那些伙计们好吗?他们真的太棒了。"

彼得在电话里咯咯地笑着说:"你会习惯安格斯这个人的,他平时话不多。"

"棕啤味道挺好的。"我说。

"听着,我们希望你能再来一趟。"他说。

哦,见鬼……

在当时的我看来,遭到拒绝要比得到第二次试唱机会更让我好过一些,因为第二次试镜意味着更大的压力、更多的希望和更多的不确定性。和以前一样,长途跋涉简直是个噩梦。我的店里已经积压了太多安装顶棚的工作;我答应了乔安妮和卡拉周末要带她们出去玩儿;当天晚上我还有一场演出,整个周末甚至连周一都有演出——那是一场盛大的演出,会在希顿·巴菲斯俱乐部

（Heaton Buffs）举办，将有三四百名观众到场。

"好吧。"我说，同时我的脑子开始飞速旋转。我拼命地想，怎么才能在工作日开车去伦敦——这一次，不能再以给吸尘器唱广告曲为借口了，"那么，呃……下个星期三行吗？"

"我们希望你明天就来，"彼得说，"如果麻烦的话，你可以坐飞机来，我们给你报销机票。怎么样？"

我一听这话，浑身冒汗。一切进展得太快了——我讨厌这种失去控制的感觉。

"哦，不，不，不用了，"我对彼得说，"我开车去——我喜欢开车。"当然，如果我开车，一切就在我的掌控之中。我随时都可以跳上车子出发。

"好吧，"彼得说，"但我们坚持要为你付油钱，以及其他所有的费用。"

"你真是太好了。"

"只有一件事。"他补了一句。

哦，该死，麻烦来了。

"你来之前能学会唱《地狱公路》吗？"

我咧嘴笑了。

这有什么难的。我很喜欢那首歌。

如果你在那一天沿着 A1 公路开车去伦敦，你可能会遇到一个 32 岁的乔迪人，他头戴一顶布帽子，以 70 迈的速度开着一辆借来的丰田皇冠汽车，一边开车一边对着磁带高唱《地狱公路》。我的朋友西蒙·鲁宾逊（Simon Robinson）坚持要把他的车借给我。

他也有一家店，就在我的店附近的拐角处，经营汽车防锈业务。他说，上次我开着那辆破车去伦敦走了一个来回，车已经到了极限，绝对撑不过第二趟①，所以他把他的车借给了我。至于那盘磁带，是我从另一个朋友那儿弄来的。当我找他借磁带时，他再三问我："你要这个干什么？这可是我最喜欢的专辑！你可千万别把它弄丢了！"最后，我不得不骗他说，我们正考虑把这首歌加进乔迪二世乐队的演出歌单里。

这一次，他们还是通知我去香草录音室，马尔科姆、安格斯、克里夫和菲尔都在那里等我。但这次，没有人打台球，也没有人喝啤酒。我一到场，他们直接进入了正题。我们先排练了两遍《地狱公路》——感觉跟我预想的一样好，然后马尔科姆说他们正在为新专辑制作主打歌。

"这是向邦致敬的一张专辑，"他说，"主题是关于死亡的，但并不颓废沮丧，更像是一场庆祝活动，带着摇滚的激荡与豪迈。这张专辑名叫……《回到黑暗》。"

"没有歌词吗？"我问道。我几乎不敢相信我真的能参与其中。你能明白我的感受吗？

"没有，伙计，旋律也没想好。现在只有一小段。安格斯，给小约（不好意思，他说的是我）弹一下那个重复段落——"

巨大的声音突然响起来，我惊得浑身一震。

"听好了，小约，"马尔科姆喊道，"我们想按着这个旋律

---

① 讽刺的是，就在纽卡斯尔城外，这辆丰田车爆胎了，所以我不得不跪在车旁，在泥泞和细雨中花半个小时换轮胎。如果你要开五个小时的车去参加一个重要的面试，路上发生这种状况可不是什么好事。——作者注

继续把歌写完，也想听听你有什么想法。不着急，慢慢来……"于是安格斯又弹了一遍，音量仍然大得惊人。

我点了点头。

安格斯继续弹着琴，巨大的声响震得我脑子发蒙。但这是我这辈子听过的最棒的一段旋律。我应该……配合这段旋律唱歌吗？唱什么？这首歌的名字吗？那唱什么调呢？——于是我想都没想，就张开嘴扯着嗓子喊起来。

"回到黑暗！"我感觉自己一张嘴，肺里的空气就轰的一声被炸了出来，"我躺到床上！"

哦，该死，这听起来可真带劲！

我又唱了几遍"回到黑暗/我躺到床上"这句歌词——听起来仍然很带劲，但其余的地方我只能用"咿呀嗯哈"的语气词代替歌词，因为我实在想不出别的词来。不过，至少旋律已经初步成形了。在那一瞬间，我感觉房间里发生了微妙的变化——人们纷纷从调音台和扩音器后面冒出头来，我之前甚至没注意到这些人。他们都朝我看过来，空气中有嗡嗡作响的声音。毫无疑问，每个人脸上都有一种惊讶又激动的表情，就好像他们有生以来第一次听到这么震慑人心的声音。我相信他们的惊讶和激动是发自内心的，是自然流露的。我的声音传进他们的耳朵，带动起他们脸上的肌肉，反映出他们内心的情绪，这个过程是任何人都无法控制和操纵的。我人生中第一次有了一种归属感，但我刚刚感受到这种归属感，它就突然消失了。我再次环顾四周，想要看看乐队几位成员的反应。

他们面无表情，什么反应都没有。

他们只是沉浸在音乐中。

我完全猜不透他们在想什么。

"抱歉,伙计们,"当我们完成《回到黑暗》第一部分的曲段时,我说道,"我真希望能想出更多的歌词,但眼下我只想到这两句。"

"没关系。"马尔科姆说。

"我知道有些太直白了,也太突兀了,"我说,我指的是旋律的冲击力,"但这些音符突然出现在我脑子里,所以我就唱了出来,我真的没想到结果会是这样……"

当然,现在回想起来,我觉得这些小伙子们在听到我即兴创作的那段旋律时,第一次想清楚了这首歌后面的发展和走向。哪怕只有短短的几秒钟。要知道,他们必须遵循和沿袭《地狱公路》的风格,同时还要尊重和发扬邦的音乐特点。他们需要一个与邦有些不同但又不是大相径庭的人。因此他们承受的压力比我还要大。

与第一次试唱不同的是,这一次试唱后我没有直接开车回家,而是在罗德板球场(Lord's Cricket Ground)附近的一家酒店里过了一夜。我不记得那家酒店的名字了。我只记得我当时想,我他妈的这是在哪儿?我在干什么?这地方太他妈的豪华了。不过反正是 AC/DC 买单,如果我坚持自己开车回家,那就太不给他们面子了。

送我去酒店的人名叫基斯·埃文斯(Keith Evans),他是

AC/DC 的巡演经纪人之一。在之后的几年里，我们彼此有了很深的了解，成了非常要好的朋友。

"我认为你被选上了，伙计，"他一再对我说，虽然他是好意，但我真希望他闭嘴，因为这令我非常紧张，我不知道自己该怎么办。到目前为止，我已经和 AC/DC 乐队一起唱了好几首歌，也知道成为这支乐队的主唱是世界上最自豪的事情。但目前来看，一切都悬而未决。我和乔迪人乐队一起离开帕森斯的做法很冒险，而且结果很糟糕，但这一切都已经过去了。

"事实上，"我对基斯说，"我觉得他们正在慎重思考，以便作出最谨慎的决定，因为这对他们来说意义重大。"

"不，"他回答说，"他们迫不及待想要重返舞台，他们不会再浪费时间去寻找其他的歌手了。我很了解这些人。我能猜出他们在想什么——他们在想，有了你，乐队这个不完整的拼图才算找到了缺失的那一块。"

当天夜里，我在酒店看着《旋律制造者》（*Melody Maker*）这首歌的音乐短片，还看了一则关于 AC/DC 乐队的报道，上面说他们一直待在录音室，一边找人试唱，一边准备新专辑。我完全睡不着了，突然意识到自己忘记了在《回到黑暗》里唱过的那段旋律，这下更是睡意全无。

真行啊，我心想，他们很喜欢我唱的那一段……我却记不起来了。

我在全国赛马日的前一天晚上回到了纽卡斯尔，那是一场盛大而隆重的赛马大会。

这一天对我来说意义非凡，因为1960年举办赛马大会时，我把攒下来的所有零花钱都赌在了一匹马——梅里曼二世（Merryman Ⅱ）的身上。结果我赢了，并用赢来的钱买了一堆玩具汽车和一架模型飞机。今年的赛马大会似乎更特别，因为会在3月29日举行，那一天恰好是爸爸的生日。我们计划好了，要全家人围坐在电视机前看比赛——下午三点开始。然后我会把我准备好的生日礼物——一瓶威雀（Famous Grouse）威士忌——送给他，这是我爸爸的最爱。之后，我们会举行生日晚宴，为爸爸庆生。

当天早上，我起得很晚，琢磨着是不是应该赌一匹马，下一注。当我走下楼时，看见肯正等着我。显然，我的运气因为另一件更重要的事情而被用光了。报纸上登了一则消息，说AC/DC找到了新的主唱……显然说的不是我。他们选中了一个澳大利亚人——就像我之前预测的那样。事实上，他们作出了更明智的决定，因为他们选中的人——艾伦·弗赖尔（Allan Fryer），曾经是厚唇乐队（Fat Lip）的主唱，那是一支来自澳大利亚的乐队。而且他出生在苏格兰，跟邦是老乡。

再没有比艾伦更合适的人选了。

而我得知这件事后只是淡淡地说了一句："哦，好吧，挺好的。"

老实说，较之失落和沮丧而言，我更多的感受是一种如释重负的解脱。作为一个轻量级选手，我曾和重量级选手有过一场较量，这已经很不错了。

再说，艾伦·弗赖尔的确是一名出色的歌手，还是个出生于苏格兰的澳大利亚人，所以，面对这个结果，我还有什么可说的呢？

马尔科姆、安格斯和乐队的其他成员做了他们应该做的事。

肯告诉我这个消息之后,建议我们上山去一家名叫克劳利的酒吧喝杯酒(现在应该叫偷猎者小屋酒)。妈妈出门了,爸爸去了俱乐部,所以我接受了肯的邀请,去了那家酒吧。我们打了几局台球,在自动点唱机里投了几枚硬币,点了几首歌,我们聊了聊,过去的几周里发生了这么多的事,简直和做梦一样。

等我回家的时候已经是下午两点了,家里还是没有人。

此时距离比赛开始还有一个多小时,我给自己泡了杯茶,拿了一盒饼干,然后抬起双脚,放在茶几上。啊……我感觉自己已经有好多年没有这么休息过了……

这时候,电话响了。

哦,上帝啊,饶了我吧。

我拿起电话,听到了最意想不到的声音——是马尔科姆。这不可能啊,他怎么知道我家的电话号码?这家伙不会真的要打电话到我家里,然后对我说"谢谢你,伙计,但是很遗憾,我们找了别人"吧?

"你好啊,马尔科姆,"现在我觉得跟他打交道比之前轻松多了,因为我已经知道自己被淘汰了,"你怎么样?"

"哦,我挺好的。"他说。

"那太好了,找我有事吗?"

"听着,是这样的,布莱恩,我们在想……你能回来跟我们一起制作新专辑,创作更多的歌曲吗?我们真的很喜欢你唱的《回到黑暗》。"

我半天都没有说话,把电话从耳朵边拿开,盯着听筒,心想,是我在克劳利酒吧喝多了？还是这家伙在跟我开玩笑？

"你的意思是……"我答道。

"哦，你知道的，我们在制作新专辑，对吧？"

"伙计，我不明白，"我说，"我刚刚在报纸上看到了新闻，说你们已经找艾伦·弗赖尔做你们的新主唱了，不是吗？"

"哦，不，不是的，没有的事……他们搞错了，全弄错了。那家伙连试唱都没有参加。"

我的胸口猛然一紧。

"你是说，想让我……加入乐队？"我艰难地吐出这句话。

"呵呵，这个嘛……"马尔科姆轻声笑了笑，避而不答。

愿上帝保佑他，因为他跟我一样经不起打击了。

"听着，马尔科姆，"我决定开诚布公，"你是个好人，我跟你和乐队的朋友们在一起很开心，但我很难相信这里面没有任何欺瞒和谎言。所以我要把电话挂了。如果你是认真的，请十分钟后再给我打电话，告诉我这个消息，可以吗？因为我现在脑子有点儿蒙，感觉像在做梦。"

"好吧，布莱恩，"马尔科姆说，"我明白了。我十分钟后再给你打电话。"

咔嗒一声，电话挂了。

我完全愣住了，呆呆地瘫在沙发上，眼神空洞，一片迷茫，倒数我人生中最漫长的 10 分钟。如果这是真的，那就意味着我过去十年所经历的一切都是值得的。为了一个扩音系统，我当了伞兵，拼了命从飞机上跳下来；为了组建一支乐队，我放弃了在帕森斯的稳定工作，却只有一支单曲进入了排行榜前十；为了音乐，我一连好几个月——不，是好几年——都过得贫苦寒酸，把一切都投入音乐里，深陷音乐行业的各类骗局中，落得个破产的下场，以至于不得不去法院打官司，以防房子被收走；接着，我的婚姻也完蛋了，我不得不搬回家跟父母同住；还有，我不得不跟那些高傲自大的工人俱乐部经理打交道，忍受他们的各种无理的要求，比如拿着分贝仪控制我们的音量，还威胁我们到纪律委员会接受仲裁……

"你好，布莱恩，还是我——马尔科姆，我刚才说过会再给你打电话的。听着，我们要在一两周内离开伦敦去录制新专辑。所以我们需要你明天到工作室跟我们一起排练，着手准备新专辑。所以，如果你准备好了的话……"

"这么说，我真的被选上了，可以加入乐队了？"我问道，"我不会只是个替补或者后备人员什么的吧？"

马尔科姆沉默了一阵子，然后深吸了一口气，说道："好吧，"他的声音里带着一丝恶作剧似的玩笑意味，仿佛就喜欢吊着我的胃口，"如果你想要这个位置的话，它就是你的了，伙计。"

于是，就这样，我从一个塑料顶棚安装工变成了乐队的主唱，而且是世界上最火爆的乐队之一。这真是激动人心的时刻。事实上，我完全呆住了，说不出话来。

"布莱恩？"过了一会儿，马尔科姆说，"你还在吗？"

"在。"我艰难地说出一个字。

"你还在听吗？"

"哦，当然！"

"你知道，你会受到很多的质疑和非议的，对吧？因为我们的乐队……有不少人恨我们。所以有很多批评的声音。还会受到权威人士的评判。乐迷们也需要一段时间来适应。你确定你能承受这些压力吗，小约？"

"嗯，"我粲然一笑，说道："我才不在乎呢。我愿意加入AC/DC。"

20

解散

在我的人生中，如果有那么一个时刻令我特别想和别人分享的话，那就是这一刻了，但我没人可以分享。肯早就回家了，我父母还没有回来。可我实在受不了，急于找人分享我内心的激动和喜悦。我憋得心脏都快爆炸了。屋子里只有一瓶我给爸爸买的威雀威士忌，是给他庆生用的，我知道不该把它打开，不过……事出突然，爸爸一定会理解的。该死，我心想，去他的吧，于是我一不做二不休，打开了那瓶威雀威士忌，喝了一大口。然后我就站在房间里，环视四周，心想，我现在32岁了，还和父母住在小时候住的公租房里，从这里可以看到通往发电厂和维克斯坦克工厂的铁路，而就在刚刚，我接到了一个电话，意味着一切都要改变了……也许会永远地改变。接到一个改变命运的电话——也许大多数人一生都不会有这种经历。

我喝着酒，一口又一口。

然后，爸爸从俱乐部回来了，接着妈妈也回来了。

"生日快乐，爸爸，"我举起威士忌对他说，"这是我给你买的生日礼物。"

我爸爸用奇怪的眼神看着我，说道："你把我的生日蛋糕也吃了吗？"

"哦，很抱歉，"我意识到自己把送爸爸的酒喝了，"我再给你买一瓶。"

"你是得再买一瓶。"

"我刚刚得到了……一份工作，爸爸，一份特别棒的工作。所以我想庆祝一下。"

"工作？"他说，"谁给的工作？"

"AC/DC。"

我爸爸坐在椅子上吼道："你说什么，AC/DC？它们不是刚刚被国有化了吗？"

我双手捂着头，说道："我说的是一支摇滚乐队，爸爸。"

"哦……没听说过。"在我爸爸看来，如果某支乐队他没听说过，则意味着这支乐队没什么名气，就连披头士乐队在他眼里也不算多红。

这时我妈妈走了过来。

"我得到了一份新工作，妈妈，"我满心自豪地对她说，"我成了 AC/DC 的新主唱！"

"哦，那太好了，儿子，"她说，"你想吃三明治吗？"

不会吧。这么大的事情在他们眼里竟然不算什么。而且，在他们看来，就是因为我一直想做乐队的职业歌手，才遇到了这么多问题和麻烦。所以，想到我要放弃自己的生意，再次走上音乐道路，他们只会更担心，甚至会觉得我已经没救了。

不过至少莫里斯是明白的。"AC/DC？"我给他打电话时，他说道，"那支乐队可火了。"

全国赛马大会结束了——冠军是一匹叫本·尼维斯（Ben Nevis）的马，爸爸给这匹马下了注。时间到了，我该去韦斯特霍普工人俱乐部（Westerhope Comrades Club）带着乔迪二世乐队一起演出了。

和往常一样，俱乐部演出的门票已经卖光了。人们在门口排起了长队。队伍几乎从街头排到了街尾（我至今还保存着那场演出的宣传单——门票是55便士）。当晚来演出的还有戴夫·布莱克的歌迪乐队（Goldie）。因为戴夫·罗布森的兄弟杰夫（Geoff）也在这个乐队里，所以我们和这支乐队很亲密，就像两家人一起演出一样。

我记得我当时就坐在观众席，听着歌迪乐队的热门单曲《再次和好》（*Making up Again*）。这时，一个女孩走到我面前，对我说："听说 AC/DC 乐队换了个新主唱，但那个人应该是你才对，你才是最适合的人选。"我只是微笑着点点头，感觉就像电影里的某个场景，你周围的一切都很安静，因为你知道有重大的事情发生了，但你不能吐露一个字。

我心里只想着一件事——怎样才能从现在这种我辛苦建立起来的生活中全身而退呢？我即将毁掉乔迪二世乐队其他成员的梦想；我即将伤透我女朋友的心；我即将让善良好心的肯失去工作。

而且，我生活中的一切都可能会被毁掉。

当然，我不会想到，再过几年，工人俱乐部的黄金时代就会结束。这些俱乐部会纷纷倒闭。与此同时，塑料顶棚的潮流也即将消失，这股风潮来势汹汹，但也转瞬即逝。换句话说，继续留在纽卡斯尔的话，失败和落魄的风险要比加入 AC/DC 大得多。

但是，在韦斯特霍普工人俱乐部演出的这天晚上，我感觉给自己埋下了一颗炸弹，一旦爆炸，我身边的每个人都会受到伤害。我所能做的就是坐在那里，说出已在心里默念了无数遍的话，可说出这番既令人激动又令人伤心的话，真让我心碎。

在我动身去伦敦开始新工作的前一天，我的心情跟你想象的一样糟糕。

主唱的事情还没有正式确定，但此时我必须把我新的动向对我身边最亲近的人如实相告。

最难的是把实情告诉我的女朋友。她立刻就意识到，她要失去我了。不是因为我不想跟她在一起，而是因为她想安定下来。如果我加入乐队，那安定就是难以实现的事情了。她对我要加入乐队的想法感到十分震惊。"求你了"，她说，"我不想失去你。"这是最让人难受的情形，真的。她漂亮又优雅——我们本可以拥有美好的生活。但从离开帕森斯的那一刻起，我就已经放弃了正常稳定的生活。

接下来，我要把这个消息告诉肯。我对他说："听着，这张专辑的制作需要花好几个月的时间，而且还要看发行后的反响如何，如果我没有回来，这买卖就归你了。"他似乎很高兴，但是，当然，我也担心我走了之后生意就完了——毕竟，我们的生意能做得这么好，主要是我安装顶棚的手艺好，而且大部分的活儿都是我一个人干的。

最后，我不得不把乔迪二世乐队的所有成员召集起来开会，包括戴夫、戴维和德里克。

当然，他们听了这个消息后都很震惊。"伙计们，"我说，"我得到了这份工作，但他们还没有对外宣布。我不知道以后会怎么样，但现在看来这事是真的。我明天就要去伦敦开始制作新专辑了。我只是需要一点儿时间。"

我感觉当时就像一场葬礼一样，气氛凝重。

"上帝啊，我真以为我们能成名呢。"戴维盯着手里的啤酒说。

"那希顿·巴菲斯俱乐部的那场演出我们就不去了？"德雷克问道。

"目前看来……所有的演出我都去不了了。"我说。我看到每个人脸上都露出了悲伤的表情。所有的演出都泡汤了。这种感觉太让人难以接受了，我知道这都是因为我，我应该为此负责。"听着，伙计们，假如这事最后没成，我还会回来的，"我说，"到时候我们还能在一起玩乐队，但现在我必须得抓住这个机会试一把。"

然而，一旦接受这个事实，小伙子们便很快对这件事释然了，因为他们知道，这么好的机会，没有人能拒绝。他们是我最好的朋友，真的。事实上，毫不夸张地说，我人生中最美好的时光就是跟乔迪二世乐队一起度过的。

这一天——3月31日，星期一，我本来应该和乔迪二世乐队一起在希顿·巴菲斯俱乐部再次演出，我却在位于国王十字区的E-Zee Hire排练室，和彼得以及AC/DC乐队在一起。彼得对我说，我的报酬和乐队其他成员一样，只要跟着乐队演出，就会获得"出差补贴"。我不知道"出差补贴"到底是多少钱，因为我从来没领过。彼得解释说，补贴是以现金形式发放的，巡演时期每天都能拿到，算是零花钱。我满脑子想的是，这里面肯定有什么陷阱，但这次，令人惊讶的是，什么陷阱都没有。我现在所在的是一支著名的乐队，跟以前真的不一样了。

然后彼得问我是否还有其他"未了结的事情"需要处理。

我对他说了红色巴士公司的事情，他记下了我和那家公司的合同条款。①

"好，除了红色巴士以外，还有什么吗？"彼得问，"你有抵押贷款吗？"

"是的，我有一幢房子，但是不怎么住。"我回答说。

"还差多少钱没还？"

"我也不清楚。房子的价格是11000英镑，根据法院协议，我每月要还70英镑的贷款。"

"给你提供贷款的是哪家银行？"

"哦，我是从房屋互助协会贷的款，不是银行——叫利兹永久房屋互助协会。"

"知道了，我会打电话给他们，把剩余的贷款付清。"

---

① 后来，我不得不以自己的收入作为抵押，借了三万英镑给自己赎了身。——作者注

"什么？你说的是真的吗？"

"当然。你还有什么事情要告诉我们吗？"

那一刻我震惊不已，我想起了前一天晚上和乔迪二世的伙伴们在一起时的情景。我告诉彼得，我为那些伙伴们感到难过，因为我，他们不得不取消了一个月的演出，而他们都是很努力的小伙子，而且都很需要钱。我说我愿意用自己一部分的薪水来补偿他们一个月的损失，这样至少在他们找到新主唱之前，可以减轻一些经济上的负担。

"2000英镑够吗？"彼得问。

我惊得差点儿从椅子上摔下来。他并不是在开玩笑，因为随后他就把一沓现金装进了一个棕色信封里递给我。我带着乔迪二世乐队的伙伴们去了一家印度餐厅，吃饭的时候把钱给了他们。一想到在突然离开乐队之后，我还能为他们做点儿什么，帮他们摆脱困境，我心里就由衷地感到高兴。

"还有最后一件事，"彼得说，"那帮小子想让你成为AC/DC的正式成员。我知道你曾经是乔迪的一员，但这次我们希望你能全身心地投入新的乐队里来。"

"所以……这话是什么意思？"

"意思是你不仅会领到薪水，还会获得乐队20%的利润分红。"

"还有利润分红？"这对我来说真是个陌生的词。

"不，现在还没有。"彼得回答说。

"哦，"我说，"行，没关系。也许如果新专辑卖得好的话……"

"嗯，是的。"

第二天早上——也就是愚人节，我当选 AC/DC 新主唱的消息开始流传，当时我们已经在制作新专辑了，并准备在瑞典的极地录音室（Polar Studios）录制新歌。

在我和彼得谈过话之后，马尔科姆找到了我，递给我一个黄色的便笺本，问我是否愿意试着为其中一首歌的一段旋律写歌词。现在回想起来，当时有很多事情都发生得太快，我的记忆都有些模糊了。但是，看我们在 E-Zee Hire 排练室拍摄的照片，会发现我大部分时候都拿着那个便笺本，所以尽管我后来写了很多作品，但其实那会儿才是我第一次提笔创作。

一开始，马尔科姆只是想让我写几句歌词。当然了，在我作为歌手的职业生涯中，只给乔迪人乐队写过几首歌。更重要的是，这段旋律的节奏性和表现力都很强，所以我必须想出一些特别的东西。

最难的一点是要努力延续和发扬邦在歌曲创作上的风格和特点。邦是工人阶级里的语言大师，从《大型舞会》（*Big Balls*）中接连不断、精妙无比的双关语，到《性感女人罗茜》中对自己和一个塔斯马尼亚女孩的露水情缘的那些快乐而有趣的描写，他都把语言用到了极致。当然，他活着的时候，评论家们并没有参透这些歌词的全部内涵和精髓，但是在邦去世后，他们突然对他别具一格的文字表达方式有了新的理解，并心生敬意。不过邦根本不在乎别人说了什么，他对那些废话毫不理睬。那些所谓权威人士的冷嘲热讽，对他来说甚至是一种荣誉。

我不确定自己能不能写出比邦更好的歌词来，哪怕能达到他百分之一的水准也好啊。所以，当马尔科姆让我写一段歌词时，我决定找个安静的地方，好好地琢磨琢磨。但是，我当时是在国王十字区的一间排练室里，根本没有什么地方可以让我安静下来。

"把你脑子里想的东西写下来，布莱恩。"我不断地这样告诉自己。当然，我脑子里唯一熟悉的东西只有汽车。事实上……等一下，我想到了一个主意……"她是最快的座驾，"我写道，"她总是让自己的马达干净漂亮，"过了一会儿，我又写道，"她是我见过的最热辣的女人。"

我对这些成果非常满意，现在我要做的就是再写两个段落，以及一段副歌……

在 E-Zee Hire 排练室待着的那一周里，我晚上住在瑞士小屋度假酒店——我觉得那里豪华极了。乐队里只有菲尔和我一起住，因为其他人都有自己的房子。

我们一起排练，一起写歌，忙了一整天之后，菲尔和我会早早回到酒店，吃点儿东西，喝点儿啤酒。但我很快就意识到，菲尔跟我的性格完全不同，他不太爱说话，所以我们一起吃完晚饭后就各自回房间了。这令我感到不安，我开始怀疑他是不是知道一些事情，却瞒着我不让我知道……比如乐队改主意了。

一天晚上，当我走进电梯时，菲尔肯定是注意到了我一脸担忧的表情。

"嘿，小约，"他笑着对我说，"别担心——我们很爱你，伙计。你放心好了。"

我一下子如释重负，因为我心里真的没底。所以，谢谢你，菲尔，谢谢你对我说了这番话，愿上帝保佑你。这些话对我来说真的太重要了。

加入 AC/DC 后，我突然进入了一个圈子——在这个圈子里，和其他音乐人一起交流闲聊成了一件再平常不过的事。而这个圈子里的人可都不是等闲之辈，他们都是我仰慕的偶像。

比如，我们在 E-Zee Hire 制作专辑的第二天，奥兹·奥斯本[①]来了。他是我在帕森斯当学徒期间的偶像，每天午休时我都会守在收音机旁痴痴地听他唱歌。看到他出现在这里，我简直不敢相信。最令人激动的是，他竟然径直走到我面前，握住了我的手，祝我在新的乐队里一切顺利。更让我感动的是，他曾经是邦的朋友。这对我来说是个十分重要而难忘的时刻——谢谢你，奥兹。

第二天晚上，马尔科姆邀请我去梅达韦尔（Maida Vale）的沃灵顿酒吧喝酒。那个酒吧里挤满了形形色色的音乐人。我、马尔科姆和克里夫在那里喝酒，然后我发现泥浆乐队（Mud）的莱斯·格雷（Les Gray）也坐到了我们这桌，他对我说："你好，布莱恩，我很期待你的演出。"

这太让我受宠若惊了，我兴奋得脑子都蒙了。

还有一天晚上，我来到马尔科姆的公寓，一个留着大胡子的美国人朝我走了过来，马尔科姆对他说："来见见布莱恩，他是我们的新主唱。"我们很快就聊了起来，然后我得知，他刚刚遭遇了一场飞机失事，侥幸生还。这时我才意识到，他是林纳德·斯金纳德乐队（Lynyrd Skynyrd）的成员之一——加里·罗森顿（Gary

---

[①] 奥兹·奥斯本（Ozzy Osbourne），英国歌手、演员。——译者注

Rossington），这支乐队有一半成员都在那次飞机事故中丧生了。真是太可怕了。至今他的手臂仍然有些问题，走路也有点儿跛。

通过这样的方式，我结识了很多友好又有才华的音乐圈人士。我很想把他们每一个人都详细地记录下来，这样我就永远不会忘记他们了——我当然不会忘记的。

当我们在 E-Zee Hire 的工作接近尾声时，乐队成员最喜欢的摄影师罗伯特·埃利斯（Robert Ellis）来了。《大西洋月刊》（*The Atlantic*）邀请他为我们的新专辑拍摄宣传照。当时是 4 月 4 日，距我离开伦敦还不到一周，感觉却像过了好几个月一样。而就在三天前，我加入乐队的消息才正式被公布。

因为没找到菲尔，我们就在没有他的情况下拍了几张照片。马尔科姆代替菲尔坐在鼓凳上，拍了一张经典的照片。我也拍了一张，我穿着带有 "22" 字样的 T 恤坐在鼓台上，手里还拿着便笺本。后来，菲尔终于来了，我们走到外面，背对着砖墙又拍了几张照片。

拍照结束后，彼得带来了一个令人失望的消息：我们不能去位于瑞典斯德哥尔摩的极地录音室了，因为它被 ABBA 乐队预订了。

"那咱们去哪儿录？" 马尔科姆问道。

"罗盘针录音室（Compass Point Studios）。" 彼得耸了耸肩说。大家点了点头，继续投入工作中。

过了一会儿，当着队友的面，我有些难为情地举起手，然后把彼得拉到了一边。

"罗盘针录音室在哪儿？"我问他。我的意思是，要是问我东北地区的俱乐部有哪些，我了如指掌，如数家珍，但要是问我世界上最贵、最先进的录音室在哪里，我就完全不知道了。

"好吧，虽然我很不想给大家带来坏消息，"彼得的表情显得很严肃，突然咧嘴一笑接着说，"可是，我要把你们拉到巴哈马[1]去。"

---

[1] 巴哈马（The Bahamas）是一个位于大西洋西岸的岛国。——译者注

21

欢迎来到天堂

新工作开始还不到一个星期，我就要被带到西印度群岛（West Indies）的一个热带岛屿上了。不过我想我会适应的。

在这里，我应该说明一下，1980年的罗盘针录音室远没有后来那么有名。这个录音室是三年前由克里斯·布莱克韦尔（Chris Blackwell）创立的。他希望能吸引到像岛屿乐队（Island）的鲍勃·马利（Bob Marley）那样出色的音乐人，让他们到这里进行录音和创作，可以远离大城市的喧嚣，不受干扰。当时，我们被告知要和来自纽约的一个名叫"传声头像"（Talking Heads）的乐队共享这个录音室。

就在两周前，我还在韦斯特霍普工人俱乐部的舞台上演出，台下全是工人，而现在我却来到了这里，用滚石乐队刚刚用过的录音室录音。这感觉就像做梦一样。从某种程度上来说，我的确还在做梦，因为我还得向安格斯、马尔科姆以及乐队的其他成员证明，他们选择我是个正确的决定。

至少，有一件事情没有改变——我们的座位仍然在飞机后面，就像多年前乔迪人乐队去澳大利亚巡演时一样。

第一次近距离地与乐队成员接触，我有种奇怪的感觉，也很紧张。但彼得立刻打破了僵局，他拿出一个袋子，里面装满了专业级别的索尼随身听，然后他把随身听发给大家。每台随身听都用一个时尚漂亮的皮盒子装着。我拿到随身听时，感觉自己就像一个在圣诞节早上收到礼物的孩子。那时候随身听才刚刚上市。那是我有生以来见过的最具备高科技的东西。当我戴上耳机，按下播放键后，我听到了音质绝佳的音乐，比我以前用任何音响设备播放的都好。当然，乐队的伙伴们带来了他们一直在排练的乐曲段落的录音，所以在接下来的六个小时里，我一直在熟悉这些旋律，思考着我要怎么唱，与此同时，还喝着乘务员给我拿来的啤酒。

此行的航程有 6400 多千米，在整个飞行过程中，我并没有指望自己能睡个好觉，但酒精开始起作用，我的眼睛渐渐睁不开了。

飞机降落时，天还亮着。看着窗外的棕榈树和蓝色的大海，我感觉像是到了天堂。

我们下了飞机，没过五分钟就遇到了麻烦。

海关人员基本上只是看了一眼我们的长头发和脏兮兮的牛仔裤，就决定不让我们留在他们的岛上。他们把马尔科姆和安格斯拉到一边，开始盘查吉他箱子里的东西。全世界穿制服的人都在玩同样的权力游戏。但海关人员没有意识到，马尔科姆和安格斯也擅长玩这种游戏——他们也会恐吓人，不管对方是谁。所以一段漫长且剑拔弩张的对峙就这样发生了。最后，海关的领导突然发飙了，要没收我们所有的东西。

就这样，我们的吉他被扣留了，而马尔科姆和安格斯也被带走了，他们会接受进一步的审问。一审就是好几个小时。尽管他们最终被放了出来，他们的东西却被扣押了，包括吉他——其中还有马尔科姆的格雷奇吉他，以及安格斯的吉普森吉他——这都是我们制作专辑时需要的东西。

"哦，别担心，布莱恩，"彼得说，"这种情况时常会发生，没什么大不了的。"

彼得向我解释说，马尔科姆和安格斯很不喜欢穿制服的人。如果那些穿制服的人态度不友好，他们就会发火。如果发现自己受到了冒犯，他们就会像刺猬一样立刻竖起刺来进行反抗——一旦他们觉得自己受到了刁难，就绝对不会让步。

至于我的行李箱，海关没有没收，因为我没有反抗，也没带什么东西。我带了一个行李收纳袋，里面有两双袜子、三条内裤、一条牛仔裤、一件牛仔夹克、三件T恤——包括印着"22"字样的那件，还有一顶布帽子[①]。

这就是我全部的行李。

[①] 那件印有"22"的T恤应该因为其英勇的"服役"而获得一枚追授奖章。在巴哈马，我每天都穿着它，在拍摄宣传这张专辑的所有六个视频中，我也穿着它（我们回到比利时后，在某天下午录制了这六个视频——在接下来的20年里，它们时不时还会被人们播放）。不幸的是，这件T恤在1980年底的"某次行动"中失踪。我已经通知它的"家属"了。——作者注

我们被安排住在一家客栈里。客栈在树林的尽头，位于海滩的起点——我说的海滩，不是像纽卡斯尔惠特利湾（Whitley Bay）那样的海滩，也不是像悉尼邦迪海滩那样的海滩。这是一片真正的海滩，像鲁滨孙漂流到的地方那样，有细腻松软的白色沙地、摇曳的棕榈树，还有蓝宝石一样晶莹的海水——尽管我们住的客栈条件一般，但有这样的美景也足够了。

最令我惊讶的是，虽然录音室离我们住的客栈只有130多米，但身材高大、行事严谨的巴哈马房东太太还是建议我们开着租来的本田思域汽车往返，或者用录音室那辆50cc排量的摩托车代步。她说，如果我们坚持走路去，一定要几个人一起走，不能有人落单，而且绝对不能在晚上出行。我们觉得她太小心翼翼，甚至有些保护过度了——也可能是受到了大西洋唱片公司（Atlantic Records）的嘱托，因为他们不想让我们太散漫，怕我们不够专心。但我们很快就发现，她的担心是有理由的。

当时的巴哈马群岛动荡不安，犯罪事件频发。海岸上许多船只都莫名其妙地失踪了，很多是被毒贩偷走的。持枪抢劫，尤其是入室抢劫，也变得越来越普遍。罗伯特·帕尔默（Robert Palmer）也是受害者之一，当时他就住在罗盘针录音室对面[1]。一天晚上，当他正在录音的时候，罪犯突然闯入，开枪打死了他的狗，并用枪指着他可怜的父母——把录音室的所有工作人员都吓得直哆嗦。

我们的房东太太不想冒任何风险。她在带我们进房间之前，

---

[1] 此时距离他创作《为爱疯狂》（*Addicted to Love*）还有六年。——作者注

给我们每人都发了一把鱼枪,不过不是用来捕鱼的,而是用来防身的,这样我们在房间遇到坏人时就有备无患了。后来她又给我们每人都发了一把砍刀,以防鱼枪不管用。住在那儿的日子里,我一直都小心戒备,把鱼枪放在门后,把砍刀放在床底下,随时准备在出现危险情况时使用它们。

说到我的房间嘛……确切地说,那不算个房间,更像个正方形的小茅屋,长和宽大约都是3.7米,里面有一张单人床、一个洗手盆、一张小写字台和一个卫生间。

显然,没有空调,也没有电视。

这里又湿又热,可是我一条短裤都没带——更不用说泳裤了,我的短裤都是踢足球时穿的那种,而且都在纽卡斯尔的家里,没有带过来。我真不知道该怎么办。

我只能跟乐队里的其他人一样穿着牛仔裤。

由于我们的乐器和装备被海关扣留了,所以起初的五天里,我们除了帮菲尔架起鼓,基本无事可做。最后我们只能在录音室里来回转悠,尽量找点儿事干。直到我们在录音室的公共区域发现了台球桌和桌上足球。正当我玩得兴起时,传声头像乐队出现了,他们是出来休息的。

太好了,我心想,我终于有新朋友可以聊天了。大卫·伯恩(David Byrne)似乎对酒吧里一些小的风俗习惯感到很好奇,比如他不明白为什么要把一枚硬币放在台球桌的边上。我已经给他解释五遍了,可他还是一脸困惑地看着我,好像我在对他说外语,不过客观地说,在他听来,我可能就是在说外语。

后来，我们和蒂娜·韦茅斯（Tina Weymouth）及她的丈夫克里斯·弗朗茨（Chris Frantz）交上了朋友，他俩分别是传声头像乐队的贝斯手和鼓手，我们相处得很好，并且他们帮了我们一个大忙——有一天，菲尔和克里夫在树林里失踪了，蒂娜夫妇帮我们找到了他们。

就在我们等装备的时候，一天早上，马尔科姆醒来就发现他所有的钱都不见了，于是我们叫来了警察。警方进行了一番调查，房东太太和我们的巡演经理伊恩·杰弗里还带着鱼枪去了海滩。最后还是没找到偷钱的人——还好如此，因为我不相信他们能打得过当地的罪犯。

正当我们觉得再也等不到乐器和装备的时候，基斯·埃默森（Keith Emerson）出现了，并且邀请我们去钓鱼。基斯是个大好人。他有一艘非常酷的小快艇，快艇的仪表盘上还有一个磁带播放器，我觉得那简直是有史以来最棒的东西。克里夫成功捕捉到一条巨大的金枪鱼，这可得好好庆祝一番。可很快我们就意识到，我们谁都不会做鱼，也不知道怎么处理它——我们之前看到的金枪鱼都是在罐头里待着的。

最后，是克里夫把这条巨大的金枪鱼切成了牛排一样的鱼排，每块鱼排有将近十厘米厚，然后他把这些鱼排放进客栈厨房的冰箱里。不幸的是，当天晚上断电了，第二天早上，我们走进厨房时，那里简直就像谋杀现场一样。由于当地气温很高，湿度也很大，金枪鱼都变质发臭了，那场面真是无法形容——铺着油毡的地上满是鲜血，整个房间奇臭无比，闻起来就像是过了保质期的屁。所以我们赶紧离开了，好让房东太太对厨房进行清理和消毒。

我们则搬到了一个味道没那么糟糕的房间里。这时有好消息传来——我们的装备终于通过了海关检查。这下大家都松了一口气。

我们终于可以继续做该做的事情了。

我已经迫不及待地想要开始工作了。

现在该提一下被乐队请来制作这张新专辑的制作人了,他叫马特·兰格(Mutt Lange),跟他一起合作的录音师叫托尼·普拉特(Tony Platt)。我在伦敦的 E-Zee Hire 录音室见过他们,但对我来说,他们只不过是在我试唱时见过的很多人之中的两个。

当然,那时候马特还没有变得家喻户晓。他出生于赞比亚,在南非长大,在约翰内斯堡(Johannesburg)附近的几个乐队里混过,所以他很了解这一行。唱片公司挖掘出了他的潜力,发现他是一个非常棒的制作人,便让他参与了《地狱公路》的制作。乐队的小伙子们很喜欢他的作品。

我在巴哈马群岛认识马特时,了解到的第一件事——除了他的职业道德之外——就是他和马尔科姆一样,拥有超乎常人的绝佳听力。

有一次,我记得我们在回放录音,那是一首刚录完的歌,马尔科姆问道:"那是什么噪声?"当然其他人都没听出什么异常,即使听了三四遍甚至十几遍。这时马特进来了,立刻就听到了马尔科姆所说的噪声。于是他过滤了每一道音轨——贝斯声、歌声、吉他声、鼓声——依次调低音量并仔细听,最后在其中一道音轨上找出了那种噪声，听起来像是一对响板发出的声音[①]。那么问题来了，这声音是从哪来的？我们差点儿把录音室翻了个底朝天——最后才发现，原来是一只螃蟹从海滩上溜了进来，它在屋里挥动钳子，发出了咔嗒咔嗒的声音，传进了麦克风，被录进了音轨。我真不知道马尔科姆和马特是怎么在安格斯的吉他声中听到这些噪声的。

一开始我对马特并没有什么太多的印象——主要原因是，在我们的装备被送到录音室并开始制作专辑的第二天，马尔科姆来到我的房间，向我提出了一个问题，让我很难有精力顾及其他事情。"嘿，布莱恩，"他说，"你的歌词写得怎么样了？"

"哦，我觉得……挺好的。"我说。我想起了自己之前写的那些歌词，"最快的座驾""马达干净漂亮"之类的东西——现在，整首歌的歌词已经写完了。

"那太好了，"马尔科姆说，"你能接着创作专辑里的其他歌吗？"

一时间，我愣住了，我以为他是在跟我开玩笑。

但事实上，他不是在开玩笑。

[①] 响板是西班牙人跳舞时常用的伴奏乐器。——译者注

布莱恩的传奇人生

22

雷霆之势

没过多久，我们就开足马力，全力以赴，为这张专辑各尽所能。马尔科姆和安格斯每天晚上都会选出我们第二天要进行创作和打磨的即兴重复曲段，然后给我一盒磁带。他们会在上面贴上标签，用铅笔潦草地写上歌名。我还带着在飞机上拿到的那台随身听，一遍又一遍地听磁带，同时琢磨要用什么词句搭配那些音乐。实际上，曲段里的某些部分只有节奏，夹杂着些许马尔科姆的吉他旋律。"是这样的，小约，曲子还没有全部完成，"马尔科姆说，"但你看看能不能想办法加点什么……"然后我们一起数着节拍，他会告诉我他认为应该在哪里加上人声。剩下的就都是我的活儿了。

直到第二天早上，我都待在那小茅屋一样的房间里，坐在床上，边想边写。

我应该借此机会澄清一下关于《回到黑暗》歌词创作的谣言。

关于这首歌，有很多阴谋论——通常是由那些自以为知道发生了什么事的人传出去的。实际上，他们并不是当事人。这些人包括一名澳大利亚记者，他声称邦·斯科特死前已经在他的笔记本上写下了这张专辑的大部分歌词，但事实并非如此——写下大部分歌词的人是我，我每天都从早到晚地写，只有歌名不是我起的。这才是真相，我希望大家能知晓这个事实，不要被谣言蒙蔽。

某些时候，我真的觉得邦在冥冥之中看着我呢——就像我第一次试唱时那样。我记得，我写完《你摇动了我》（*You Shook Me*）这首歌的歌词后，本能地抬起头，对邦说："谢谢你，伙计。"这种感觉无法解释。从这个意义上来说，在这张专辑上，邦的影响和作用极为深远。我们都能感觉到他其实与我们同在。

上午 11 点左右，我把写好的歌词带到录音室给马特看，我对他说："好了，马特，我写好了。"尽管压力很大，但过程很令人兴奋——而且我真的是全力以赴。我的脑子里萦绕了太多的歌词，甚至想不起来我之后唱了些什么。马特把我的笔记复印了一份递给托尼。我们一边听着旋律，一边唱出歌词。然后马特时不时地问我几个问题，比如："这句话是什么意思？"听完我的解释，他就在空白的地方做些笔记。一首歌就这样完成了。

每当我回首往事时，一想到这一切都是那么顺利，那么水到渠成，我就禁不住露出得意的笑容。那张专辑的歌词，一字一句都是我在一夜之间写完的，当时我的灵感滔滔不绝，脑海里没有一丝杂念。比如《我请你喝一杯》（*Have a Drink on Me*）那首歌，我写得很流畅，感觉好极了，灵感源源不断地涌出来——所有的旋律、曲调、歌词，全都一气呵成。"威士忌、杜松子酒和白兰地，手里拿着酒杯，哦，我试着尽力走直线，酸酸的麦芽浆和廉价的葡萄酒……"

幸亏还有马特，如果换了别人，那压力可就更大了。因为马特是个绅士，你马上就会发现，即使在他面前犯了错也没关系——如果有大胆的想法，他就会帮你实现。他是音乐圈里少有的能让你立刻就产生信任感的人。如果没有他，这张专辑绝不会成功。

我正和马特讨论歌词的时候，乐队的伙伴们带着吉他来了。他们会找几个曲段弹一弹，然后喝杯茶。最后，马特会催我离开录音室。"走吧，布莱恩，"他说，"希望你早点儿休息，睡个好觉，养足精神。我想让你午饭后过来，下午两点半左右行吗？大概要工作到四点半左右，最晚到五点。"

对我来说当然可以了。这样的日程安排再轻松不过了。毕竟，我早已习惯了起早贪黑的生活，以前天刚亮时我就要开始干活，一直要干到下班，晚上还要去演出，有时甚至要演两场。不过，这里的确很热，外面阳光热辣，海滩和北大西洋近在咫尺。走出录音室后，我去了当地的一家商店，买了一条泳裤，感觉自己就像在度假。

"我还能再干一会儿！"每次工作结束后，我都会向马特抗议。

"不行，布莱恩，"马特带着清晰而温和的罗得西亚（Rhodesian）口音坚定地说，"今天就到这里吧。"

每次我们录制演唱部分时，音控室——实际上是整个录音室，都空荡荡的。在我演唱的过程中，马特从来不会让任何事情打扰我，他让我集中精力，不去分心。当然，录音师托尼·普拉特也会在那里，还有他的助手班吉·安布里斯特（Benji Armbrister）。在制作这张专辑的过程中，班吉起到了很重要的作用，因为他全程都参与其中。人人都喜欢他，不管遇到什么事，他都会主动站出来帮忙，让一切都有条不紊地进行。班吉大部分时候看起来都很严肃，但他笑起来很迷人，让你忍不住也跟着笑起来。除此之外，他还是桌上足球之王。托尼是乐队的无名英雄，他非常安静，也很有亲和力，是马特的得力助手。马特其实是个很有主见的人，作出决定时很果断，但他也会听托尼的意见。在录音室外，托尼是我的好哥们儿，也是和我志同道合的酒友。

如今，我们录制一首全新的歌曲时，通常会先录一个大致的音轨，构建出大概的轮廓和结构。但是在录《回到黑暗》这张专辑时，我们并没有领唱，因为没有时间准备。因此我听到的只有乐队成员在很短时间内创作的曲子，至于旋律、曲调什么的，全靠即兴发挥。但奇怪的是，我们配合得非常默契，一切都自然而流畅。我的意思是，我已经写完了歌词，也对大致的演唱有了些想法和概念，所以凭借的完全是我的直觉和天性。每次演唱前，我都没有刻意做什么心理准备，只需要走进录音室，尖叫几声让自己放松下来，然后就唱下来了。

马尔科姆和安格斯采用的是另一种方式，他们会有一个粗略的想法，然后确定要怎样合唱，再走进录音室里试一试，每次都很成功。

我唱歌时，会戴着耳机站在录音室的屏幕后面——那时的科技远没有现在这么发达，不会像今天这样，不戴耳机唱歌也能录音。我唱歌的时候，没有回音效果器或其他的辅助设备，所以听起来很枯燥。马特很喜欢这样,我却觉得很不安,因为如果你只能听到自己的声音,会觉得干巴巴的,很没意思。可当你的声音被加上了音效和气氛渲染之后,再重新播放出来,就会令人十分惊喜。

刚开始的时候,马特总会提醒我,让我音调再高点儿。我真不知道自己竟然能发出那样的声音——我以为那是不可能的。但马特就是有本事让不可能变成可能——一旦进入更高的音域,我就像脱缰的野马一样,终于能够自由驰骋了。我一下子就觉得……天哪,这感觉真是太棒了!所以从那时起,我就一直那样唱歌了。

对我来说,《抖抖腿》(*Shake a Leg*)是所有歌曲中最难唱的。

一部分原因是马特不断让我突破自我,唱更高的音。节拍却很难搞定——我的声音总是进入得太早。于是我们干脆不再放音乐,马特用手给我打拍子。你们在这张专辑里听到的歌,其实是由两次录音拼接在一起制作而成的。

《射杀快感》(*Shoot to Thrill*)是另一首很难唱的歌。节奏太快,歌词太多,让我几乎没有喘气的时间,似乎需要用第三个肺来呼吸。威豹乐队(Def Leppard)的乔·埃利奥特(Joe Elliott)对我说,他和马特合作过《纵火狂》(*Pyromania*)这首歌。有些歌曲你可以在录音室里多唱几遍,然后把它们拼接起来。但如果巡演时唱这些歌,就必须一鼓作气,所以要多排练几遍才行。《抖抖腿》和《射杀快感》就是这样的歌曲。

马特一直专注于自己的工作,我从他那里得到的反馈却少之又少。

每次我唱完一遍的时候,他都会说:"很好,布莱恩。"

"我需要再唱一遍吗？"我问道，我实在很想弄清楚"很好"和"非常好"之间有什么区别。

"不用了，"马特回答说，但并没有进一步解释，"这就是我想要的……谢谢你。"

下午五点，我离开录音室之后，乐队的伙伴们会回到那里。他们会工作到晚上七点左右，然后我们会一起吃晚饭。我们通常会在客栈里吃房东太太做的饭。我很喜欢在巴哈马群岛的这段生活，每一分钟都是享受。但我最喜欢的还是吃晚饭的时候，每天晚上我们都能尝到新奇的食物，比如油炸香蕉、椰子咖喱羊肉，还有五花八门的鱼类和热带水果，都是你能想象到的最新鲜、最美味的食物。

几乎每次晚饭后，马特都会把乐队中的一个人或几个人叫回录音室，再工作一个小时左右，最常被叫去的人是安格斯，因为我们还需要他为歌曲添加几段独奏。

晚上，从我们的客房里能够看到罗盘针录音室里的灯光，它看上去是一个明亮、平安、祥和的地方，但我们没有一个人敢步行去那里，每次都是开车去。我们担心的不仅是那些贩毒团伙，还有当地的野生动物，它们也很吓人。有天晚上，我待在唯一一个有电视的房间里，正坐在地板上看电视，突然瞥见了一个东西，我全身立刻僵住了，惊慌失措地看着那东西，感觉它有点儿像狼蛛。然后它爬到了我的膝盖上。我用手指把它弹开，才发现那是一只螃蟹，后来它一瘸一拐地爬出门去了。所以最坏的结果也不过是它用钳子把我夹死，不过我还是被吓得够呛。还有一天晚上，马特被一只蜈蚣咬了，那感觉显然比他想象中的要疼得多。

没有人抱怨工作时间过长，因为我们都知道自己该做什么，也知道我们做的事情有多重要。马特给我们安排了严格的工作日程和休息表，但我们在周末也会去工作。然而这并不算什么疯狂的事情。因为马特和托尼的工作时间比任何人都长，他们每天晚上都是最后离开录音室的。

我经常会陪他们留在录音室，静静地坐在音控室的后面，听着他们讨论，感觉自己就是他们中的一员。在这样的夜晚，马尔科姆和马特总会想出绝妙的主意，他们会把安格斯的吉他音箱挪到走廊的墙边，这样你就可以在听专辑时听到那种史诗般的声音。方法很简单……但十分有效。

在过去的几年里，我接触过许多乐队，从他们口中都听过这样的事情：人们在录音室进进出出，对每件事都坚持自己的意见，并大声争吵。但这种事并没有发生在马特身上，他总会耐心地听取马尔科姆和安格斯的意见，因为他们很清楚自己想要什么。而他的工作就是帮助他们实现想法。但是，在录音室里，他是负责人，指挥一切，因为他十分受人尊敬。

在每次的夜间讨论中，最奇怪的一点就是，我总能听到自己的声音从扬声器里传出来。我看着马特、马尔科姆和安格斯，他们完全沉浸在他们听到的音乐里。

这三个人对细节极为关注，这种专注程度令人惊叹。他们几个人性情相投，难怪相处得那么融洽，配合得那么默契。

两周之后，我觉得脑子有点儿晕，灵感似乎枯竭了。

这段时间以来，我不停地写歌词，几乎没停过笔。我刚写完一首歌，就有人对我说："这个给你，接着写吧，布莱恩。"于是我就接着写下一首歌词……直到一天早上，我发现自己的脑子僵住了。天气也急转直下，海面上刮起了大风，天空中乌云密布。

那天早上我肯定是迟到了，因为我记得是马特来到我的房间找的我，而不是我去录音室找的他。我给他开门的那一刻，他看到我脸上的表情，就知道我遇到了麻烦。

"怎么了，布莱恩？"他站在门口问。

"我写得有点儿吃力了，马特。"我对他说。

"是我们给你的工作太多了吗？"

"我只是遇到了瓶颈，有点儿写不下去了，没关系，会好起来的。"

马特想了想，问道："是你写到某个地方被难住了吗？"

"是的，马尔科姆刚刚给了我一段曲子，"我说，"歌名叫《地狱的钟声》①（*Hell's Bells*）……"我没有告诉他，在邓斯顿，我们有句俗语——"Hell's bells and buckets of shit"，意思大致就是"见鬼，该死，滚蛋吧"。

也许这就是我被难住了的原因。

就在这时，马特的身后传来阵阵喧嚣的声音，听起来像是海上有人打仗，那声音很大，震得整个客栈都在摇晃。

"那是滚滚的雷声。"马特说。他在南非长大，十分熟悉热带风暴。但我从来没听过这个词——马特立刻看到了我眼中闪烁

---

① 地狱的钟声，也有见鬼、该死的意思。——译者注

的光芒。他说:"有了,这就是歌词的第一句……"

正在这时,天空仿佛被雷电划开了一个口子,倾盆大雨哗哗地落了下来。

"暴雨倾盆。"我说。

"听那风声……"马特说。

"就像飓风到来一样!"我说。

好吧,也许这并不是我们当时的对话,但也差不多。突然间,我和马特发现彼此都露出了笑容。多亏了刚才的坏天气,《地狱的钟声》前三句歌词已经写好了。然后,闪电划过天空时,第四句歌词也写完了,我突然想到了邦,他是整张专辑的灵感来源。我聚精会神地徜徉在灵感的旋涡中,完全没有意识到自己手里的笔正在纸上唰唰地写着。"虽然年少,但死期难逃。"我写道。

两个小时后,《地狱的钟声》剩下的歌词也都写完了——这时突然停电了,我们无法录音。

《地狱的钟声》这首歌对我们来说是一个重大的转折点——一切开始顺畅起来。电力恢复之后,歌唱部分录制完成,马尔科姆、安格斯和马特立刻想出了一个绝妙的主意——以钟声作为这首歌的开始,并作为整张专辑的开场。这个想法很快变成了一个更奇特的计划,他们打算委托英国的铸造厂铸造一口重达一吨的AC/DC之钟……还打算把它带到世界各地。你可以每晚都用像雷神托尔(Thor)的武器一样的金属锤敲响那口钟。

"行啊,伙计们,好主意,好主意啊。"当他们告诉我这个想法时,我对他们说。

但我没想到他们是认真的。

《地狱的钟声》录制完几天后，我们收到一个从英国传来的好消息——马尔科姆的妻子奥琳达（O'Linda）生了个女孩，起名叫卡拉（Cara）。为了庆祝小宝贝的降生，我们在录音室举办了一场盛大的派对。当然，此时我们所有人都开始想念自己的家人。我忍不住想起我家里的两个小家伙，乔安妮和卡拉，我多想给她们一个大大的拥抱啊。这是我这辈子离开她们时间最长的一次。就算在担任乔迪人乐队的主唱时，我们也没有过这么久的分别。在那个年代，电话不是想打就能就打的，因为打国际长途电话必须提前预约，而且费用很高。我们唯一的沟通方式就是寄信或者明信片，但是从巴哈马寄信到纽卡斯尔要花很长时间。

那天晚上我们举杯相庆——就连安格斯也喝了不少酒，他以前从来都是滴酒不沾的，不过，没过多久，我们的兴奋劲儿就收不住了。

后来我们都回到了音控室，马特开始播放混音版的《你摇动了我》。我坐在那儿咧嘴大笑，笑得停不下来，腮帮子都疼了。这时，马尔科姆注意到了我脸上的表情，于是问我："你没事吧，小约？"

"这是我有生以来听过的最好听的摇滚歌曲之一。"我兴奋极了，像风筝一样飘飘欲仙。

"哦，你真是这么想的吗？"马尔科姆笑着说。

"嗯，是的。说实话，小马……我觉得它可以跟披头士的《归来》（*Get Back*）相媲美。"

我们的谈话就此结束了——这还是他们第二天早上告诉我的，因为说完那句话，我就从混音台的后面滑倒在地上，然后睡着了。

对我来说,《回到黑暗》是整张专辑里最具挑战的歌曲之一。我不仅需要拼命记住我在试唱时唱的那两句歌词,还得为这首曲子的其他部分填上和前两句一样经典的歌词。不仅要唱歌,还要写词。我当时也不知道是从哪儿得到的灵感,那些歌词自然而然地就从我的脑子里冒出来,简直是脱口而出——直到今天,我仍然为这首歌的歌词而感到骄傲。比如,有这么一句词:"我有九条命,还有猫的眼睛,我肆意滥用我的生命,狂放不羁。"这歌词和曲子搭配得太完美了,真是神了。

当马特第一次看到我写的歌词时,似乎有些困惑,我是说前两句——"回到黑暗,我躺到床上",听起来像是说唱摇滚的开头,实际上,"说唱摇滚"几年后才出现。那个时候,说唱音乐也还处于起步阶段。但当我向马特说明我想要的歌曲节奏时,他想了想,说道:"嗯,好吧,我明白了,很好,很高明。"

后来,每当我演唱时,就像被什么东西附体了,或者被什么东西控制住了一样。我不知道这些冲动和能量是怎么产生的,真的不知道。我无法控制。这真是太可怕了,我的身体里就像有一个恶魔。我忍不住想,这东西是从哪儿来的?当然,马特依然说:"你的音调还能再高一点儿吗?"我看着他,心想,更高?你他妈的开什么玩笑?但他最终还是让我唱出了更高的音,而且没有用核桃钳夹住我的"老二",这和后来的某些传言截然不同。

我觉得马特的秘密是,他什么都懂。他能帮助你触及你能力的极限,不论是唱歌还是弹奏。

在巴哈马的那段时间里,有几个晚上我们没有待在客栈,而是去了街对面那家名叫"旅者歇脚处"的酒吧（我确定那家酒吧如今还在那里）。

酒吧里售卖一款名叫巴哈马妈妈的鸡尾酒，它是用菠萝、椰子和朗姆酒调制而成的，尝起来不像酒，更像果汁。我们喝了不少——真是太好喝了。一天晚上，几杯巴哈马妈妈鸡尾酒下肚之后，我和一个自称前巴哈马小姐的女孩有了一次难忘的邂逅。她是个美国人，后来我们在海里裸泳，还做了其他不可言喻的事情。

还有一天晚上，在专辑的制作接近尾声的时候，我们几个人一起出去吃饭，庆祝我们即将大功告成。但马尔科姆还留在录音室里，琢磨着最后一首曲子的歌名。等我们回来的时候，他拿出了一首令人难忘的歌曲，叫《摇滚不是噪声污染》（*Rock and Roll Ain't Noise Pollution*）——起这个名字也是受到了邦的启发。因为邦曾告诉他们，他有一次跟房东大吵一架，因为房东嫌他音乐声太大、太吵，指责他故意制造"噪声污染"，还想让警察来抓他。楼里的邻居对此也颇有怨言，但邦却耸了耸肩，说："摇滚不是噪声污染！"

我真不敢相信，马尔科姆在短短的几个小时里能创作出这么多东西。这是专辑里一首很不显眼的歌曲，但是让人越听越喜欢、越听越上瘾。

在享受了五个星期天堂般的生活之后，我的任务完成了。这意味着我可以坐飞机回家了。这张专辑已经基本制作完毕。谁的活儿干完了，谁就可以走，这样就节省了住宿费、伙食费和津贴。

我记得菲尔是第一个走的，接着是克里夫，然后是我。

马尔科姆和安格斯又待了一两个星期，在一些歌曲里添加了独奏，并完成了其他一些收尾的工作，还要帮助马特完成最后的混音。剩下的就是些小事情了，比如专辑的美工设计、母带制作，以及把专辑交给大西洋唱片公司等。

尽管我们只用了五个星期制作这张专辑，但我感觉自己仿佛已经在这里度过了一生。有意思的是，全程我只听过一首歌曲，而且是一首没制作完的歌。

我不知道这张专辑最终的效果会有多棒，我只知道我真的对我们所做的一切都感到非常满意。

23

回到黑暗

我乘坐的飞机于 5 月 5 日在希思罗机场（Heathrow Airport）降落，那天是星期一，正处公共假期。我之所以记得这个日子，是因为就在同一天，英国特种空勤团（S.A.S.）突袭了伊朗驻伦敦大使馆。突然回到现实世界的感觉真的很魔幻。BBC 和 ITV 都对那次突袭进行了直播，电视里不断地播放着那些荷枪实弹、生死攸关的残酷画面。

我们在巴哈马尽管工作很紧张，生活却惬意悠闲，每天都呼吸着新鲜的空气，与世无争。在紧张忙碌的工作中，我们根本没工夫看电视或报纸。如今一下子回到伦敦，回到车水马龙、人潮涌动的城市，生活节奏突然加快，一时间还有些不适应。不过，专辑终于录制完成，我回到了故土，心情也格外舒畅。这感觉就好像在踢一场足球比赛时，你所在的球队终于在主场进了个球一样。

我从机场直接打车去了彼得·门什的办公室。他问我新专辑怎么样，我实话实说，告诉他我也不知道。他说他听到了不少积极的评论，但还没有看到专业人士的评价和权威的报道。我心想，我们得到的消息也是这样的。

就在这时，彼得从他的保险柜里拿出了我这辈子见过的最厚的一沓现金，递给了我。那是我当月的薪水，以及五个星期的补贴。这真是太疯狂了。我是说，我刚在巴哈马群岛度过了我生命中最快乐的时光——我甚至觉得我应该给他钱。这么多的现金，我都不知道要怎么带走。于是我拿出了一个手提袋，里面装满了我的脏衣服。我把一部分现金塞进了袋子里，又把另一部分塞进了牛仔裤和夹克的口袋，以及身上所有能找到的口袋里，感觉自己就像一个刚刚抢了银行的抢劫犯。

"现在你打算做什么？"彼得问我。

"这个嘛，我要回纽卡斯尔看看我的生意，还有我的孩子们。"

"很好，布莱恩。"他说。

"你们需要我什么时候回来？"我问道。

"可能一个月之后吧。"

然后彼得问我打算怎么回家。我告诉他我要打车去国王十字车站，然后跳上火车，希望能见到我弟弟——我非常想告诉他我在巴哈马群岛发生的一切（这一次，我终于可以自己掏腰包买头等车厢的车票了）。彼得问我能不能帮他一个忙。他说他刚为公司租了一辆梅赛德斯奔驰车，但那辆车是手动挡的。作为一个美国人——更确切地说是一个纽约人，彼得只开过自动挡的车，所以他不敢开那辆车。车一直停在公司外面的非法停车区域，所以挡风玻璃上的罚单一天比一天多，罚金也一天比一天高。"

说着，他带我走到窗边，我们一同俯视着楼下那辆令人惊叹的梅赛德斯奔驰车——但车身是一种诡异的屎黄色，只有工业巨头和足球俱乐部的董事才开得起这种车。

"你能帮我保管一阵子吗？"他一边问，一边把车钥匙递了过来，"车子已经加满了油，上了全险，只开了大约1600千米。"

"你在开玩笑吧？"

"听着，我知道挺麻烦的，但罚单已经让我花了不少钱。"

"这……"

"拜托了……可以吗？请你帮帮忙……"

"好吧，如果你坚持这样的话。"

我开车沿着 A1 公路回到纽卡斯尔，脸上挂着这辈子最灿烂的笑容。这辆车是全新的，里面还有些新车独有的味道。就连车钥匙都又大又重，是用我摸过的最柔软的皮革制成的，上面还印着三叉星的奔驰车标志。我开着车，感觉自己就像个偷车贼。

我满脑子想的都是赶紧带两个女儿开着这辆车兜风，哄她们开心。到目前为止，离开英国的这段时间里，最难熬的事情就是对她们的止不住的想念。现在我可以开着一辆奔驰车回家了，而且口袋里也有钱了，她们想要什么我就给她们买什么。

到家后，第一个看到这辆车的人是我爸爸，但他并没表现出多少惊喜。

"那是一辆德国车。"我把车停在比奇大道 1 号的外面时，他对我吼道。

"不是的,爸爸,这是,呃……美国的。"

"这绝对是辆该死的德国车。"

"是一个美国人给我的。"

不过,他至少同意让我开车送他去俱乐部了。当然,我仍然不能向他保证我未来一定会成功——但在那一刻,我觉得我已经是个"成功人士"了。

第二天早上,我去店里看看肯怎么样了。

"哎呀,布莱恩,你回来了。"他说。

"一切都好吗,肯?"我问道。

"嗯,挺好的。不过这几个星期的生意很冷清,"他指着我的那辆奔驰车说道,"你想让我给那辆车装顶棚吗?是经销商送来的吗?"

"肯,"我说,"那是我的车。"

"什么?真的吗?"

我自豪地笑了。

"哦,你想装个顶棚吗?"

"咱们的车呢?"我突然发现店里的车不见了。

"呃……"肯支支吾吾,低下了头。

"呃什么?"

"出了点儿事故。"

"什么事故?"

"车着火了。咱们所有的乙烯基材料都在里面。所以这段时间的生意才比较冷清……"

我双手抱头，哀号了一声。

我在纽卡斯尔待了几个星期。巴哈马群岛和热带风暴渐渐成为我遥远的记忆。我确实接到了奥尔佳打来的电话，但仅此而已。

待在家里的感觉出奇的平常，好像什么都没有变，除了停在外面的那辆梅赛德斯奔驰车。

我父母仍然没听说过 AC/DC，所以他们仍然担心我现在所拥有的一切会化为乌有。但莫里斯很兴奋。然而，事实上，乐队保持沉默是有原因的。

我不知道的是，除了制作母带和美工设计之外，马尔科姆和安格斯还认真地考虑了那件事——用真正的钟声作为《地狱的钟声》的开头。他们还委托铸造厂制造了一口 AC/DC 之钟，以便我们巡演时使用。

这些事情都需要大量的筹备工作。

托尼·普拉特四处寻找他理想中的钟声，最终选中了位于莱斯特郡（Leicestershire）的拉夫伯勒战争博物馆（Loughborough War Museum）钟楼（Carillon Tower）上的丹尼森钟（Denison Bell）。然后他租了一套移动录音设备，想去那里把钟声录下来，但每次钟声响起时，钟楼里的鸟会呼啦一声飞出来，破坏录音效果，而且两次钟声的间隔时间有点儿太长了，那些鸟会在这段时间里飞回来。最后，托尼不得不放弃这种努力，等着那口真正的钟被铸造出来，再继续录制。

乐队选了约翰·泰勒铸造厂铸造 AC/DC 之钟，这个铸造厂也位于拉夫伯勒。这口钟重达一吨，上面印着 AC/DC 的标志和《地狱的钟声》的歌名。在大西洋唱片公司给出的最后期限前，这口钟终于铸造完成了，但还有一个小问题：它比丹尼森钟小，所以调子不太对。然而，作为一个技术天才，托尼很快找到了解决办法——将磁带的速度降至一半，使其与钟声完美匹配。托尼还请铸造"地狱之钟"的工匠敲响了用于录音的钟声，直到今天，带着这钟声的音乐仍在世界各地播放着。

后来我才知道，这口"地狱之钟"还在铸造厂里的时候，工人们会把它吊在天花板上，每到下午茶时间，就有人用叉车轻轻敲它，告诉大家该休息一下了。

所以，在某段时间里，AC/DC委托他们制造的是一口世界上最贵的下午茶定时钟。

后来的某一天，我收到了一个包裹。

是一张新鲜出炉的《回到黑暗》专辑成品。我把密纹唱片从保护套里拿出来，放在手里，盯着它看了很久，仿佛过去了好几个小时。专辑的封面是全黑的，上面印着灰色的 AC/DC 标志，下面用渐渐变暗的大写字母写着专辑的名字，看起来很简约，但又很酷。

我迫不及待想要听一听这张唱片，但没有播放设备，因为我父母家里只有一台瑞德福森牌收音机。所以我给一个家里有唱片播放机的朋友打电话。那个人就是德里克·罗特姆，乔迪人乐队的吉他手。

"哎呀，你回来了？"德里克说，"这么久都没你的消息了，忙什么呢？"

"呃，我想去你家用一下你的唱片机，可以吗？"我对他说，"你也可以听听这张唱片……"

几个小时之后，我来到德里克家的客厅，把唱片放进唱片机。开场的歌当然就是那首《地狱的钟声》，以钟声作为开始，然后是马尔科姆弹奏的主曲，接着，菲尔的低音鼓和镲片缓缓加入，大约一分半钟之后，我开始演唱。前奏很长，我甚至以为他们在录制时把我唱的那部分给忘了。我一边听，一边想，这听起来太他妈的棒了。我激动得浑身起鸡皮疙瘩。随后我看了一眼德里克，发现他正皱着眉头，一个劲儿地摇头。当我唱到"不留活口"那句歌词时，他倒吸了一口气，说道："天哪，小约，这么高的音，你竟然能唱这么高的音！"

"什么？"

"真是太高了。来吧，我请你去喝一杯。"

然后我俩就出去喝酒了。

到了六月底——差不多是在我从巴哈马群岛回来的两个月后——我们开始在伦敦维多利亚车站对面的新维多利亚剧院（现在的阿波罗维多利亚剧院）进行《回到黑暗》的巡演排练。我们只有四天的准备时间，接下来，我们还计划在两个国家——比利时和荷兰——进行"预热巡演"，并于 7 月 13 日在加拿大埃德蒙顿发行专辑，同时开始进行北美巡演。

排练的主要目的是打磨音乐，我也能更好地熟悉一下他们之前的歌曲。因为除了我以外，乐队里的每个人都了解他们的老歌，毕竟他们已经表演了很多年，但对我来说它们都是新的——哦，除了《性感女人罗茜》和《地狱公路》。这个要求对我来说有点儿高。因为乔迪二世乐队每隔几周才会排练一两首新歌。但是现在，我必须在极短的时间内掌握 AC/DC 乐队之前六张专辑里的所有歌曲，以及《回到黑暗》专辑中的大部分新歌——这些歌曲我之前只在录音室里唱过。

我们开始排练，工作人员开始组装我们身后的布景。最后，一个送货员送来了那口地狱之钟——哦，它看起来就像一只彪悍的野兽。我是说，这口钟被敲响的时候，声音充满了邪恶的魔力，既凶残又性感。当它被吊挂在照明设备的中间时，显得极具震慑力，绝对会让观众叹为观止的。不过短期内我们不会再看到它了——排练结束后，这口大钟将被运到加拿大，为北美巡演做准备。而我们则要留在欧洲，进行预热演出。

1980 年 6 月 29 日，预热巡演的第一场演出，也是我作为 AC/DC 新主唱的第一场演出，在布鲁塞尔（Brussels）东南部的那穆尔（Namur）举行，这里距布鲁塞尔大约有一个小时的车程。演出的地点是世博会展览中心的一个大厅。我们原本预计会有约 2000 名现场观众，因为我们并没有大力进行宣传，实际上，甚至可以说是十分低调，我们想等像足球场那么大的场地里演出时，再面对汹涌的歌迷。

我尽力让自己保持冷静，镇定地面对一切，却坐立不安，紧张得连饭都吃不下，一颗心怦怦直跳，总想上厕所。

演出本应在晚上八点半开始，但彼得带着巡演经纪人伊恩·杰弗里走了进来，对我们说："你们等一下，先不要出去。"观众比我们预计的多了1000人,所以他们需要在演出大厅里增加座位。在展览中心这样的地方,临时增加座位并不是难事,因为墙壁是可以移动的。

好了,布莱恩,别紧张,还有足够的时间,放松下来。

乐队里的其他人似乎一点儿都不紧张和慌乱。他们坐在那里聊天,一边喝啤酒,一边对我说:"你还好吗,布莱恩?"我说:"嗯,嗯,还好。"此时,我满脑子都是那些新歌、歌词,还有恐惧感——我怕自己把演出搞砸了。

我只想走上舞台,跟队友们一起冲锋陷阵、超越巅峰。我原以为这只是一场低调的小型演唱会,但实际情况并不是这样。半个小时后,彼得和伊恩过来告诉我们,又挤进来好几千人。见鬼。肯定是一传十、十传百,大伙儿都来了。当然,彼得还得再挪一次墙。于是他去了……结果,他正在挪墙时,又来了一拨歌迷。总之,我们就像在大好的晴天里上数学课一样,只能无聊地干坐着耗时间,很晚的时候,演唱会才徐徐开场。

而观众的规模基本上已经和在球场演出相差无几了。

安格斯第一个冲上舞台——人群立刻发出震天的欢呼和嘶吼,声音震耳欲聋,惊得我脊背发凉。铺天盖地的声音经久不息。在这一刻,我第一次感受到这份工作的压力。我突然想起自己当年站在飞机的舱门口第一次跳伞的情景,我此时的感觉和当时一样,仿佛又站在了那里,只不过这一次,我后面不会发生任何危险……

我的脑海里一片寂静。我能看到灯光,就像我第一次从飞机上跳下去时一样。我觉得自己准备好了。我给自己加油打气，暗示自己要豁出去大干一场。我这辈子从来没有过这样的冲动。从来没有过。

人群、音乐和乐队——它们就是我的降落伞。

24

结束之前

关于《回到黑暗》这张专辑，我已经说得够多了，也没什么可写的了。我能说的是，那天晚上，我一走上舞台，便获得了观众们的全力支持。放眼望去，到处都能看到写着标语的牌子，上面写着"安息吧，邦"和"祝你好运，布莱恩"。我之前一直很担心，害怕歌迷们永远无法接受由别的歌手取代邦的主唱位置。但我在舞台上感受到了歌迷们的热烈欢迎。我永远感谢AC/DC的歌迷们，是他们给了我这个机会。

谢谢，谢谢，谢谢……

当回首往事时，我自己都很难相信事情的真实性——事实上，我不得不再三确认这事儿是真的。《回到黑暗》这张专辑中的歌第一次公开亮相时，我们至少唱了其中七首歌曲，因此在接下来的四五周内，这些歌不会再公开演唱了。在唱完《地狱公路》的中段之后，我们连续唱了四首新歌——《亲爱的，你怎么挣钱》

（*What Do You Do for Money Honey*）、《摇滚不是噪声污染》、《射杀快感》和《给狗一根骨头》（*Givin' the Dog a Bone*）。

就像我之前说的那样，AC/DC 是一支追求极致的乐队，要么做到最好，要么就不做，绝不妥协。

同样令人难以置信的是，观众们站在舞台下听着歌的时候，已经将每一个音符都尽收耳中——当唱到《我请你喝一杯》的第二段副歌时，台下的观众也跟着我们唱了起来。当然，我们都对这张专辑信心满满，但观众的热情反应仍然超出了我们的预料。《性感女人罗茜》的旋律刚一响起来，歌迷们就大声地喊起安格斯的名字，声音那么响亮，整个大厅似乎都在震动。最后我们以一首《摇滚歌手》（*Rocker*）作为结尾——返场时又唱了《抖抖腿》和《摇滚起来》（*Let There Be Rock*）这两首歌。这是我们第一次也是最后一次现场演唱《抖抖腿》。

那天晚上，我的确搞砸了一件事。

我们以《地狱的钟声》作为开场——但我们没有敲响那口定制的大钟，因为它还在一艘开往加拿大的集装箱船上放着呢。我们准备了几首经典的曲目——《在火焰中被击倒》（*Shot Down in Flames*），以及《地狱不是个糟糕的地方》（*Hell Ain't a Bad Place to Be*）。但我因为太紧张，先唱了《地狱不是个糟糕的地方》……而当时乐队正在演奏《在火焰中被击倒》的音乐。好在乐队的声音太大了，所以没人听得到我的声音——除了前几排的歌迷，他们呆呆地看着我，好像在说，这家伙在干吗呢？除了他们，没人看出我的失误。等《地狱不是个糟糕的地方》的音乐真正响起时，我又唱了一遍。不过除此之外，一切都很顺利。

演出结束后，在化妆间里，我们都说不出话来了——都累得气喘吁吁，满头大汗，连啤酒都喝不了。

我记得克里夫坐在那儿——他总是一屋子人里最酷的那个。他抽着烟，看着我，问道："你还好吗，小约？"

"好得不能再好了，伙计。"我喘着粗气说。

我们听到外面传来热烈的欢呼和叫喊声，还有震耳欲聋的掌声，歌迷们吵着要听更多的歌。

我们不需要再说什么了。

演出到底有多棒，看看这些激动的歌迷就知道了。

那是多么美好的一个夜晚啊。

《回到黑暗》的成功所带给我的最大满足之处是，它让我终于能回报那些一直在我身边支持我的人了——首先是我的父母、我的孩子们，以及我的弟弟莫里斯和维克多，还有我的妹妹朱莉。

在收到版税支票后，我给父母买了一套属于他们自己的房子——就在惠克姆坡（Whickham Bank）的半山腰上，紧挨着邓斯顿，可以俯瞰纽卡斯尔美丽的景色。我爸爸很紧张，他担心如果不给政府交房租，俱乐部里的那些朋友会不再理他，但他最终还是改了主意……当然，他那些朋友们也都为他感到高兴。

几年之后，我还帮莫里斯找到了一份乐队里的后勤工作——担任我们的厨师。他离婚后，经历了一段艰难的时期，所以我问队友们能不能给他一个月的试用期。当然了，他一来，大家就立刻喜欢上了他，乐队的小伙子们向来都很热情。莫里斯还赢得了"最具价值员工"的称号。这么多年以来，莫里斯总是在帮我，我想我至少能够以这样的方式回报他。事实上,直到今天,我还欠他一顶帽子没还呢——就是在罗布利山俱乐部演出后他给我的那顶。

对我来说,《回到黑暗》巡演时最难的一场演出是在澳大利亚。因为对澳大利亚人来说,邦不仅仅是个名人,更是全民偶像,也是这个国家的宝藏。他们是看着邦一步步成长起来的,无论是邦最初在瓦伦汀乐队(The Valentines)的时候,还是后来在兄弟会乐队的时候,人们都深深地爱着他。

在澳大利亚,我们的第一场演出是在珀斯(Perth)的娱乐中心举办的,这是澳大利亚最大的演出场馆之一。这是邦的地盘,他的家乡弗里曼特尔离此处只有几千米。我感到紧张不安,但刚一上台,彼得就递给我们一张纸条,上面写着:"斯科特太太想见见布莱恩。"一听到这个消息,我的紧张感突然消失了,因为我知道,AC/DC的到来会让她想起她离世的儿子,这一定很痛苦。当时距离邦去世刚刚一年,悲剧几乎就是在去年的这个时候发生的。

结果,整个下午我都在和斯科特太太,以及邦的兄弟德里克(Derek)和格雷厄姆一起喝茶①。斯科特太太是个很了不起的女人,说话带着浓重的苏格兰口音。后来我才知道,是马尔科姆最先打电话告知了她邦去世的消息,因为马尔科姆怕英国的小报会先找到她,说一些令她伤心的话。马尔科姆向来都是这么善良体

---

① 我不记得邦的爸爸奇克当晚是否在场,不过话说回来,如果他因为无法面对邦的事情,所以没有出现,我当然也不会责怪他。——作者注

贴、心思缜密，他真的是个大好人，毕竟，打电话通报噩耗也是需要勇气的……

我和斯科特太太一起聊天时，最开心的就是听她讲邦小时候的故事。"哎，这个臭小子就是不爱穿鞋，总是闯祸，到处惹麻烦，还天不怕地不怕的。"她对我说。

我很感谢她，但这不足以表达我的心情和感受。

后来，德里克和格雷厄姆也抛出了一个重磅消息：邦就是我在托基偶遇的那个毒牙乐队里的家伙。一听到这个消息，我立刻愣住了，半天都回不过神。但我非常高兴，至少我见过邦一面，而且，邦回家之后还把这件事告诉了他的家人。这真是我的荣幸。

总之，我们有说有笑地聊了一阵之后，我不得不去演出了——斯科特太太也和我们一起去了演出现场。我们特意为她献上了一首歌——《高压电》（*High Voltage*）。乐队的小伙子们那天晚上都感觉到，在演出时，冥冥中似乎有一种力量在支持着我们，我也不太确定那是什么，但那种感觉真的很好。

最后，我想用一件事来说明，《回到黑暗》巡演的这一年里，我们的演出场面到底有多么疯狂。

9月4日，我们在洛杉矶（Los Angeles）郊外的长滩体育馆（Long Beach Arena）演出。那是我去过的最大的场馆，可以容纳15000人。场外停满了豪车，还有一架直升机在天空盘旋，直升机下方亮着灯——那是 AC/DC 的标志。当然，停靠在码头的玛丽女王号上灯火通明。对一场摇滚音乐会来说，这是最令人激动和兴奋的舞台背景,也意味着这张专辑比我们想象的更火爆[①]。

当天晚上,我们每人坐着一辆豪华轿车到达了演出现场——这样做只是为了让演出的场面显得更壮观。我坐上那辆车,和司机打了个招呼,问他今天过得怎么样。

"嗯,不错,谢谢您。"司机回答。

"你是背井离乡来到这里的吧?"我听到他说话的口音后,有点儿吃惊地问道。

"是啊,"他说,"我是和乐队一起来这儿的,现在我们仍然在努力,争取获得成功。"

"哦,祝你们好运,伙计。"我说。

对方沉默了一会儿,说道:"实际上,我和你一样,也是个主唱……"

"真的吗?"我说,"你们的乐队叫什么名字?"

"橘子果酱乐队(Marmalade)。"他说。

"什么?"我简直不敢相信。我很熟悉橘子果酱乐队,我知道他们的主唱叫艾伦·怀特黑德(Alan Whitehead)。要知道,橘子果酱乐队可不是那种没有签约、只出过几张小样的小乐队,他们是一支很有名的乐队,曾在英国排行榜上排名第一。他们的歌曾经风靡一时,无人不知、无人不晓——那是大约11年前的事情了。可他现在怎么沦落到了这种地步?到底发生了什么事?

"你是艾伦吗?"我试探性地问道。

"是的!"

---

① 这张专辑最终成为音乐史上第二畅销的专辑,仅次于迈克尔·杰克逊的《颤栗》(Thriller)。——作者注

"我的天哪！"

"我干这种活儿只是为了交房租，维持生计，"艾伦向我解释道，"至少我还能跟一群搞音乐的人在一起。"

"好吧，我说的话你可能不会相信，"我告诉他，"但我说的都是真的。几个月前，我还跟父母住在一起，以安装塑料顶棚为生。所以，一切皆有可能……"

我们聊得很开心，一路聊到了体育馆。

是的，永远不要放弃。

终章

我躺在医院的病床上,胳膊上插着管子,感觉又累又饿。醒来的一瞬间,我不知道自己在哪儿,也不知道自己为什么会在这里。这时,一个满脸笑容的男人走了过来,问我感觉怎么样。我这才想起自己刚刚做完一个手术——第一次的听力修复手术。此刻我是在澳大利亚的悉尼,时间是 2015 年 10 月。

刚才进来的是一名护士。在交谈中,他终于知道了我是谁,然后告诉了我几件令我极为震惊的事情——马尔科姆就住在旁边的那个护理机构里,接受着针对早期痴呆的治疗。我震惊得无以复加。不仅仅是因为马尔科姆离我只有 20 米远,还因为站我面前的这个护士也负责照顾他——这名护士的工作内容之一就是每天带马尔科姆出去锻炼。

"我能见见他吗?"我问道,"我很想跟他聊聊,看看他怎么样了。"那个满脸笑容的男人立即不笑了,他垂下眼帘说道:"对不起，我不能让你见他。这是他家人的意思。"

我对他说，我能理解。那个跟我同台演出了 35 年的男人，此时此刻就住在我隔壁的楼里——当年是他把我招进了 AC/DC 乐队，让我担任主唱，多年来是他一直在关心我，他还去过我的家乡看望我的父母，并带我爸爸去他常去的俱乐部喝过酒。这就是马尔科姆——一个好人。

但我无法见他，也无法跟他说话。他仿佛变成了一个戴着铁面具的人。

我流下了眼泪，不得不说，在陌生人面前流泪是件很难受的事。

后来我才知道，是他的妻子奥琳达不让他和别人见面，让他与世隔绝的。医生告诉她，他们对痴呆和阿尔茨海默症还不够了解，无法确定患有这种可怕疾病的人是否完全丧失了记忆。奥琳达知道马尔科姆是个多么骄傲的人——我们也都知道这一点，所以她很担心，如果我或者其他非直系亲属的人去看他，他会因为自己的状况而感到尴尬和难过。因此奥琳达不想冒这个险，尤其是在他原本就经受着疾病的折磨，心情沮丧的情况下。

奥琳达并非绝情，只是在照顾她的丈夫。多年以来她一直如此。

后来，安格斯去看望过他，他的孙辈们也去看过他。听说，见到孩子们时，马尔科姆很高兴。

但我还是心痛不已。

第二天，给我做耳部手术的张医生来病房看我，他直言不讳地对我说:"有一个坏消息和一个好消息,你想先听哪个?"

"感觉你像要给我讲笑话。"我说。

"恐怕我要说的话并没有什么笑点。"他说。

我让他先说那个坏消息,听了一了百了,省得担心。

"好吧,"张医生说,"我们给你的左耳做了手术,尽管我们尽力挽救,并且手术没有造成任何损伤,但你这只耳朵几乎失去了 100% 的听力。所以,很抱歉,我们真的已经尽力了。"

我闭上眼睛,感觉整个身子都僵了。

我的一只耳朵聋了。

见鬼!该死!这下完了……

"好消息是,"张医生接着说,"我们及时治疗了你的右耳,保住了它大约 50% 的听力,这应该可以让你继续进行巡回演出了。你只需要调一调耳返里混音的音量就可以了。"

事实上,这件事要比听上去严重得多。我总是把耳返戴在右耳上,因为我习惯用左耳听乐队演奏的声音,用右耳听我自己的声音。现在我的左耳聋了,听不到乐队的声音,所以只能用右耳去听乐队的声音和我唱歌的混音——可右耳只剩下了 50% 的听力。这简直是一场噩梦。我必须想办法让自己听到那些声音,这样才能登上舞台继续唱歌……

这时我才明白,张医生一直在以婉转的方式告知我实情,尽力减轻对我的打击。

实际上,根本没有什么好消息。

张医生说,至少我可以演出了,因为演出场馆就在悉尼——只要我向他保证,我在演出当天绝对不坐飞机。

于是，我作出了保证……并且完成了那场演出，之后我们又在澳大利亚演出了八场，接着在新西兰还有两场演出。但是，凭借一只半聋的耳朵唱歌是件非常困难的事情。

新西兰的巡演结束后，我们有了四个月的休息时间，然后"摇滚狂潮"世界巡回演唱会将会转移到欧洲。这样我就有了一定的休整时间，让自己的身体逐渐恢复正常。

这时，电话响了，是蒂姆，我们的巡演经纪人。

"你好，布莱恩，"他说，"太好了，你知道吗，这次巡回演出我们大获成功，我们打算在去欧洲之前在美国增加20场演出，你同意吗？"

我告诉我的队友们，我的一只耳朵聋了，另一只耳朵半聋，所以我需要时间，好让耳朵得到充分的休息，还要接受张医生的治疗。我心里既感到害怕，又觉得紧张和尴尬。

当然，大家都对我表示同情，但增加的20场演唱会已经确定下来了。

"你觉得怎么样，小约，"安格斯问我，"你还能撑住吗？"

"我不想让任何人失望，"我对他说，"但如果我的听力会继续恶化，我就不得不停下来了。"

那是一段可怕而绝望的时光。不过，我们至少在圣诞节和新年那段时间放了个长假。那时候我一直住在萨拉索塔的家里，还去附近的一家专科医院看了看耳朵，那些医生试图改善我仅有的那一点儿听力……于是他们给我的耳膜里注射了类固醇药物，治疗的过程很痛苦。

与此同时,在纽卡斯尔,我的好朋友、音乐人兼喜剧演员布伦丹·希利因身患癌症而奄奄一息——他的病情急转直下。我在贾斯珀·哈特乐队的时候就认识他了,后来我们加入了同一个品酒社——"诅咒军团"。不幸的是,就在几个月之前,我们又失去了一个朋友——吉他手戴夫·布莱克,戴夫因为一场火车事故身亡,享年六十二岁。

由于耳朵的问题,我只能等到二月底才能坐飞机回去看布伦丹。"布伦丹,"我在电话里哀求道,"坚持住啊,伙计,我会尽快赶过去的。为了我,要挺住,好吗?"

"好,"布伦丹说,他仍然保持着幽默感,"如果你坚持这么做的话……"

接下来就是美国的巡演——塔科马(Tacoma)、拉斯维加斯(Las Vegas)、丹佛(Denver)、法戈(Fargo)和圣保罗(St. Paul)——这是我一生所经历的最艰难的几场演唱会。首先,这几场演唱会都是在室内举行的,比在户外体育场演出时的声音要大得多。我在耳返里根本听不到乐队的声音,所以只能不断观察克里夫的手指在贝斯上的动作,才能确定节奏。我不停地看向舞台旁的音响师约翰(John),问他:"我这样唱行吗?"

但对某些歌来说,这个办法根本行不通。

一天晚上,我不得不唱起了《地狱公路》,但是,在演出现场我根本找不到调子和节拍。于是我对观众说:"来吧,和我一起唱。"我根本不知道自己是用什么音调唱的那首歌……感谢上帝,那些观众的确帮了我。走下舞台之后,我很羞愧。我知道自己不能再这样下去了。我耳朵的问题很严重,我必须有所取舍。

就在我们到达芝加哥——距离我飞回纽卡斯尔还有三天——的时候,我接到了一个来自海登布里奇(Haydon Bridge)的电话,是布伦丹的儿子杰克(Jack)打来的,他给我带来了一个我最不想听到的消息——布伦丹没挺住。

他永远地离开了我们。

布伦丹离开后,我觉得整个人都很无力,心里空荡荡的。他才59岁,原本还有很长的路要走。所有认识他的人都悲痛欲绝。我讨厌癌症这个词,它就像一个诅咒,带走了我太多的家人和朋友。

在布伦丹的葬礼举办之前,我们还有四场演出,我在浑浑噩噩的状态下完成了表演。

最后一次演唱会是在堪萨斯(Kansas City)的斯普林特中心举办的。晚上11点,演出刚结束,我就立刻飞到纽约,转机到伦敦,再飞回纽卡斯尔,我刚到目的地,葬礼就开始了。

大家都来了。

当然,除了布伦丹。

但是,和往常一样,布伦丹即使离开了,也没忘记想办法让人们开怀大笑。葬礼的最后阶段,当他的灵柩被抬进火葬场的焚化炉,我们面前的帷幕被缓缓拉上时,我身旁立刻响起了震耳欲聋的欢呼声——人们在为布伦丹欢呼鼓掌。

"事实上,"牧师微微一笑,清了清嗓子说,"这是布伦丹去世前吩咐大家这么做的。"

然后他点头示意,帷幕再次被拉开,布伦丹的灵柩又出现在

布莱恩的传奇人生

339

我们面前。

这是他人生最后一次"演出返场"。

我们笑得前仰后合,同时哭得泪流满面——又哭又笑,还真是挺不容易的。

当我回到美国,一切都不一样了。

我不再需要费力地听声音了。

因为我什么都听不到了。

残忍的沉默降临,我犹如一头困兽,感受到了彻骨的孤独。

也许是因为乘飞机赶赴葬礼时辗转了太多次,我的病情变得更糟了,有进一步恶化的趋势,情况变得非常危急。我打电话告诉澳大利亚的张医生,他让我立即去我附近的那家专科医院检查耳朵——结果很不乐观。

"约翰逊先生,"医生说,"你的耳朵情况很糟糕。我听说你在参加巡回演唱会。你不会还要继续登台演出吧?"

"事实上,"我说,"两天后我在亚特兰大(Atlanta)还有一场演出。"

"不行,"他说,"你绝对不能去了。"

"可我必须得去。我已经签了合同。"

"约翰逊先生,你现在只是暂时性的听力丧失。如果坚持演出,很可能会永久性失聪。那时候,你再想听到声音就只能植入助听装置了。我们会把它植入你体内,每只耳朵都会有一个切口,一直延伸到你的后脑勺,植入装置会从身体里暴露出来,方便你换电池,这可能会造成神经性损伤,可能会出现失衡、耳鸣等症状。那样的话，你的大脑将不得不重新进行学习和认知，才能重获听力，而那可能需要好几个月的时间——并且你听到的所有声音都将是人造的。所以，我最后再说一次，你现在必须停止演出，否则你很可能再也听不到声音、唱不了歌了。"

我终于决定把这个消息告诉大家。

我给巡演经纪人蒂姆打电话，告诉他我不能再继续唱歌了。这是我一生中最艰难的一次对话。接下来的几个星期，我只得缺席那些巡回演唱会。这让我更痛苦了。

2016年2月，我不得不离开了AC/DC乐队，我仿佛从悬崖上摔了下去。但我并不是不小心摔下去的，而是自己跳下去的。

对大多数人来说，听力损失是进展缓慢且可控的一个过程——因为这是年纪增长后的常见现象。但对我来说并不是这样。前一分钟，我还在和一支摇滚乐队满世界巡演，在观众爆满的体育场对着数百万人尽情演唱，而下一秒，整个世界都变得寂静无声，就好像我和周围的世界隔着一层厚厚的隔音玻璃一样。

我身边的人一直在告诉我，对于丧失听力这件事，我是无能为力的。这就像在战场上中枪——子弹飞向你，就该你挨枪子，你是躲不掉的。但没人警告过我，我将会面临多么绝望的境地：令人无法理解的尴尬和难堪，无论怎样努力都无法战胜身体残疾的无力感，更不用说还有当你认清现实之后的那种压倒一切的孤独感。该死，从现在开始，我的人生就变成了这个样子。正如披头士乐队的制作人乔治·马丁（George Martin）说过的那样，你会发现自己成了餐桌上一言不发、只能傻傻点头的人。

还有一部分痛苦源于我内心的自责——这一切是我自己造成的。

在我的职业生涯中，大部分时间里，我都和世界上最吵的乐队待在一起，而且我经常坐飞机。即使我知道自己身体不舒服，仍然坐着飞机来来去去……现在我丧失听力是咎由自取。

有一段时间里，有人问我是不是得了抑郁症。抑郁症是可以治疗的，而我的失聪却无药可救。我当时的感觉不是抑郁，而是绝望。

在这种绝望的情况下，有些人也许会投入毒品的罪恶怀抱以求慰藉——或者使用一些更糟糕的手段回避绝境。但那不是我的行事风格。我一头扎进了威士忌酒瓶里。你一定会为我担心吧，但请放心——我非常确定，酒是可以解忧的好东西。

在"摇滚狂潮"世界巡演余下的几场演出里，艾克索·罗斯（Axl Rose）取代了我的位置。我听说他唱得不错。但我就是不敢看那些演出，尤其是我已经在这个乐队里唱了35年的时候。这就像是你在自己家里发现了一个陌生人，他还坐在你最喜欢的椅子上。但我并没有心生怨恨。面对如此艰难的局面，安格斯和乐队的其他伙计们做了他们必须做的事情。

乐队发表了声明，向观众表明我会退出巡演，并祝我未来一切安好。我却无法放松下来，也无法集中精神做任何事情。

我一直如行尸走肉般的过着日子。

接着，无数个电话打了过来。

第一个给我打电话的是老鹰乐队（The Eagles）的乔·沃尔什（Joe Walsh）——愿上帝保佑他。接着是比利·康诺利（Billy

Connolly)："你好吗，布莱恩，是不是我们今后再也听不到你悦耳的歌声了？"听了他的话，闷闷不乐了很久的我第一次被逗笑了。然后是我的朋友罗杰·多特里的电话，我第一次见到他是在《流行音乐之巅》的后台。接着是奥兹·奥斯本和莎朗·奥斯本（Sharon Osbourne）夫妇的电话，他们给了我极大的支持和关爱。

给我打电话的这些人，大部分也有听力上的问题，我想我不应该感到惊讶——干这一行的人难免会出现这种情况。斯汀说："我在纽约时，有那么多家餐厅，但我只去其中的五家，因为只有在那些地方我才能听到声音。"他还说，他认为自己的听力之所以出问题，"根源就在于镲片的声音"。

与此同时，无数的信件从世界各地源源不断地被寄来了。数不胜数的信件，都是歌迷们给我的祝福，他们都希望我有一天能重返舞台。不得不说，这些信件给了我莫大的支持和帮助。我尽己所能地给他们回信，并发自内心地感谢他们——谢谢大家对我的关爱和祝福。是你们的爱帮助我渡过了难关。

与此同时，我还做着另一件我一直都喜欢的事情，那就是赛车。

有趣的是，和以前相比，我发现自己在赛车时更容易赢了。人们会在比赛后走过来对我说："布莱恩，你真是无所畏惧！"实际上，我并不是无所畏惧，而是什么都不在乎了。我一直觉得，比赛时最好的出发方式是以每小时290千米的速度冲出去，然后全速转弯。你很可能会撞到墙上，然后砰的一声，冲出跑道——你会提前结束比赛。

别误会，我并不是想死……

我只是不在乎那么多事情了。

后来，有一天，一个叫斯蒂芬·安布罗斯（Stephen Ambrose）的人联系了我，他是纳什维尔（Nashville）音频和听力方面的专家，早在20世纪60年代，当他还是十几岁的少年时，就开始自己制造耳返了。我们第一次见面时，他带来了一个看起来像汽车电池的装置，然后把那东西连在我身上，让我做各种各样的测试。他解释说，这个装置的耳机部分是一种人造耳膜，用一个小小的气泡来传导声音。当时他正在努力把这东西做得越来越小，后来他成功了。

不管他用了什么魔法，总之，他的办法成功了，我又能听到声音了——尽管我的耳朵依然是聋的。这意味着，在2015年因为坐飞机到温哥华而彻底失聪之后，我第一次重新听到了清晰的立体声。

突然间，我有了一种久违的感觉。

那种感觉叫希望。

离开AC/DC四个月之后，我飞回英国看望我的家人和朋友，我和妻子布伦达（Brenda）刚到纽卡斯尔，电话就响了。

"你好，布莱恩，我是彼得·门什。我现在是缪斯乐队（Muse）的经纪人。"

多年以后又听到彼得的声音，这感觉真是太好了。我告诉他，我觉得缪斯乐队很不错。

"嗯,他们听到这个会很高兴的……因为他们想跟你一起唱《回到黑暗》这首歌。"

"什么?真的吗?什么时候?"

"明天,在格拉斯顿伯里音乐节(Glastonbury)。"

这时候我的听力已经好多了。AC/DC 在堪萨斯演出后,我回到家乡,参加了布伦丹·希利的葬礼,后来我就再也没有登上过舞台。我看着我的妻子布伦达(Brenda),她无意中听到了我们的谈话,给了我一个"放手去干吧"的眼神。

于是,我去了音乐节,跟缪斯乐队的小伙子们在音乐节的后台排练。我们的声音太大了,人们都听到了。我一走出幕布,就有一群音乐节的发起人——尤其是一个德国人喊了起来,他们问我来这儿干什么。当时,我突然意识到,我应该和 AC/DC 的人说一声,让他们知道我在做什么。所以我给纽约的乔治·费伦(George Fearon)打了电话,他问我能不能给他 20 分钟时间向乐队的律师咨询一下,看看有没有法律上的问题。当然,这可是音乐行业……这么做一定会涉及法律问题。

结果,没想到,这样会产生很多很多——多如牛毛的法律问题。

我不能跟缪斯乐队一起唱这首歌。我不得不退出表演。

我当时感觉糟糕透了,毕竟我已经接受了彼得和缪斯乐队的邀请,说好了要和他们一起唱歌。

"那明年我们去雷丁(Reading)演出怎么样?"彼得问道,"到时候我们会提前处理好所有的法律问题。"

"如果你还记得这件事的话……我愿意。"我跟他说。

他的确没有忘掉这件事。

演出时,尽管我在上台前有点儿紧张,但感觉真是太棒了——演完之后,马特·贝拉米(Matt Bellamy)走了过来,在台上给了我一个大大的拥抱。

此时,欢呼声如潮水一般——所有的激情、欢乐和喧嚣向我涌来,没有什么比摇滚乐现场更棒的东西了。我重新找回了自己,找回了原来的生活。舞台下的那些孩子们——那些正身处青葱岁月的年轻人,也和我一起唱着歌。我没想到他们竟然将歌词记得滚瓜烂熟。我的女儿们哭了,我的妻子也哭了。"我希望自己所有的休整期都能这么短。"我如释重负地对马特笑了笑说。虽然我只唱了一首歌,但沉寂了两年之后还能上台表演,对我来说,已经是一场巨大的胜利了。

几个月后,马尔科姆离开了我们。2017年底,他的葬礼在悉尼的圣玛丽大教堂举行。

他与病魔抗争多年,最终还是没能胜利,享年六十四岁。

那真是令人心痛的一天。

他的妻子奥琳达,以及他的孩子罗斯(Ross)和卡拉带领众人致哀。马尔科姆的那把格雷奇吉他就放在他的棺材旁边。弥撒结束后,他们一家人跟着抬棺人走到灵车前,还有一支吹着苏格兰风笛、敲着鼓的乐队给他送行。在《丛林流浪》(*Waltzing Matlida*)的音乐中,给马尔科姆送行的队伍出发了。我真希望你们能想象出那种场景——哀伤的众人、悲痛的泪水,还有亲友们对马尔科姆的骄傲和自豪,以及无尽的爱。

2014 年，当马尔科姆离开 AC/DC 时，乐队的心脏就停止了跳动。直到今天，我都无法用语言来表达我对他的思念。他永远精益求精，从乐队成员的表演，到工作人员的福利，他都考虑得十分周全。我真不知道他是怎么做到的。他有自己的心魔，但那些困难都被他的坚强意志和善良天性战胜了。他的吉他弹得出神入化，在那充满力量的吉他声背后，有一种连音乐评论家都无法理解和参透的玄妙。在舞台上，我站在他的身旁，永远都被他的人格魅力吸引和震撼着。但大部分时间里，我都把自己对他的赞美和钦佩藏在心里，没有对他说起过——他不是那种爱听溢美之词的人。

那么多年里，我几乎从没看到安格斯像现在这样悲伤过。

他和马尔科姆就像双胞胎一样，默契十足，形影不离。

他的另一位偶像——哥哥乔治——也去世了，他心里很难过，那段时间对他来说极其痛苦。但他还有乐队，还有他的妻子埃拉（Ella）在身边支持他、安慰他。

在葬礼结束后的守灵仪式上，我坐在菲尔·拉德身旁。他看着我，问道："你哪只耳朵聋了？"我指了指自己的左耳说："这只。"简短的一句话打破了我们之间的沉默。

世界上的事情总是喜忧参半的。

这时候，AC/DC 的录音师保罗·布斯罗伊德（Paul Boothroyd）——一个向来率直的利物浦人——插话道："好了，伙计们，咱们的乐队什么时候重新开始？"

整个房间顿时鸦雀无声。我们都面面相觑。

"我只是随便说说……"

不久之后，乔治·费伦给我打了个电话。

"安格斯想知道你是否还有兴趣制作一张新专辑。"他说。

"当然，"我说，"天哪，我当然想了。"

于是，第二年夏天，我们前往加拿大温哥华录制新专辑《燃起来》（Power Up），由布伦丹·奥布赖恩（Brendan O'Brien）担任制作人。我一直不敢太兴奋，怕自己忍不住把这个消息说出去，不小心惹出是非，那他们就有理由阻止我加入乐队了。

随着专辑制作日期逐渐逼近，我意识到……该死，我们——AC/DC乐队——真的回来了。

这真是太令人激动和振奋了，我甚至还有一点儿紧张。

毕竟，我离开乐队以后，很多人都不看好我。所以我现在觉得很开心，感觉像是一切都重新来过……于是我再次走进录音室。但这一次，我的感觉很特别。

我敢肯定，安格斯、克里夫和菲尔也有同样的感受——但我们从来没有讨论过这种事情。安格斯的兄弟已经不在他身边了，克里夫刚从舒适闲散的退休生活中抽身，菲尔在新西兰历经了棘手的官司。

但我们的反抗精神一如既往。

我们要证明自己。

我们是摇滚乐界最特立独行的存在。我们要展示自己的实力和能力。

现在，我们回来了，抵抗了一场疾病的肆虐——我希望如此——人们所有的生活准则都因此改变了。

《燃起来》这张专辑最终在那段最黑暗的日子里发行了,并在 21 个国家的音乐排行榜上都名列前茅。我们还做到了一件令人意想不到的事情:所有的评论家都对这张专辑交口称赞。天哪,我们做到了——花了 40 年的时间!

昨天晚上我又听了一遍这张专辑,它的问世简直是个奇迹。但我很高兴我们能把它做出来。因为在 AC/DC 乐队担任主唱和在其他乐队里唱歌不同,在这里,只有摇滚乐;在这里,你唱每一首歌都要不遗余力,不能为下一首歌节省力气。每时每刻,你都要坚持自己的立场。唱每一首歌,都像是在战场上厮杀,你的歌声就是最锋利的刺刀。

就像我之前在歌词里写的那样,"我有九条命,还有猫的眼睛,我肆意滥用我的生命,狂放不羁"。

《回到黑暗》大获成功,几十年里,我和 AC/DC 一起巡演和录制专辑,继续在音乐之路上砥砺前行,我将在下一本书里继续向你们讲述这段时光中的故事⋯⋯

摇滚乐队谱系

烤面包民谣三人组乐队（1963/1964）
布莱恩·约翰逊（主唱）

五人组乐队（1964）
布莱恩·约翰逊（主唱）
史蒂夫·钱斯（贝斯手）
莱斯·钱斯（吉他手）
罗伯特·科林（鼓手）
特雷弗·麦卡锡
（Trevor Macarthy）（吉他手）

九棵松乐队
(The Nine Pines)（1965）
布莱恩·约翰逊（主唱）
史蒂夫·钱斯（贝斯手）
莱斯·钱斯（吉他手）
罗伯特·科林（鼓手）

戈壁沙漠独木舟俱乐部 #1
（1967/4-1967/10）
布莱恩·约翰逊（主唱）
史蒂夫·钱斯（贝斯手）
戴夫·亚伍德（吉他手）
莱斯·钱斯（吉他手）
罗伯特·科林（鼓手）

汉尼巴尔·肯普乐队 / 新鲜乐队 #1（1969/6-1969/9）
布莱恩·约翰逊（主唱）
菲尔·希尔德雷斯（贝斯手）
皮特·卡拉尔（Pete Callard）（吉他手）
"虾"（键盘手）
鲍勃（鼓手）

新鲜乐队 #2（1969/10）
布莱恩·约翰逊（主唱）
菲尔·希尔德雷斯（贝斯手）
皮特·卡拉尔（吉他手）
"虾"（键盘手）
大卫·格卢亚斯（David Gluyas）（鼓手）

贾斯珀·哈特乐队 #1
（1970/10-1970/11）
布莱恩·约翰逊（主唱）
肯·布朗（吉他手）
弗雷德·史密斯（鼓手）
史蒂夫·钱斯（贝斯手）

贾斯珀·哈特乐队 #2
（1970/11-1971/6）
布莱恩·约翰逊（主唱）
肯·布朗（吉他手）
弗雷德·史密斯（鼓手）
史蒂夫·钱斯（贝斯手）
艾伦·泰勒森（键盘手）

贾斯珀·哈特乐队 #3（1971/6）
布莱恩·约翰逊（主唱）
肯·布朗（吉他手）
弗雷德·史密斯（鼓手）
莱斯·康奈利（Les Connelly）
（贝斯手）

贾斯珀·哈特乐队 #4
（1971/6-1971/8）
布莱恩·约翰逊（主唱）
肯·布朗（吉他手）
汤姆·希尔（贝斯手）
弗雷德·史密斯（鼓手）

贾斯珀·哈特乐队 #5
（1971/8-1971/10）
布莱恩·约翰逊（主唱）
肯·布朗（吉他手）
布莱恩·吉布森（鼓手）
汤姆·希尔（贝斯手）

水牛乐队（Buffalo）#1（1971/10）
布莱恩·约翰逊（主唱）
肯·布朗（吉他手）
布莱恩·吉布森（鼓手）
汤姆·希尔（贝斯手）

贾斯珀·哈特乐队 #6
（1971/11-1972/1）
布莱恩·约翰逊（主唱）
汤姆·希尔（贝斯手）
布莱恩·吉布森（鼓手）
肯·布朗（吉他手）

U.S.A. 乐队 #1（1972/1-1972/8）
布莱恩·约翰逊（主唱）
维克·马尔科姆（吉他手）
布莱恩·吉布森（鼓手）
汤姆·希尔（贝斯手）

乔迪人乐队 #1
（1972/8-1974/12）
布莱恩·约翰逊（主唱）
汤姆·希尔（贝斯手）
布莱恩·吉布森（鼓手）
维克·马尔科姆（吉他手）

乔迪人乐队 #2（1975/1-1975/9）
布莱恩·约翰逊（主唱）
汤姆·希尔（贝斯手）
米基·本尼森（吉他手）
布莱恩·吉布森（鼓手）

乔迪人乐队 #3（1975/9）
布莱恩·约翰逊（主唱）
汤姆·希尔（贝斯手）
米基·本尼森（吉他手）
艾伦·布拉德利（Allan Bradley）（鼓手）

布莱恩·约翰逊（单飞）（1976/1）
布莱恩·约翰逊（主唱）

AC/DC 乐队 #14（1977/5-1980/2）
邦·斯科特（主唱）
安格斯·扬（主音吉他手）
马尔科姆·扬（节奏吉他手）
克里夫·威廉斯（贝斯手）
菲尔·拉德（鼓手）

十三点半乐队（1966-1967） 肯·布朗（主唱/吉他手） 弗雷德·史密斯（鼓手） 查利·福斯克特（Charley Foskett）（贝斯手）	**路西卡州乐队（Lusika State Group）(1965/1966)** 夏基（Sharkey）（吉他手） 艾伦·泰勒森（键盘手） 汤姆·希尔（贝斯手） 布莱恩·吉布森（鼓手）	**文斯国王和风暴者乐队（1963）** 鲍勃·杰里（Bob Jerry）（主唱） 马尔科姆·胡珀（Malcolm Hooper）（吉他手） 乔·丹布罗西 （Joe D'Ambrosie）（鼓手） 维克·马尔科姆（节奏吉他手） 米基·戈尔登 （Micky Golden）（贝斯手） 戴夫·迪奇伯恩（主唱）
十字军乐队 #3(1969/1-1970/10) 肯·布朗（吉他手） 弗雷德·史密斯（鼓手） 史蒂夫·钱斯（贝斯手） 艾伦·泰勒森（键盘手） 吉姆·斯诺登（Jim Snowdon）（主唱）	**喷嚏乐队 #2（1968-1969）** 雷·库尔森（Ray Coulson）（吉他手） 皮埃尔·佩德森（Pierre Pederson）（键盘手） 汤姆·希尔（贝斯手） 布莱恩·吉布森（鼓手） 罗德·福根（Rod Foggon）（主唱） 罗杰·史密斯（Roger Smith）（萨克斯手） 吉姆·霍尔（Jim Hall）（富鲁格号）	**戈壁沙漠独木舟俱乐部 #2（1967/10-1968/8）** 布莱恩·约翰逊（主唱） 戴夫·亚伍德（吉他手） 肯·布朗（吉他手） 弗雷德·史密斯（鼓手） 史蒂夫·钱斯（贝斯手）
黄色乐队 #2（1970/8-1971/6） 肯尼·芒廷（Kenny Mountain）（主唱/吉他手） 汤姆·希尔（贝斯手） 基斯·费希尔（Keith Fisher）（鼓手） 鲍勃·巴登（Bob Barton）（吉他手） 皮埃尔·佩德森（键盘手）	**黄色乐队 #1（1970/3）** 肯尼·芒廷（主唱/吉他手） 汤米·斯隆（Tommy Sloan）（鼓手） 乔·丹布罗西（贝斯手） 维克·马尔科姆（吉他手）	**金发女郎乐队（Blondie）(1969/8-1970/8)** 汤姆·希尔（贝斯手） 基斯·费希尔（鼓手） 鲍勃·巴登（吉他手） 皮埃尔·佩德森（键盘手）
黄铜巷乐队 #1（1972） 弗兰基·吉本（Franky Gibbon）（贝斯手） 巴里·奥尔顿（Barry Alton）（吉他手） 霍华德·马丁（Howard Martin）（鼓手） 戴夫·迪奇伯恩（主唱）	**烟道隆隆乐队（1971）** 戴夫·麦克塔维什（Dave MacTavish）（主唱） 维克·马尔科姆（吉他手） 保罗·汤普森（鼓手）	**喷嚏乐队 #3（1970-1971）** 罗德·福根（主唱） 布莱恩·吉布森（鼓手） 米克·鲍斯（Mick Balls）（吉他手） 乔治·奥蒂格巴斯 （George Otigbath）（贝斯手） 罗杰·史密斯（萨克斯手） 吉姆·霍尔（富鲁格号手）
乔迪人乐队 #4（1976/10） 布莱恩·约翰逊（主唱） 戴夫·迪奇伯恩（主唱） 维克·马尔科姆（吉他手） 弗兰基·吉本（贝斯手） 艾伦·克拉克(Alan Clark)（键盘手） 乔治·戴弗提（George Defty）（鼓手）	**黄铜巷乐队 #2（1976）** 布莱恩·约翰逊（主唱） 戴夫·迪奇伯恩（主唱） 维克·马尔科姆（吉他手） 弗兰基·吉本（贝斯手） 艾伦·克拉克（键盘手） 乔治·戴弗提（鼓手）	**福格乐队（1975）** 克里斯·麦克弗森（主唱） 鲍勃·波蒂厄斯(Bob Porteus)（鼓手） 德里克·罗特姆（吉他手） 戴夫·罗布森（贝斯手）
乔迪人乐队 #5（1977/7-1980/3） 布莱恩·约翰逊（主唱） 戴夫·罗布森（贝斯手） 德里克·罗特姆（吉他手） 戴维·惠特克（鼓手）	**乔迪人 U·S·A（1977/5）** 布莱恩·约翰逊（主唱） 戴夫·罗布森（贝斯手） 德里克·罗特姆（吉他手） 戴维·惠特克（鼓手）	**U·S·A 乐队 #2（1977/4）** 布莱恩·约翰逊（主唱） 戴夫·罗布森（贝斯手） 德里克·罗特姆（吉他手） 戴维·惠特克（鼓手）
	AC/DC 乐队 #15(1980/3) 邦·斯科特（主唱） 安格斯·扬（主音吉他手） 马尔科姆·扬（节奏吉他手） 克里夫·威廉斯（贝斯手） 菲尔·拉德（鼓手）	

致谢

感谢布伦达·约翰逊（Brenda Johnson）鼓励我写这本自传。

感谢克里夫、马尔科姆和菲尔。

感谢乔安妮和卡拉始终支持她们的爸爸。

感谢维克多从始至终陪在我身边，还有我们家唯一的小妹妹朱莉。

感谢乔治·贝弗里奇、肯·沃克、维克、马尔科姆、史蒂夫·钱斯和菲尔·希尔德雷斯（Phil Hildreth）帮助我重温那些被遗忘的记忆。

此外，还要感谢达伦·古尔登（Darren Goulden）不遗余力地核实和追溯许多重要事件的发生时间，正因为他的不懈努力，才有了我的"摇滚乐队谱系"。谢谢你，达伦。

另外还要感谢我的朋友兼经纪人塔尔坎·戈奇（Tarquin Gotch）。

感谢我的编辑罗兰·怀特（Rowland White），谢谢他对我的信任。